Omas Sparbuch, Opas Krückstock und Nahkampf im Supermarkt

oder: Pfiffige Senioren sind nicht zu bremsen

Heiteres und Nachdenkliches in Text und Bild
gesammelt von Wolfgang Lange

Husum

Umschlagabbildung vorne: Iris-Christiana Leier/toonpool.com
hinten: Lisa-Maria Graf

Bibliografische Information der Deutschen Nationalbibliothek

Die Deutsche Nationalbibliothek verzeichnet diese Publikation in der Deutschen Nationalbibliografie; detaillierte bibliografische Daten sind im Internet über http://dnb.d-nb.de abrufbar.

Der Verlag dankt allen Autoren, Rechteinhabern und Verlagen für die freundlichen Erlaubnisse zum Abdruck der Beiträge. In den Fällen, in denen die Inhaber der Rechte trotz intensiver Bemühungen nicht festzustellen oder erreichbar waren, verpflichtet sich der Verlag rechtmäßige Ansprüche im üblichen Rahmen nachträglich abzugelten.

4. Auflage 2012

Gesamtherstellung: Husum Druck- und Verlagsgesellschaft
Postfach 1480, D-25804 Husum – www.verlagsgruppe.de

ISBN 978-3-89876-510-7

Zum Geleit

Liebe Leserinnen und Leser,

sehr viele unserer heutigen Seniorinnen und Senioren sind geistig und körperlich außerordentlich fit. Sie sind modern, schlagfertig und pfiffig. Das habe ich in den knapp zwei Jahrzehnten meines Dienstes als Gemeindepastor festgestellt. Bei Geburtstagsbesuchen, Seniorennachmittagen, Ehejubiläen, bei Besuchen und Andachten in Senioreneinrichtungen, bei Ausflügen und Freizeiten erlebe ich mobile, interessierte und lebhafte Menschen, die auch „im Alter" jung geblieben sind. Menschen, zu denen ich leicht Zugang finde und die häufig ganz viel Humor ausstrahlen.

All das darf ich auch als Sohn von Eltern erleben, die die 80 deutlich überschritten haben und ihre diamantene Hochzeit feiern durften.

Die Menschen der älteren Generation freuen sich über das, was sie immer noch können, und genießen die Möglichkeiten, die sich ihnen bieten, in vollen Zügen. Nicht wenige Senioren haben tatsächlich einen gut gefüllten Terminkalender und teilen sich ihre Vorhaben genau ein. Das Angebot ist vielfältig. Nicht nur vor Ort, wo sie leben. Manche machen Urlaub auf einer der vielen Ferieninseln, besuchen ihre Kinder, die in Übersee leben, oder gönnen sich gar eine Traumreise. Und danach kommen sie gerne in den Seniorennachmittag, um davon zu berichten. Ansonsten sind sie nicht so leicht für den Besuch eines „Altennachmittags" zu gewinnen. Da heißt es nicht selten: „Altennachmittag? Dafür bin ich zu jung!"

Natürlich bringt das Alter auch Einschränkungen mit sich. Manche Veränderung macht den Seniorinnen und Senioren das Leben und das Herz schwer. Das ist gleichsam die andere Seite der Medaille, und manche der Texte dieses Buches handeln davon.

Aber ich höre diese Menschen selten klagen. Die Dankbarkeit überwiegt und die Fähigkeit, den Humor nicht zu verlieren. Das zeigen ganz besonders auch die Zeichnungen von Philipp Hubbe, der an MS erkrankt ist, und von Karl-Horst Möhl, der seinen letzten Lebensabschnitt unter das Motto „Wer bis zuletzt lacht, lacht am besten“ stellte.

Viele der Texte in diesem Buch haben mir Seniorinnen und Senioren zur Verfügung gestellt. In den vergangenen Jahren habe ich diese Sammlung erweitert und für die Gestaltung von Seniorennachmittagen verwendet – sehr zur Unterhaltung der Teilnehmerinnen und Teilnehmer.

Ich hoffe, auch Ihnen macht die Lektüre Freude und Sie können sich diesem Motto anschließen:

Eines schlage ich euch vor,
verpackt im Schrank nicht den Humor.
Denn wenn der Alltag euch will schlauchen,
könnt ihr ihn ganz gewiss gebrauchen,
und für den, der an den Herrgott glaubt,
ist Lachen jederzeit erlaubt.

Wolfgang Lange

I. Wie alles begann oder: Wir haben es ja so gewollt!

Die Lebenszeit

Als Gott die Welt geschaffen hatte und allen Kreaturen ihre Lebenszeit bestimmen wollte, kam der Esel und fragte: „Herr, wie lange soll ich leben?“ – „Dreißig Jahre“, antwortete Gott, „ist dir das recht?“

„Ach Herr“, erwiderte der Esel, „das ist eine lange Zeit. Bedenke mein mühseliges Dasein: vom Morgen bis in die Nacht schwere Lasten tragen, Kornsäcke in die Mühle schleppen, damit andere das Brot essen, mit nichts als mit Schlägen und Fußtritten ermuntert und aufgefrischt zu werden! Erlass mir einen Teil der langen Zeit.“

Da erbarmte sich Gott und schenkte ihm achtzehn Jahre. Der Esel ging getröstet weg, und der Hund erschien. „Wie lange willst du leben?“, sprach Gott zu ihm. „Dem Esel sind dreißig Jahre zu viel, du aber wirst damit zufrieden sein.“ – „Herr“, antwortete der Hund, „ist das dein Wille? Bedenke, was ich laufen muss, das halten meine Füße so lange nicht aus; und habe ich erst die Stimme zum Bellen verloren und die Zähne zum Beißen, was bleibt mir übrig, als aus einer Ecke in die andere zu laufen und zu knurren?“

Gott sah, dass er recht hatte, und erließ ihm zwölf Jahre. Darauf kam der Affe. „Du willst wohl gerne dreißig Jahre leben?“, sprach der Herr zu ihm. „Du brauchst nicht zu arbeiten wie der Esel und der Hund und bist immer guter Dinge.“

„Ach Herr“, antwortete er, „das sieht so aus, ist aber anders. Wenn's Hirsebrei regnet, habe ich keinen Löffel. Ich soll immer lustige Streiche machen, Gesichter schneiden, damit die Leute lachen, und wenn sie mir einen Apfel reichen, und ich beiße hinein, so ist er sauer. Wie oft steckt die Traurigkeit hinter dem Spaß! Dreißig Jahre halte ich das nicht aus.“ Gott war gnädig und schenkte ihm zehn Jahre.

Endlich erschien der Mensch, war freudig, gesund und frisch und bat Gott, ihm seine Zeit zu bestimmen. „Dreißig Jahre sollst du leben“, sprach der Herr, „ist es dir genug?“ – „Welch eine kurze Zeit!“, rief der Mensch, „wenn ich mein Haus gebaut habe und das Feuer in meinem Herde brennt, wenn ich die Bäume gepflanzt habe, die blühen und Früchte tragen, und ich meines Lebens froh zu werden gedenke, so soll ich sterben! O Herr, verlängere meine Zeit.“ – „Ich will dir die achtzehn Jahre des Esels zulegen“, sagte Gott. „Das ist nicht genug“, erwiderte der Mensch. „Du sollst auch die zwölf Jahre des Hundes haben.“ „Immer noch zu wenig.“ – „Wohlan“, sagte Gott, „ich will dir noch die zehn Jahre des Affen geben, aber mehr erhältst du nicht.“ Der Mensch ging fort, war aber nicht zufriedengestellt.

Also lebt der Mensch siebenzig Jahr’. Die ersten dreißig sind seine menschlichen Jahre, die gehen schnell dahin; da ist er gesund, heiter, arbeitet mit Lust und freut sich seines Daseins.

Hierauf folgen die achtzehn Jahre des Esels, da wird ihm eine Last nach der andern aufgelegt: Er muss das Korn tragen, das andere nährt, und Schläge und Tritte sind der Lohn seiner treuen Dienste.

Dann kommen die zwölf Jahre des Hundes, da liegt er in den Ecken, knurrt und hat keine Zähne mehr zum Beißen.

Und wenn diese Zeit vorüber ist, so machen die zehn Jahre des Affen den Beschluss. Da ist der Mensch schwachköpfig und närrisch, treibt alberne Dinge und wird ein Spott der Kinder.

Brüder Grimm

***

Das Leben kann man grob
in drei Phasen einteilen:

Dada, Blabla und Gaga!

II. Das Alter und der Ruhestand

Ich werde alt

Ich bin zwar gerade erst 32 geworden, aber es gibt deutliche Indizien dafür, dass ich alt werde. Nein, ich meine jetzt nicht die Vergesslichkeit, und ich habe auch nicht vor, eine neue Variante dieser „Wie-heißt-doch-gleich-diese-Krankheit-Witze" zu erzählen. Vergesslich war ich schon immer. Das hat mit Älterwerden wenig zu tun, im Gegenteil vielleicht sogar. Ich habe den Eindruck, dass meine Mutter zum Beispiel durch ständiges Üben und souveräne Routine immer besser wird im Merken von Namen bei gleichzeitigem (!) Wiedererkennen der entsprechenden Menschen. Nein, für mein Altwerden gibt es andere Indizien. Zum Beispiel, dass es mir nichts mehr ausmacht, mein Konto gehörig zu überziehen, seit ich verstanden habe, dass sich die Bank ja eigentlich darüber freut. Und irgendwie sagt mir meine bisherige Lebenserfahrung, dass sich das früher oder später von selbst regelt. Schreib ich halt 72 solche Kolumnen, dann ist alles wieder im Lot. Und falls die Kollegen Redakteure rebellieren – in meinem Alter hat man Kredit.

Aber es gibt noch weitaus dramatischere Symptome für mein Älterwerden. Zum Beispiel – ich fange gerade erst an, es mir selbst einzugestehen – hat mir heuer das Neujahrskonzert gefallen. Und zwar ernsthaft. Gesehen hatte ich es ja öfters, im Fernsehen natürlich, aber ich hatte es bislang immer mit dem gleichen Widerwillen konsumiert wie synchron dazu den Sekt und die Teufelsroller. Es war ein bisschen wie Sauna – man leidet, und es ist trotzdem schön. Ich mag nämlich in Wahrheit weder Sekt noch Teufelsroller und noch weniger diese Tschinn-Bumm-Musik. Sekt und Teufelsroller mag ich immer noch nicht. Aber dieser Strauß! Sphärenklänge!! Und jetzt kommt der wahre Beweis dafür, dass es mit Riesenschritten Richtung Buerlecithin und Kukident 2-Phasen geht: Auch der Wiener Opernball hat mir heuer gefallen. Keine Ironie. Die Anmut der Eröffnung, die Leichtigkeit der Tänzer, die schwebende Stimme der Sängerin, die den Frühlingsstimmenwalzer trällerte, als wäre sie eine Klarinette ... einfach wunderbar. Und dann diese prächtigen Roben ... und was der Frack für ein elegantes Kleidungsstück ist! Und wie schön dieses Gesamtbild beim Einzug der Debütanten! Erstmals konnte ich heuer meine Großmutter verstehen, die das Kommando „Alles Walzer" so sehnsuchtsvoll erwartete wie sonst nur den Segen „urbi et orbi" des Papstes. „Alles Walzer" zu versäumen, das wäre für sie gleichbedeutend damit gewesen, ein ganzes Jahr lang in Sünde zu leben.

Und auch später freute ich mich wie einst meine Großmutter – als nämlich die Kamera mir die Logen zeigte und der Kommentator die Gäste erklärte: Präsidenten und Minister, ergraute und graue Eminenzen, Botschafter und Staatsgäste, Weltbank und Agrarbank, Waffenschmiede und Waffenhändler ... und sogar – wie unmoralisch – ein Porno-Unternehmer. Früher wäre mir dazu sicher etwas Aphoristisch-Böses eingefallen. Heuer dachte ich: Das ist der Lauf der Welt. Oder, anders gesagt: Alles Walzer ...

Trau keinem über 30: Der Spruch hatte schon seine Berechtigung. Vor drei Jahren dachte ich noch, das wäre stark übertrieben, aber jetzt beginne ich bereits, mir zu misstrauen. Zum Beispiel, weil mir das Operettige nicht nur als Inszenierung gefällt, sondern auch als Lebensmodell. Plötzlich halte ich diesen Satz für eine Weisheit: „Glücklich ist, wer vergisst, was nicht mehr zu ändern ist." Als ich noch ein kleiner Junge war, also vor wenigen Jahren, galten mir Sätze wie dieser als Feindbilder, und ich hätte mit Bänden von Freud und Marcuse gekontert: Niemals darf vergessen werden! Es geht um Bewusstmachen, nicht um Vergessen!

Heute finde ich allenfalls, dass man sich das Vergessen bewusst machen könnte. Bin ich jetzt gutmütiger? Abgeklärt? Trinke ich zu viel? Zu wenig? Bin ich einfach fröhlich? Oder doch schon ein bisschen hinüber? Ich werde mich jedenfalls davor hüten, zu sagen, ich wäre ein Junggebliebener – denn dann schaut man wirklich alt aus.

René Freund

Humor im Alter

Ein rüstiger Senior bittet an der Rezeption des Alters- und Pflegeheims, man möge ihm und seinen Gästen am folgenden Tag in Zürich einen Tisch im Restaurant reservieren. Die Frau erklärt: „Das organisiere ich gerne. Aber welches Restaurant soll es denn sein?“ Meint der alte Mann: „De Name han i vergässe, aber es hät hinenuse ganz e schöni Terrasse!“

Die heutigen alten Menschen sind mobiler und zahlreicher als früher. In 30 Jahren werden 50 Prozent noch mehr Betagte unterwegs sein als heute. Sicher, viele ältere Personen sind gehbehindert. Ohne Rollator können etliche nicht mehr aus dem Haus. Diese fahrbaren Gehhilfen erfreuen sich darum großer Beliebtheit. Für den oben skizzierten Senior ist das Reisen in die Stadt noch gar kein Problem. Nur der Name der Speisegaststätte ging verloren.

Die Krankenschwester (= Pflegefachfrau) ist im Zimmer einer 95-Jährigen. Plötzlich „gudderet“ deren Magen laut und deutlich. Spontan meint die Helferin: „Määrci, dää macht au no en ziimliche Lärme!“ Prompt folgt die Antwort: „Joo, dää mo da äbe no benutze, so lang er no cha. Da isch jetzt dänn bald verbii!“

Ist diese Sachlichkeit und dieser Humor nicht bewundernswert? Die weise Betagte lebt dem Abschied entgegen. Sie weiß es, und sie sagt es. Sie nimmt sich selbst an, speziell Alter, Schwächen, Grenzen. Damit steigt die Bereitschaft, das kleine Alltagsglück mit Ironie und Witz zuzulassen.

Mittagessen im Pflegeheim. Eine Seniorin hat sich hübsch gemacht. Die Serviceangestellte macht ihr ein Kompliment: „Si sind schöön aagleit!“ Schnell meint die Erfahrene: „Bim Zmittagässe isch äbe d' Konkurränz bsunders groß!“

Das Kompliment der Servicefrau ist lobenswert. Es geschieht in unserer gehetzten Zeit zu wenig. Solche Zückerchen sind nämlich Schmiermittel in allen Beziehungen. Sich pflegen, sich selbst wichtig nehmen und sich selbst nicht zu wichtig nehmen ist in allen Altersstufen zentral. Überall lauern Neiderinnen. Sogar beim Mittagessen im Pflegeheim.

Der Frischpensionierte besorgt öfters gleich nach dem Frühstück die Einkäufe für den Haushalt. Nur ein einziges Mal ist er kurz vor Mittag auf dem Weg zum Coop. Der Nachbar witzelt: „Heini, goosch scho wider go poschte?" Die Antwort: „Nänei, jetzt gang i nu go umtuusche, was i falsch poschtet ha!"

Das Gedächtnis hat nachgelassen. Zettelchen sind nötig. Trotzdem geschehen Fehler. Das Alter und seine speziellen Besonderheiten dürfen nie Tabuthema sein. Neue Probleme tauchen auf. Schwierigkeiten und Meinungsverschiedenheiten unter den Zusammenlebenden benötigen Gespräche. Kompromisse sind nötig. Einander Raum und Abstand geben ist besser, als sich in jedes Detailchen einzumischen. – Die Pensionierung ist nicht der Anfang vom Ende, sondern der Anfang einer neuen Lebensphase. Diese dauert nochmals 20 bis 30 Jahre. Tendenz steigend. Sie kann unter Umständen die schönste Zeit eines reichen Lebens sein.

Ein Rentner steht im Dorfladen vor dem Gestell mit Zahnpastatuben und brüllt (viel zu laut) ins Handy zu seiner Frau: „Weli Marke mon i jetz bringe? Nöd, dass dänn wieder e Tummi häsch!"

Alte Menschen gehören in die Öffentlichkeit, sonst werden sie klein und still. Die Einsamkeit ist nicht die große Katastrophe. Auch junge Menschen, auch Ehepaare erleiden drückende Alleinseinzeiten. Der Mangel an sozialer Teilhabe macht unzufrieden, unglücklich. Eine kleine Aufgabe beflügelt, zum Beispiel das Einkaufen.

Ein Besuch fragt die 90-Jährige: „Sind Sie Diabetikerin?" Das Echo überrascht: „Nei, i bi e Schwiizeri!"

Wird in den Medien über das Alter geschrieben, sind es meist Negativberichte, also Parkinson, Alzheimer, Senilität, steigende Pflegekosten. Das Alter gilt als Problemphase, Jammerzeit, letzte Katastrophe. Sogar die Werbung zeichnet einseitig Leiden: Blasenschwäche, Rücken- oder Kreislaufprobleme, Schmerzen, Kukident, Sehhilfen, Hörgeräte. Natürlich existieren diese dunklen Seiten. Aber nicht nur. Wer besingt die sonnigen Zeiten des Alters?

Eine Greisin ist meist böse und unzufrieden. Es gibt Tage, da sagt sie kein einziges freundliches Wort. Einmal riss einer Pflegerin der Geduldsfaden und sie schockierte in deutlichen Worten: „Also, Frau XY, wänn Si so immer mit üüs schimpfed und bös sind, dann säged mer sicher noch Ihrem Tod: Gott sei Dank, isch si gschtorbe! Wänn Si sich aber e bitzli ändered, dänn säged mer: Schaad, isch si gschtorbe! Mer händ si gärn gha!" – O Wunder, die deutlichen Worte brachten Verbesserungen.

Ende der 50er-Jahre hieß es: Was muss die Gesellschaft für die Alten tun? Die Heime waren Verwahrungsanstalten, möglichst außerhalb des Dorfes gelegen. Den Betagten, die oft ein hartes und arbeitsreiches Leben hinter sich hatten, wurde aufgetragen, möglichst passiv zu sein und sich ruhig zu verhalten. Heute sind die 80-Jährigen oft gesünder und vitaler als damals die 60-Jährigen. Heute heißts: Was können Senioren für sich, für ihresgleichen und für die Gesellschaft tun? Klar gibt es alte Menschen, die verbittert leben. In ihren Aktivjahren erlitten sie Kränkungen. – Statt unverschuldete Vorwürfe immer zu schlucken, kann in der Pflege eine korrekte Meinungsäußerung durchaus sinnvoll und positiv sein.

Zur 95-Jährigen kommt regelmäßig die 88-jährige Schwester auf Besuch. Jedes Mal, spätestens nach einer halben Stunde, streiten sich die zwei betagten Frauen mit lauter Stimme. Eine Pflegerin will besänftigen: „Isch da nöd schaad, wänn Si immer noch churzer Zyt scho chifled mitenand?" Da wehrt sich die Ältere vehement: „Joo, hälfeds mer nu! Diä do isch nämli ganzi siebe Johr jünger. Diä sött mer doch folge. Aber immer wider macht si da, wo sii wott."

Woher kommt die unrealistische Vorstellung, (wenigstens) alte Leute sollten ohne Konflikte und Streitigkeiten auskommen? Grundsätzlich gibt es doch bei ihnen die gleiche Bandbreite von Auseinandersetzungen wie bei allen Menschen. Neu dazu kommen etwa Ablösungsprobleme, Generationenzwiste, Paarkrisen in Zweitehen, Erbschaftssorgen. Auch alte Verletzungen können nochmals hochbrodeln. Damit müssen alte Menschen leben. Und deren Umgebung: Angehörige, Pflegepersonal. – Vielleicht helfen Klärungen. Vielleicht zerplatzen falsche Ängste wie Seifenblasen, verschwinden dumme Einbildungen. Vielleicht können schwere, unlösbare Probleme wenigstens ein bisschen erträglicher gemacht werden. Sogar mit Humor? Schön wär's!

Walter Ritter

Die fünf Gebote für Senioren:

Das erste Gebot: Ihr sollt nicht immer von Krankheiten reden!

Irgendwas plagt doch heut einen jeden. Ein bisschen Rheuma, schlechtes Gehör, verschlissene Knochen, das Gehen fällt schwer. Der Kreislauf wird träger und schlechter das Sehen, so wie einst kann man nicht mehr zum Tanzen gehen. Ja, man ist alt, das Gedächtnis kriegt Sprünge, es kommen noch mehr unangenehme Dinge. Trotzdem ist das Leben immer noch schön, man muss nur die kleinen Dinge seh'n: Wie die Schneeglöckchen so tapfer steh'n, Kinder sich beim Spiele dreh'n, Osterglocken heraus sich schieben, die Sträucher sich schmücken mit neuen Trieben. Und über allem lacht die Sonne.

Freunde, das Leben ist doch eine Wonne!

Das zweite Gebot: Ihr sollt mit eurer Rente nicht sparen!

Ihr habt sie erschuftet in vielen Jahren. Jetzt gönnt euch noch etwas Schönes vom Leben, nicht alles sollt ihr den Enkeln geben. Ihr habt nach dem Krieg mit Null angefangen, so ist es den Jungen noch nie ergangen. Und immer in's gemachte Bett sich zu legen, ist nicht unbedingt ein Segen. Haut mal auf die Pauke, macht es euch schön, wer weiß, wie die nächsten Tage ausseh'n. Doch noch lacht über allem die Sonne.

Freunde, das Leben ist doch eine Wonne!

Das dritte Gebot: Ihr sollt euch noch in der Welt umsehen!

Nicht immer in den hiesigen Stadtgarten geh'n. Fahrt in's Gebirge oder auch an die See, gönnt euch die Sonne, das Wasser, den Schnee. Es treibt euch niemand, jetzt habt ihr Zeit, die Welt ist so schön und herrlich weit. Auch ins Ausland fahren ist kein Problem, mit Bus oder Bahn reist es sich bequem. Man besichtigt dabei manche tolle Stadt und genießt, was das Hotel zu bieten hat. Dann erfreut jeden wieder die heimische Sonne.

Freunde, das Leben ist doch eine Wonne!

Das vierte Gebot: Ihr sollt auch niemals resignieren!

Lasst vom Gerede der Leute euch nicht irritieren. Seid ihr noch zusammen, ein älteres Paar, seid dankbar dafür, es ist wunderbar. Einsamkeit kann oft schrecklich sein, sucht die Gesellschaft, bleibt nicht allein. Zusammen leben, zusammen reisen, zusammen ausgehn, zusammen toll speisen. Gebt Wärme, genießt Gemütlichkeit, vor allem auch die Zärtlichkeit. Es gibt nichts Schöneres unter der Sonne.

Freunde, das Leben ist doch eine Wonne!

Das fünfte Gebot: Eure Hände sollt nicht in den Schoß ihr legen!

Ihr sollt, so ihr könnt, Geist und Glieder bewegen. Geht schwimmen und wandern, macht Gymnastik und Tanz, dann bleibt ihr fit und es gibt euch Glanz. Und so trainiert ihr den Verstand: Interessiert euch für alles Neue im Land. Die Welt dreht sich schneller als je zuvor, bei Diskussionen spitzt das Ohr, sprecht mit den

Jungen, so lernt ihr dazu, denn der Geist braucht Bewegung und nicht die Ruh. So steht ihr noch lange und frisch in der Sonne.
Freunde, das Leben ist doch eine Wonne!

Die unersetzlichen Senioren

Ja gäb's keine Senioren,
ging der Wohlstand schnell verloren.
Die Konjunktur hätt's furchtbar schwer,
ja die Senioren müssen her.
Seht euch die Urlaubszentren an,
wer füllt die Busse und die Bahn?
Wer gibt dem Fahrer gar am Ende
manchen Euro als Zubrotsspende?
Mallorcas Strände wären leer,
gäb es keine Senioren mehr.
Was sonst auch ist und immer sei:
An uns Senioren kommt keiner vorbei.

Die Ärzte schon länger ungehalten,
wir müssen sie am Leben halten.
Gäbe es keine Senioren mehr,
die Wartezimmer wären leer.
Wer kennt sich aus mit Rheuma und Gicht,
gäbe es die Senioren nicht.
Wer sonst als wir ist richtig krank?
Wer stapelt die Medizin im Schrank?
Obwohl wir die Gebühren hassen,
füllen wir die Apotheker- und Krankenkassen.
Wer schreitet stolz voll Heldentum
mit einem neuen Hüftgelenk herum?
Wir Alten sind's, ganz einwandfrei!
An uns Senioren kommt keiner vorbei.

Wer, sag ich, geht heut noch zur Kur?
Sind das nicht meist Senioren nur?
Wer schaut uns Alten in den Rachen,
wer lässt Gebiss und Zähne machen?
Und ist es noch so 'ne Tortur,
wir schaffen das mit viel Bravour.
Der Zahnarzt müsste Däumchen drehen,
ließ sich bei ihm kein Rentner sehen.
Wer stürzt sich in das Einkaufsgetümmel
und hat noch Zeit für einen Bummel?
Manches Kaufhaus wäre leer,
und manch Geschäft gäbe es nicht mehr.
Der Zustand wäre nicht zu fassen,
wo sollten wir die Rente lassen?
Ob Kaufhaus, Bäcker oder Konditorei:
An uns Senioren kommt keiner vorbei.

Kein Enkelkind würd' je geboren,
gäb's nicht vorher die Senioren.
Zwar sind wir nur noch halb gesund,
und mancher leidet unter Gedächtnisschwund.
Trotzdem haben wir es nicht unbequem,
manch einer von uns lebt sehr angenehm.
Doch das ganze Leben war nicht leicht,
bis wir das Alter haben erreicht.
Wir sahen manch schwere Jahre ziehen,
wir hörten viele Melodien.
Macht euch das Dasein jetzt nicht so schwer,
denn wir Senioren sind doch wer!
Dass wir nicht zu entbehren sind,
das weiß inzwischen auch jedes Kind.
Die Altenheime – bitte sehr –
wo kämen die Bewohner her?
Wer füllt die Räume dort – wer immer –
es gäb dort nur noch leere Zimmer.
Sind wir auch alt und schon recht betagt,

wir sind noch überall gefragt.
Nur die uns Rentner so umwerben,
die wollen meistens etwas erben.
Doch wir Senioren sind ja helle:
Niemals vererben auf die Schnelle!
Doch gäb's uns nicht, uns muntere Alten,
die alles fröhlich mitgestalten,
dann käme auch heute niemand her,
und dieser Raum hier wäre leer.

In diesem Sinn, wie dem auch sei,
an uns Senioren kommt keiner vorbei.

Der Rentner

Steh ich am Zebrastreifen,
kann ich manchmal nicht begreifen,
alles rennt, alles eilt,
ich bin Rentner, ich hab Zeit.

Ich brauche nicht mit der Zeit zu sparen,
kann, wenn ich will, in Urlaub fahren,
und ist das Reiseziel noch so weit,
ich bin Rentner, ich hab Zeit.

Früh aufzustehen wär mir zu dumm,
ich dreh mich gerne noch mal um,
so acht, halb neun wär's dann so weit,
ich bin Rentner, ich hab Zeit.

Wenn das Fernsehen mir was Schönes bietet,
sitz ich im Sessel wie angenietet,
betrachte alles mit Gelassenheit,
ich bin Rentner, ich hab Zeit.

Fährt der Bus mir vor der Nase fort,
bleib ich geduldig steh'n am Ort,
bis der nächste steht für mich bereit,
ich bin Rentner, ich hab Zeit.

Wenn die Menschen sich am Schalter stauen,
und dem Beamten oft den Tag vergraulen,
dann steh ich da in Gelassenheit,
ich bin Rentner, ich hab Zeit.

Ich seh die Welt mir jetzt in Ruhe an,
denn lang genug ich durch die Straßen rann',
und wenn auch mancher platzt vor Neid,
ich bin Rentner, ich hab Zeit.

Hör ich manchmal traurig sagen,
ach, könnt ich's auch so gut wie die haben,
dann tröste ich sie in ihrem Leid,
auch du wirst Rentner, dann hast du Zeit.

So wünsch ich mir noch viele Jahre
Ruhe, Glück, Gesundheit,
vor allem aber Gemütlichkeit,
denn ich bin Rentner, ich habe Zeit.

De Rentner

Twee lütte Wöör nur, „du musst",
bestimmen bit hüüt mien Leben.
Dat is vörbi, de beiden Wöör,
de ward dat nich mehr geben.

Nun bün ik Rentner, bün gesund,
heff Huus, uns Hoff un ok een Hund.
Heff vele Hobbys un schöne Soken,
kann mol wat doon, un kann't ok loten.

Heff een Frau, de mi versteiht,
wenn't meist ok na ehr'n Willen geiht.
Ik hölp ehr, wo ik hölpen kann,
un stoh ok sonst noch mienen Mann.

Ik goh to Stadt, köp ok wat in,
ik do dat nich so geern,
wiel meist ik wat Verkehrtes bring,
dat mut man eben lehrn.

So lööpt de Tiet, un ik loop mit,
man kann dat nich ophooln.
Dat eene ober is gewiss,
mien Job as Rentner
müch ik noch lang behooln.

Darum liebe ich den Ruhestand!

* Wie viele Tage hat die Woche?
  Sechs Samstage, einen Sonntag!

* Wann geht ein Rentner zu Bett?
  Drei Stunden nachdem er vor dem Fernseher eingeschlafen ist!

* Wie viele Senioren braucht man, um eine Glühbirne
  zu wechseln?
  Nur einen, aber es kann den ganzen Tag dauern!

* Was ist der größte Nachteil im Ruhestand?
  Man hat keine Zeit mehr!

* Warum lieben es Rentner und Pensionisten,
  Senioren genannt zu werden?
  Wegen des Rabatts!

* Was ist für einen Ruheständler Galakleidung?
  Er hat statt Hausschuhen richtige Schuhe an.

* Warum schauen Rentner auf jeden Cent?
  Weil sie die Zeit dazu haben!

* Wie nennt man jemanden, der weiter arbeitet, obwohl er in den Ruhestand gehen könnte?
  Verrückt!

* Warum räumen Rentner so selten auf?
  Wenn zu viel Platz frei wird, deponieren ihre Kinder sofort ihr Zeug bei ihnen!

* Was ist für einen Pensionisten ein geruhsames Mittagessen?
  Normal!

* Wie beschreibt man am besten den Ruhestand?
  Eine einzige, lange Kaffeepause!

* Was ist der größte Vorteil als Student an der Seniorenuniversität?
  Wenn man schwänzt, werden die Eltern nicht mehr verständigt!

* Warum sagen Rentner oft, dass sie zwar die Arbeit nicht vermissen, aber die Leute schon, mit denen sie gearbeitet haben?
  Für die ganze Wahrheit sind sie zu höflich!

* Meine Lieblingsfrage:
  „Was tun Sie denn die ganze Woche?"
  „Montag bis Freitag nichts, am Wochenende erhole ich mich!"

Lob des Alters

(nach der Melodie „Schön ist die Jugend“)

Schön ist die Jugend, so stet's geschrieben,
doch auch im Alter kann man sich freu'n.
Ist man im Herzen doch jung geblieben,
fühlt man im Alter sich nicht allein.
Ist man erst älter, wird man bescheiden,
man hofft nicht mehr auf's große Los.
Die Jugend braucht man nicht zu beneiden,
wiegt man den Enkel auf seinem Schoß.
Muss man auch langsam geh'n,
manchmal beiseite steh'n,
schön ist das Alter trotz alledem.

Das Buch des Lebens hat viele Seiten,
das Schicksal blättert und fragt uns nicht.
Doch Gottes Segen wird uns geleiten,
er schützt in Treue, gibt Kraft und Licht.
Muss man auch langsam geh'n,
manchmal beiseite steh'n,
schön ist das Alter trotz alledem.

Drum freut euch immer und nutzt die Stunden
mit Fröhlichkeit und Zuversicht.
Viel Schweres wurde schon überwunden,
man scheute Mühen und Arbeit nicht.
Seid froh und unverzagt,
sagt Dank für jeden Tag,
was er auch immer bringen mag.
Muss man auch langsam geh'n,
manchmal beiseite steh'n,
schön ist das Alter trotz alledem.

Das gute Alter

Wenn man so zusammensitzt,
dann wird doch meistens ausgetauscht,
was nicht so schön am Alter ist.
Ich will es heute einmal wagen,
etwas Gutes über das Alter zu sagen.
Denn mir brachte das Alter auch Gewinn:
Ich freue mich, dass ich jetzt 'ne Alte bin!

Als ich noch jung war, Mann oh Mann,
da zog ich todschicke Schuhe an.
Vorne spitz mit sehr hohen Hacken,
so hörte man mich über's Pflaster klacken.
Ich hatte Blasen an den Fersen und Hühneraugen an den Zehen,
ich konnte oft kaum noch gerade gehen.
Aber in meinem Alter kann ich es wagen,
nur noch bequeme Schuhe zu tragen.
So brachte das Alter mir Gewinn.
Ich freue mich, dass ich 'ne Alte bin!

Wenn ich früher ging zum Friseur,
da war es doch wirklich ein Malheur.
Wenn eine Farbe nur auf dem Kopf,
herhalten musste der Farbentopf,
denn viele Strähnchen gehörten ins Haar,
wie das ja damals Mode war.
Heute habe ich in meiner Mähne
manch eigene graue Strähne.
Diesen Vorteil brachte das Alter mir als Gewinn.
Ich freue mich, dass ich jetzt 'ne Alte bin.

Wenn ich früher vor dem Spiegel stand
und meine ersten Falten fand,
ihr glaubt nicht, wie mich das bedrückte,
weil doch das Alter immer näherrückte.
Heute sehe ich mit Schmunzeln
jeden Tag ein paar neue Runzeln.
Denn im Alter kann ich Falten haben,
ohne auch nur darüber zu klagen.
So bringt das Alter auch hier Gewinn:
Ich freue mich, dass ich 'ne Alte bin!

„Zähneputzen nicht vergessen,
und danach nichts Süßes essen!"
So hieß es ständig. Das war jammerschade,
denn ich liebe nun einmal die Schokolade.
Doch heute bin ich prima dran,
weil ich nachts ruhig schleckern kann.
Die Zähne derweil im Glase liegen,
die können keine Karies mehr kriegen.
Auch das ist im Alter ein Gewinn:
Ich freue mich, das ich 'ne Alte bin!

Die Zeiten sind noch nicht so fern,
da waren die Miniröcke modern.
Beim Sitzen musste man immer ziehn,
damit sie einem nicht entfliehn.
Beim Stehen durfte man sich nicht recken,
weil sie dann nichts mehr verstecken.
Egal, wie die Knie waren beschaffen,
jeder konnte sie begaffen.
Und im Winter fror man bis zum Nabel,
das war ganz und gar nicht passabel.
Doch nun im Alter kann ich es wagen,
die Röcke so lang, wie ich will, zu tragen.
So brachte das Alter auch hier Gewinn:
Ich freue mich, dass ich 'ne Alte bin!

Als junge Frau wird man belehrt,
die Sauberkeit hat ihren Wert.
Doch im Laufe von vielen Jahren
habe ich es dann erfahren, dass man auch seinen Wert besitzt,
wenn in der Wohnung nicht alles so blitzt.
Und scheinen die Fenster und Gardinen grau,
dann nehm ich die Brille ab und seh es nicht mehr so genau.
Als junge Frau muss man sich bemühn,
seine Kinder ordentlich zu erziehn.
Die Enkel kann man dafür doppelt genießen.
Einmal wenn sie kommen und
einmal wenn sie die Tür wieder hinter sich schließen.
So bringt das Alter auch hier Gewinn:
Ich freu mich, dass ich 'ne Alte bin!

Auch mit dem Hören gibt es manch ein Problem.
Man versteht oft „Bahnhof“, das ist nicht so schön.
Doch auch hier kann ich entspannt mich zeigen,
einfach abschalten und nach hinten neigen.
Da geht viel Klatsch und Unkerei
mit Schwung total an mir vorbei.
Selbst in der Kirche darf ich dösen,
im Geiste Kreuzworträtsel lösen.
Denn den Pastor kann ich oft nicht verstehn,
muss ihm gebannt auf die Lippen sehn.
Er neigt zum Flüstern, der Gottesmann,
was wohl niemand mehr ändern kann.
So bringt das Alter auch hier Gewinn.
Ich freu mich, dass ich 'ne Olle bin.

Prost!

Der Einsame

Wer einsam ist, der hat es gut,
Weil keiner da, der ihm was tut.
Ihn stört in seinem Lustrevier
Kein Tier, kein Mensch und kein Klavier,
Und niemand gibt ihm weise Lehren,
Die gut gemeint und bös zu hören.
Der Welt entronnen, geht er still
In Filzpantoffeln, wann er will.
Sogar im Schlafrock wandelt er
Bequem den ganzen Tag umher.
Er kennt kein weibliches Verbot,
Drum raucht und dampft er wie ein Schlot.
Geschützt vor fremden Späherblicken,
Kann er sich selbst die Hose flicken.
Liebt er Musik, so darf er flöten,
Um angenehm die Zeit zu töten,
Und laut und kräftig darf er prusten,
Und ohne Rücksicht darf er husten,
Und allgemach vergisst man seiner.
Nur allerhöchstens fragt mal einer:
Was, lebt er noch? Ei, schwerenot,
Ich dachte längst, er wäre tot.
Kurz, abgesehn vom Steuerzahlen,
Lässt sich das Glück nicht schöner malen.
Worauf denn auch der Satz beruht:
Wer einsam ist, der hat es gut.

Wilhelm Busch

Ein Jahr Rentner

24. Mai
Es ist geschafft. Mein letzter Arbeitstag. Ich bin endlich Rentner. Jetzt geht mein Leben richtig los. Ich will einfach das machen, woran mich diese verdammte Arbeit immer gehindert hat.

25. Mai
Ich stehe früh auf und weiß gar nicht, was ich zuerst tun soll. Der Rasen muss gemäht werden, ich will die Dachrinne reparieren, ich muss die Wasserhähne entkalken, ich will ein Vogelhäuschen bauen und endlich mal „Krieg und Frieden" lesen. Treffe vor dem Haus meinen Nachbarn. Er ist auch Rentner. Er läuft unrasiert im Jogginganzug rum, sieht aus wie Diego Maradona nach 30 Tequila. Er schaut den ganzen Tag Nachmittagstalkshows oder löst Kreuzworträtsel. Das wäre nichts für mich. Ich mähe erst mal den Rasen, reinige die Dachrinne und fange mit einem Vogelhäuschen an. Das Leben ist wunderbar.

2. Juni
Der Rasen ist gemäht, die Dachrinne gereinigt, und das Vogelhäuschen ist fertig. Die Piepmätze kommen an und tirilieren fröhlich. Ich fahre zu OBI, besorge Entkalker für die Wasserhähne. OBI ist voll von Rentnern. Jeden Morgen trifft sich da das Krampfaderngeschwader am Holzzuschnitt. Trübe Tassen. Fahre nach Hause und entkalke die Wasserhähne.

7. Juni
Etwas länger geschlafen. Dann frühstücke ich und kontrolliere, ob die Wasserhähne nicht neuen Kalk angesetzt haben. Danach Rasen mähen und Fahrt zu OBI. Lasse mir Holz für ein weiteres Vogelhäuschen zuschneiden. Dann habe ich zwei. Eins für die Vogelmännchen und eins für die Vogelweibchen.

22. Juni
Bis Mittag geschlafen. Dann noch ein Vogelhäuschen für Behinderte gebaut. Dann Rasen gedüngt, damit er schneller wächst und häufiger gemäht werden muss. Danach Tee mit meiner Frau! Ich gebe ihr Tipps für den Haushalt. Aber manchmal habe ich den Verdacht, ich nerve sie. Zum Beispiel, wenn wir im Garten zusammen Dart spielen. Nicht dass wir uns streiten – aber warum klebt sie vor dem Werfen immer mein Foto auf die Dartscheibe?

30. Juni
Will mal wieder mit einem anderen Menschen reden und gehe zum Arzt. Viele Rentner gehen zum Arzt, um mal zu quatschen; ich habe mir Prostatabeschwerden ausgedacht. Aber er schickt mich nach Hause – Prostatabeschwerden würden bei Kassenpatienten in meinem Alter nicht mehr behandelt. Rentner hätten genügend Zeit zum Pinkeln.

13. Juli
Schlafen bis zwei. Danach Rasen mähen und ein Vogelhäuschen basteln. Im Garten stehen jetzt 28 Stück. Als ich es aufstellen will, entdecke ich auf dem Rasen einen Brief. Die Vögel haben ihn geschrieben: „Alter, hör auf mit den Scheißvogelhäuschen; wir sind satt, und es ist uns vor den anderen Tieren peinlich.“ Mein Nachbar bietet mir ein Kreuzworträtselheft an. Ich schau mal rein. Russischer Fluss mit 7 Buchstaben. Ach, was denkt sich dieser Idiot? Dass ich Zeit habe, mir im Atlas russische Flüsse mit sieben Buchstaben rauszusuchen?

1. August
Es gibt insgesamt 1376 russische Flüsse mit 7 Buchstaben. Die bekanntesten sind Bjelaja, Dnjestr, Irtysch, Utschur und Wolchow. Am Abend Krise mit meiner Frau. Unser erotisches Leben ist eingeschlafen. Passiert vielen Rentnern. Meine Frau schlägt als Lösung vor, wir sollten mal Sex an ungewöhnlichen Orten probieren.

4. September
Wir haben die Seiten im Bett getauscht. Hilft auch nicht. Habe gelesen, 50 % der Männer über 65 nehmen Viagra. 70 % davon können sich allerdings nicht mehr erinnern, warum …

30. September
„Krieg und Frieden" lese ich nicht mehr. Schaue jetzt mehr Nachmittagstalkshows. Heute ist das Thema: „Ich mach dich kalt, du blöde Sumse." Na ja, ein bisschen lehnt sich das ja auch an „Krieg und Frieden" an.

26. Oktober
Meine Frau meint, wir sollen etwas für unsere Körper tun … Wellness … Sobald man Rentner ist, soll alles nur noch Wellness sein. Man soll die Seele baumeln lassen … Warum? Wenn man älter ist, baumelt am Körper sowieso schon so viel. Da muss die Seele nicht auch noch mitbaumeln. Meine Frau schleppt mich zum Rentner-Yoga, zur Rentner-Sauna, zum Pilates. Pilates! Das war für mich bislang der Typ, der Jesus gekreuzigt hat! *(Pilates oder Pilates-Methode ist ein systematisches Körpertraining zur Kräftigung der Muskulatur)*

12. November
Beim Rentner-Yoga soll ich die Figur machen: „Das Gnu liegt in der Morgensonne."
Ich mache die Figur: „Der Arbeitnehmer betätigt die Stechuhr."
Werde aus dem Kurs geworfen!

3. Januar
Habe mit dem Sport aufgehört. Nur den Jogginganzug trage ich noch ganz gern. Rasieren tu ich mich auch nicht mehr. Wenn ich auf die Straße gehe, fragen mich manchmal die Obdachlosen, ob ich einen Euro brauche. Meine Frau will mich aktivieren und schafft einen Dackel an. Das ist das Ende. Wenn der beste Freund eines Mannes eine Wurst mit Beinen ist, die Purzel heißt, ist es Zeit für ihn, abzutreten. Dackel wurden Anfang des 20. Jahrhun-

derts in England gezüchtet. Ziel der Züchtung war es, eine Nackenrolle zu haben, die selbstständig in die Waschmaschine gehen kann! Ich schäme mich. Aber ich geh mit ihm spazieren. Sitze dann im Wald auf einer Bank; mein Blick fällt auf die Ameisen am Boden. Tja, die arbeiten; von denen sagt keine: „Ich bin in Rente und mach jetzt Pilates."

12. Februar

Bin nachts nicht müde. Wovon auch? Stehe deshalb auf, setze mich ins Auto und fahre durch die nächtliche Stadt. Ich lande bei meiner alten Firma, steige aus, streichle das Gebäude. Auf der Rückfahrt sehe ich, wie an einer Landstraße Türken auf dem illegalen Arbeitsstrich rumstehen und warten, dass sie zur Schwarzarbeit abgeholt werden. Traurig so was!

3. März

Habe mich dunkel geschminkt, mir einen Schnauzer angeklebt und reihe mich unter die Türken an der Straße ein. Serhat, Mehmet, Ügür und Öczan. Im Auto stellt sich raus, die heißen eigentlich Franz, Theodor, Günther und Willi. Und sind auch Rentner mit angeklebten Schnauzern. Am Nachmittag – Arbeit auf einer Baustelle. Ich war lange nicht so glücklich!

12. April

Fahre jetzt jeden Morgen mit den anderen Rentnern auf die Baustelle. Nachmittags sitzen wir zusammen und überlegen, was wir noch machen könnten. Wir wollen eine Firma gründen, einen Konzern erschaffen; wir wollen ackern und malochen. Auch mit 65 kann man noch viel bewegen. Eine Geschäftsidee für unseren Konzern haben wir auch schon: Vogelhäuschen.

Das böswillige Altern der Lehrkörper

Die EU hat Alarm geschlagen: Die deutsche Lehrerschaft gehört zu den ältesten in Europa. Gabriele Frydrych weiß, woran es hapert. Eine Glosse.

Im Gegensatz zum Rest der europäischen Bevölkerung altern deutsche Lehrerinnen und Lehrer. Sie tun das vorsätzlich und aus persönlicher Gemeinheit. Da können Presse und EU-Kommissionen noch so oft deprimierende Statistiken und Altersdurchschnitte anführen – die Lehrer altern einfach weiter. Wissenschaftler lamentieren über die schulische Erziehung durch die Generation der Groß- und Urgroßeltern. Familienzeitschriften beklagen die unüberwindliche Altershürde zwischen hoffnungsvollem Nachwuchs und verkalkenden Paukern – aber die Lehrerschaft hat kein Einsehen. Sie vergreist mit jedem Jahr mehr und denkt nicht im Traum daran, diesen erschreckenden Vorgang anzuhalten. Einige Schulen denken ernsthaft darüber nach, Treppenlifte für das greise Personal einzubauen.

Und das heute, wo doch nur zählt, was jung, knackig und dynamisch ist. Politiker und Pseudoprominente machen es so schön vor: Wenn die langjährige Ehefrau in die Nähe der Menopause kommt, wird sie flugs durch ein stromlinienförmiges Ersatzmodell im Teenageralter ausgetauscht. Und alle finden das völlig normal. Wenn ein Mann im Licht der Öffentlichkeit steht, lässt ihn eine Begleiterin, die auch Falten, Bauchansatz und graues Haar vorweisen kann, noch älter aussehen. Aber junge Frauen machen jung!

Im Fernsehen flattern flotte Spätkinder durch erfrischende Plapper-, Kletter- und Kreisch-Shows. Dort rennt niemand mit Doppelkinn, Bifokalbrille und Zahnersatz rum. Allenfalls mit Zahnspange. Nur in den Schulen der Nation werden die armen Kinder den unerfreulichen Alterserscheinungen ihrer Lehrerschaft ausgesetzt. Müssen sich alle mit „Mäuschen“ anreden lassen, weil die Geschichtslehrerin sich die Namen nicht mehr richtig merken kann. Schreiben zweimal in der Woche dieselbe Klassenarbeit, weil der Mathelehrer seine Kurse verwechselt. Müssen der Französischlehrerin die Unterrichtsplanung vorlesen, weil die mal wieder eine ihrer zwanzig Lesehilfen verlegt hat. Ständig müssen die Schüler für ihre Lehrer irgendetwas suchen: Schlüssel, Armbanduhren oder Kugelschreiber. Müssen alles dreimal wiederholen, weil der Klassenlehrer schwerhörig ist. Die beliebten Lehrer-Schüler-Fußballspiele entfallen, weil die meisten Lehrer unter Kurzatmigkeit und Knieproblemen leiden.

Einen Vorteil allerdings gibt es: Wenn die Schüler ihre Handy-Klingeltöne entsprechend einstellen, können die Lehrer die hohen Frequenzen nicht mehr hören und merken nicht, ob jemand im Unterricht Botschaften erhält.

Ansonsten sehnen sich die Schüler (vergeblich) nach coolen Animateuren für den Sportunterricht und langbeinigen Deutschmoderatorinnen. Stattdessen müssen sie sich bei fossilen Paukern langweilen, die nicht wissen, was „Beatbox" und „Bluetooth" ist, und die sich von ihrer Klasse die Bedienung eines Beamers erklären lassen müssen. Die den Schülern wohlwollend bei Streetdance und Jumpstyle zusehen, anstatt selber mitzuhüpfen. Die andächtig von Weimar und Goethe erzählen, als würde das außer ihnen irgendjemanden interessieren. Bei denen die Haare aus Ohren und Nase wachsen, kleine Warzen und Gichtknoten an den Händen blühen und sich steile Sorgenfalten in Stirn und Wangen graben. Mit jedem Tag tiefer.

Denn anstatt froh darüber zu sein, auch im Alter noch sinnvoll beschäftigt zu werden, beklagen die pädagogischen Senioren ihre zunehmende „Belastung". Die ganze Gesellschaft meditiert darüber, wie man auch in der zweiten Lebenshälfte seine Erfüllung findet. Nur die Lehrerschaft will sich diesem Trend entziehen. Sie gibt vor, steigender Schüler- und Stundenzahl einfach nicht mehr gewachsen zu sein. Presseorakel munkeln von einem hohen Krankenstand unter den betagten Lehrern. Lächerlich. Wo Arbeit doch jung und vital erhält! Es gibt aber innerhalb der Lehrerkollegien Saboteure, die sich dem Staat einfach durch Burn-out, Tinnitus und Herzinfarkt entziehen.

Da die deutschen Lehrer durch ihre kurzsichtige Stellenpolitik seit Jahrzehnten die generationsmäßige Durchmischung der

„Stopp, meine Herren, es hat sich eine kleine Stundenplanänderung ergeben: Da die Klasse 11 heute eine Betriebsbesichtigung macht, haben Sie ja jetzt nichts zu tun. Sie, Herr Lehmann, gehen deshalb in der 5. Stunde in die 8c und machen Sport. Herr Schulze, Sie übernehmen bitte den Chemieunterricht von Herrn Meier in der 6. Stunde in der Klasse 9b."

Schulen verhindert haben, sollten sie endlich mal dazu angehalten werden, ihrem Alterungsprozess einen Riegel vorzuschieben! Weg mit Tränensäcken, Sorgenfalten und Kummerspeck! Weg mit Stützstrümpfen und Bruchbändern! Botox, Ginseng und Frischzellenkuren für alle Kollegien! Niemand muss heutzutage mehr alt aussehen! Die plastischen Chirurgen haben schließlich auch ein Recht auf Arbeit und ein lebenswürdiges Einkommen! Lehrer sollten einfach mehr Bereitschaft zeigen, sich dem gesellschaftlichen Trend anzupassen. Girlie ist Mode, nicht Omi. Waschbrettbauch zählt, nicht Altersweisheit. Dafür muss man natürlich flexibel sein und etwas guten Willen zeigen. Aber der geht Lehrerinnen und Lehrern eben völlig ab!

Das letzte Viertel!

Mein Tagebuch des Lebens ist schon drei Viertel voll,
ich brauche Kraft und Hilfe, wenn's weitergehen soll,
denn dieses letzte Viertel zu füllen, macht mir Müh,
und oft denk ich beim Schreiben: Allein schaff ich das nie.

Die Lebensschrift ist einfach, doch muss man gut versteh'n,
mit diesen letzten Blättern sorgfältig umzugeh'n.
Nicht eine einzige Seite darf mehr vergeudet sein,
drum lad ich mir zum Schreiben gute Freunde ein.

Es steh'n in meinem Buche schon viele Gäste drin.
Oft waren die Gastgeschenke gar nicht nach meinem Sinn.
Ich will auch nicht mehr lesen, was man da alles schrieb,
gewesen ist gewesen – für mich gilt: was mir blieb!

Die Herrschaften, die früher sehr oft bei mir verkehrt,
Herrn Gram und Fräulein Mühe, die hab ich ausgesperrt.
Die Brüder Neid und Geizig und die Frau Sorgenschwer,
die machten mir beim Schreiben die Hand unnötig schwer.
Es war auch der Herr Unrast seit Jahren nicht mehr hier.
Ich kündigte die Freundschaft gänzlich Familie Gier.

An ihrer Stelle treten nun andere bei mir ein,
die bringen gute Laune und helles Licht herein.
Geschwister Freud und Lachen, die Nachbarn Heiterkeit,
schreiben viel muntere Sachen auf manche leere Seit.

Bin ich verzagt und ratlos, dann führt oft sehr galant
der Graf Trost von Gelassenheit mir meine müde Hand.
Doch weil die lieben Freunde nur manchmal schau'n herein,
zog bei mir erst kürzlich eine Familie ein.

Herr Lebensmut, der Starke, und seine Frau Geduld.
Sie schenkten mir zum Einstand ein Schreibgerät aus Gold.
Die Töchter Glaub und Liebe führ'n nun das Regiment.
Das liebste Kind heißt Hoffnung, das ich nicht missen könnt.

Sie legen in die Seiten das Lesezeichen Glück
und blättern immer weiter und niemals mehr zurück.
Mit meinem Stift aus Golde, ganz leicht und ohne Groll,
da schreiben wir gemeinsam das letzte Viertel voll!

Seligpreisungen I

Selig, die Verständnis zeigen für meinen
stolpernden Fuß und meine lahme Hand.

Selig, die begreifen, dass mein Ohr sich
anstrengen muss, um alles aufzunehmen,
was man zu mir spricht.

Selig, die zu wissen scheinen,
dass meine Augen trüb
und meine Gedanken träge geworden sind.

Selig, die mit freundlichem Lächeln verweilen,
um ein wenig mit mir zu plaudern.

Selig, die niemals sagen: „Diese Geschichte
haben Sie mir heute schon zweimal erzählt."

Selig, die es verstehen, Erinnerungen
an frühere Zeiten in mir wachzurufen.

Selig, die mich erfahren lassen, dass ich
geliebt, geachtet und nicht allein gelassen bin.

Selig, die in ihrer Güte die Tage,
die mir noch bleiben auf dem Weg
in die Heimat, erleichtern.

Seligpreisungen II

Wohl mir, wenn ich geduldig langsam gehe mit alten Menschen und warte, wenn die Hände nicht so schnell arbeiten wie meine.

Wohl mir, wenn ich die Anstrengung auf mich nehme, laut mit Schwerhörigen zu sprechen, und manches geduldig wiederhole, wenn es nicht verstanden wurde.

Wohl mir, wenn ich warten kann, bis die richtige Brille aufgesetzt ist, und wenn ich den müden Geist der Alten nicht überfordere.

Wohl mir, wenn ich mir Zeit nehme, freundlich mit alten Menschen zu plaudern über Sachen, die sie interessieren.

Wohl mir, wenn ich mir nicht anmerken lasse, dass mir die Geschichten und Erlebnisse, die alte Menschen immer wieder erzählen, zum Halse heraushängen.

Wohl mir, wenn ich mich bemühe, die Lebensgeschichten der alten Menschen zu erfahren und mit ihnen die guten und bösen Zeiten zu durchleuchten.

Wohl mir, wenn ich begreife, dass das Leben alt gewordener Menschen einen tiefen Sinn und Bedeutung für uns hat, dass ich sie liebe, achte und mich ihnen gegenüber engagiere.

Wohl mir, wenn ich sie auf ihrem letzten Wege gütig begleite, ihnen Steine aus dem Weg räume und ihnen helfe, ein Licht zu sehen bei der Überwindung der letzten Wegstrecke.

Gedanken zu Matthäus 5

III. Großmütter und Großväter damals und heute

Opa

Der Opa war der Vater meiner Mutter. Er lebte in unserer Familie. Arbeitete im Garten. Die Hemden waren verschwitzt. Die Hosen alt. Großvater, der Vater meines Vaters, lebte in Bonn. Er trug blütenweiße Hemden. Graue Anzüge. Einen schwarzen Spazierstock mit Silberknauf. Er benutzte Rasierwasser. Das duftete süß. Opa hatte auch einen Handstock. Aus Holz. Unlackiert.

Großvaters Gesicht war schön. Er hatte keine Haare. Die Haut war gebräunt. Ohne Leberflecken und Falten. Eine kraftvoll geschnittene Nase. Dunkelblaue Augen. Der Mund breit. Mit vollen, trockenen Lippen. – Opas Haut war voller Altersflecken und Runzeln. Die Augen klein. Hellblau und listig. Die Lippen feucht und schmal. Eine grazile, leicht gebogene Nase. Mit spitz zulaufenden Nasenlöchern. Das Kinn verlief ohne feste Linie in den Hals. Er hatte schüttere graue Haare. Opa kämmte sie mit einem nassen Kamm. Er zog sich einen geraden Seitenscheitel.

Großvater war mager, klein, lebendig. Er rauchte Filterzigaretten. Die lagen in einem silbernen Zigarettenetui. – Opa war dick und breit. Sein Gang schwerfällig. Er kaute Kautabak. Deshalb waren seine Zähne gelb. – Großvater hatte weiße Zähne. Die sah man oft. Er lachte viel. – Opa lachte selten. Er sang traurige Lieder. Mit vielen Strophen. Abends trank er eine halbe Flasche Bier.

Großvater trank Rotwein. Auch abends. Aus einem besonderen Glas. Mit eingeschliffenen Blüten. Er aß nicht gerne. Mal ein Käsebrot. Mageres Fleisch. Großvater trug seidene Schlafanzüge. Pantoffeln aus weichem Leder.

Opa zog Nachthemden an. Die waren gestreift und kurz. Man konnte dicke Beine sehen. Mit Krampfadern. Seine Pantoffeln waren aus Filz und kariert.

Großvaters Hände waren mager. Mit fein polierten Nägeln. Er trug einen goldenen Siegelring.

Opa hatte breite, raue Hände. Die Fingernägel rissig. Er aß gerne. Er aß alles. Gemüse, Wurst, Speck.

Der Großvater war freundlich. Scheu. – Opa sah grimmig aus. Schimpfte.

Großvater und Opa sahen sich selten. Sie hatten sich nicht viel zu sagen. Sahen aneinander vorbei. Großvater starb an Krebs. Opa an einem Schlaganfall. Den Großvater habe ich bewundert. Den Opa habe ich geliebt.

Annette Wittkamp

Großmütter

Eine Siebenjährige meint dazu: Eine Großmutter ist eine Frau, die keine Kinder hat und deswegen die kleinen Jungen und Mädchen von anderen Leuten lieb hat.

Großmütter haben eigentlich nichts zu tun. Sie müssen nur da sein. Weil sie alt sind, dürfen sie keine wilden Spiele machen mit Herumrennen und so. Aber das brauchen sie auch nicht. Es ist genug, wenn sie uns auf den Jahrmarkt mitnehmen, wo das Karussellpferd ist, und wenn sie genug Geld dabei haben.

Großmütter dürfen niemals sagen: „Los, beeil dich!“

Meistens sind Großmütter dick. Aber so dick auch wieder nicht, dass sie einem nicht die Schuhe zubinden können. Sie haben eine Brille und ganz ulkige Unterwäsche. Richtige Großmütter können ihre Zähne aus dem Mund nehmen.

Eine Großmutter braucht nicht clever zu sein. Aber wenn ich sie frage: „Warum ist der liebe Gott nicht verheiratet?“ oder „Warum können Hunde keine Katzen leiden?“, dann müssen sie das beantworten können.

Großmütter reden richtig mit uns. Nicht solch komische Babysprache wie die Leute, die uns besuchen kommen und die man immer so schlecht versteht. Wenn Großmütter uns was vorlesen, ist das richtig schön. Sie lesen ein und dieselbe Geschichte auch immer wieder vor, wenn man das will, und sie lassen auch nichts aus.

Ich kann jedem empfehlen, eine Großmutter zu haben, vor allem, wenn man keinen Fernseher hat. Schließlich sind Großmütter die Einzigen, die Zeit haben.

Meine perfekten Großeltern

Als kleines Mädchen waren meine Großeltern für mich die Größten. Sie konnten alles, wussten alles, hatten immer Zeit für mich. Sie schienen nur dafür da zu sein, mir spannende Geschichten zu erzählen, mir selbst gebackenen Kuchen zu verfüttern und mit mir zu basteln. Je älter ich wurde, desto realistischer wurde mein Weltbild. Die Welt – und damit auch meine Großeltern – wurde entzaubert. Heute, mit 20 Jahren, sehe ich sie mit anderen Augen.

Damals eröffnete mir mein Opa neue Welten. Er gab mir eines seiner alten Bücher und entzifferte die mir völlig fremden Zeichen der Frakturschrift. Er brachte mir sogar bei, diese selbst zu lesen. Mit Omas Hilfe wurden aus einem gescheckten Badehandtuch zwei allerliebste Stoffhasen, Hoppel und Moppel.

In der Schule lernte ich dann so schnell neue Sachen in Mathematik, dass mein Opa mir nicht mehr jede Frage auf Anhieb beantworten konnte. Ganz zu schweigen von den technischen Neuerungen, mit denen ich aufwuchs und die mich von meinen Großeltern entfernten: Handy, Computer, Internet, MP3-Player, DVDs …

Ich wollte nicht, dass ihre Kräfte nachlassen

Ich war vielleicht 13 Jahre alt, als ich mir wünschte, einfach wieder Kind sein zu können, mich in die Arme meiner perfekten Großeltern zu werfen und nicht wissen zu müssen, dass sie – so wie alle anderen Menschen auch – sterblich waren. Ich wollte nicht sehen, dass ihre Kräfte nachließen. Meine unermüdliche Oma sagte nun immer wieder nach dem Essen, dass sie sich erst einmal ausruhen müsse. Mein Opa bewegte sich langsamer, er sah und hörte schlecht und ließ sogar meine Oma ans Steuer beim Autofahren.

Unser Alltag könnte unterschiedlicher nicht sein

Heute bin ich 20, mein Opa ist 93 Jahre alt und meine Oma 85. Sie pflegt ihn, und ich bewundere sie beide dafür. Er sitzt im Rollstuhl und ist beinahe blind. Er ist krank, braucht regelmäßig Bluttransfusionen. Unser Alltag könnte nicht unterschiedlicher sein. Jede Aktion, wie beispielsweise die Krankengymnastik, muss im Voraus geplant werden. Für jeden Handgriff muss genug Zeit eingeplant werden.

Ihr Lob ist immer noch größte Anerkennung für mich

Ich bin mittlerweile eine viel beschäftigte Studentin. Hier in der Hauptstadt, wo ich studiere, muss immer alles schnell gehen. Wenn ich dann sonntags mit meinen Großeltern in Norddeutschland telefoniere, muss ich mich ermahnen, langsam zu sprechen, damit mein Opa mich versteht. Aber auch heute noch bestätigen meine Großeltern mich immer wieder bei dem, was ich tue. Sie freuen sich, wenn ich von einer gelungenen Hausarbeit erzähle oder wenn ich ihnen berichte, dass ich einen Praktikumsplatz gefunden habe. Und für mich ist so ein Lob die schönste Anerkennung, die es geben kann.

Pauline Fleischmann, 20 Jahre

***

Oma, wo lang leevt ji noch?

Wat kann so een lütt Minsch blot frogen, meent Heike Fedderke.

De Duft von Zibbeln un Speck leeg in de Luft. In de Köök brutzeln de Brootkartuffeln in de Pann. Wi weern bi, de Disch to decken. Glieks schull dat Obendbrot geven bi Oma und Opa. Luzie weer to Besöök.

Wat geev dat allens to vertellen un to bekieken un to verklookfiedeln. Den ganzen Dag weer de Lütt an't Snötern un an't Frogen: „Oma, wokeen is dat dor op dat Bild?" „Opa, speelt wi noch mol, ‚Minsch arger di nich'?" „Oma, wannehr wüllt wi no den Hoff mit de velen Peer?" „Morgen, Luzie, morgen Nomiddag föhrt wi no Doornbusch. Denn kannst du di de Peer ankieken. Roop mol Opa, wi wüllt Obendbrot eten." „Oma, wo lang leevt ji noch?"

Gott, nee, frogen kann de Deern ober uk. „Dat kann ik di nich seggen. Dat weet keeneen Minsch, wo lang he noch leevt un wannehr he dootblieben deit. Dat gifft Minschen, de ward teemlich oolt, negentig oder sogor hunnert Johr. Welken starvt al in junge Johren. Man keen Minsch weet dat in 'n Vörut." Lecker, disse Brootkartuffeln bi Oma.

Frogen kann de Deern! Wo lang leevt ji noch? Will doch höpen, dat wi noch een beten Tiet tosomen hebbt. Müch di noch so veel vertellen. Müch di Geschichten vörlesen.

Müch di noch so veel wiesen. Müch noch beleben, datt du mien Geschichten lesen kannst. Müch dien Schooltiet verfolgen, wat du woll Spooß hest an de Kunst oder Mathematik, an de engelsch Sprook, oder warrst du Gefallen finnen an Plattdüütsch?

Mien Wunschlist reet gor nich af. Ik müch di noch so veel mitgeben op dienen Lebensweg.

Leider Gotts geiht dat dor man nich so, wat wi uns wünschen doot. Wi köönt man blot de Stünnens, de wi tosomen verbringen doot, utfüllen mit Leev. Denn warrst du villicht molins, wenn wi dor nich mehr sünd, Opa un ik, geern an uns trüchdinken. Un wenn dat so is, denn kummt dat op Johr un dag un Stünn, dor kummt dat denn gor nich mehr op an.

„Opa, Obendbrot!"

Großmutters Schürze

Sehr oft und gerne denke ich an meine Kinderjahre zurück. Du, liebe Großmutter, spieltest darin immer die Hauptrolle. Und mit dir deine dunkle Schürze, die du jeden Tag trugst. Sie war groß und faltig und reichte fast bis zum Fußboden. Sie war bedruckt mit kleinen Karos und Punkten und roch nach Kernseife und Appretur, wenn sie aus der Wäschekommode kam, und du hattest eine Anzahl davon.

Jeden Morgen bandest du sie dir mit geübtem Griff um die Hüften. Schwangst die Träger über die Schulter und knöpftest sie am Taillenband fest. Am Latz hing an jeder Seite eine Sicherheitsnadel, die zwar nie gebraucht wurde, aber immer da war. Bevor dein Tagesablauf begann, strichst du mit deinen faltigen Händen die Schürze glatt, als wolltest du sagen, so – nun kann's losgehen.

Ich habe die Schürze geliebt. An ihrem Zipfel konnte ich mich festhalten, wenn wir in den dunklen Keller gingen und mir nicht ganz geheuer war.

Derselbe Zipfel wischte meine Tränen ab, wenn ich mir die Knie aufgeschlagen hatte und nahm sich meiner Schniefnase an. Du hattest zwar immer ein reines Taschentuch bei dir, doch das wurde nur für Notfälle aufgehoben und nie benutzt. Der Schürzenzipfel war besser, um den Schweiß von der Stirn zu wischen und die Hände abzutrocknen und die Fliegen vom Tisch zu verjagen. Ich habe die Schürze bewundert, denn sie konnte einfach alles.

Aus ihr wurde des Morgens das Hühnerfutter auf den Hof gestreut. In ihr anschließend die Eier eingesammelt. Sie diente als Apfelkorb und Gemüsetrage, half die Holzscheite zum Feuermachen ins Haus zu tragen und die Ähren zu bergen.

Wenn das kleine Schwätzchen am Gartenzaun zu lange dauerte, wurde die Schürze aufgerollt und diente als Stütze für die Ellenbogen. Bei plötzlichen Regengüssen war Großmutters Schürze der beste Regenschutz. Viel besser als ein Taschentuch mit vier verknoteten Zipfeln auf dem Kopf.

Topflappen brauchte unsere Großmutter fast nie. Sie hatte ja die Schürze, die war viel praktischer. Die heißen Topfdeckel fasste sie damit an, und der große Aluminiumtopf mit der dampfenden Kartoffelsuppe wurde mit ihrer Hilfe auf den Tisch gebracht.

Morgens, wenn das Feuer im Ofen nicht so recht angehen wollte und das Blasen nichts nützte, nahm Großmutter die Schürze und wedelte ein paar Mal ordentlich damit hin und her.

Mit der Schürze deckte unsere Großmutter den Wäschekorb zu, wenn es zur Rolle ging. Die Würste wurden damit bedeckt, die schön gestapelt und gleichmäßig im Handwagen lagen, wenn wir sie zum Räuchern fuhren.

Uns Kindern schien die Schürze wie eine Wundertüte, aus der im Frühjahr die ersten, reifen Birnen und Pflaumen und im Winter die Haselnüsse gezaubert wurden. Und erst die Schürzentasche, da war immer ein Fünfer oder ein Groschen drin – oder das kurze Bleistiftende, das wir zum Malen brauchten. – Das eingewickelte Bonbon, das über eine Beule hinwegtröstete. – Und ein verlorener Knopf, den wir sonst nirgends finden konnten.

Wenn ich so an dich, liebe Großmutter, denke, frage ich mich, was wohl meine Kinder oder Enkel eines Tages von mir in Erinnerung behalten werden.

Wahrscheinlich meine Jeanshose, denn Schürzen sind nicht mehr so „in“!

Oma ehr Schotteldook

Denk ick an mien Oma, denk ick an ehr Schotteldook. Dat weer so een gries-graut Stück Tüüg mit Locker, so groot as een Stück Breefpapier. Un dat leeg jümmers rechts up den Rand von den Gotensteen. Oma harr in ehr Köök kien Waschbecken oder een Alu-Spüle, nee, de harr noch echt groten Gotensteen mit een Pump. Ut de keem overs al lang kien Woter mehr. Siet Ende de föftiger Johren harrn Oma un Opa een Woterkrohn in de Köök – mit koolt Woter, is ja klor. Doch de Pump weer so smuck, de hefft se hangenloten.

Un, as ick al sä, rechts ünner de Pump, dor leeg jümmers dat Schotteldook. Un dor wurd ja *allens* mit afwischt.

Eerstigmol de Disch. Wenn wi wat överkleiht harrn, denn heet dat: Tellers hooch! Un den suuß Oma ehr Hand mit dat Dook övern Disch. Klor, de bleev denn 'n beten natt, dat weer ja kien Wischvlies. Oma weer over nich so för dat Feine, mehr för dat Praktische. Wenn up den Disch de Plackens al andröögt weern, Soße von'n Sonndagsbroden oder Fett von de Brootkartuffeln, denn hölp Oma mit 'n beten Schüürpulver no. IMI weer dat. Oma swöör up IMI. Ook as dat al lang den witten Wirbelwind un Meister Dingsbums geev, Oma bleev bi IMI. Un dor stunk dat Dook denn so scharp von. Dat kreeg ick jümmers to spöörn, wenn ick Eerdbeer- oder Schokolodensauce an'n Mund harr von den Pudding. Denn nehm Oma ehr Schotteldook un – swupps – feeg se mi mit dat kole natte Stück Tüüg dör't Gesicht un wisch mit den IMI-Rest mi de Snuut wedder rein. Ja, ja Oma weer mehr för dat Praktische.

Wat ick as Kind nich wuß: dat Schotteldook weer de afgeleggte Ünnerbüx von Oma. Se droog ja jümmers so gediegene Slüpfers, de von buten so matt glänzen deen, un von binnen weern de so … *angeraut* – heet dat. Boben un an de beiden Benen harrn de een stramm Gummiband. Wat sünd de groot, heff ick jümmers dacht, wenn ick de an de Wäschelien bi Oma sehn dee. Dor passt Oma ja tweemool rin. Weern nich chic, nee, praktisch. Tja, un wenn so een Slüpfer von all dat Koken in den groden Pott un dat Rubbeln

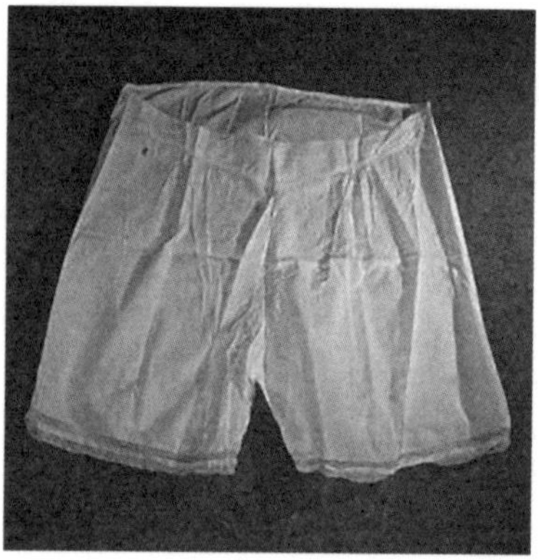

Hier Omas ole afgeleggte Ünnerbüx, wi sekt ok Schinkenbüddel dor to! Do ut wart loter dat Schoddeldook!

up dat Waschbrett twei weer un ook flicken nich mehr gung, denn wurd de utmustert un as Schotteldook bruukt. Rechts up de Gotensteenrand – dor leeg dat denn, weer koolt un natt, stunk no IMI – un wehe, dat weer Sonndag.

Toletzt overs weer de Ünnerbüx so löckerig, dat se ook as Schotteldook nich mehr dögen dee, un denn – nee, de wurd nich wegsmeten, nee, denn wurd de an de Lien fein dröögt – un in'n Kökenherd verbrennt. *Entsorgt* heet dat hüüt.

Tja, mien Oma smeet denn de Heerdklapp to un sä: So, nu is se up!

Gerd Spiekermann

Bei Oma ist alles anders

Neulich, als ich bei Oma war, fragte ich sie nach der Uhrzeit. Ich hatte nämlich meine Armbanduhr zu Hause vergessen. Oma (84 Jahre jung und noch rüstig) stellte sich also vor ihre kleine hübsche (und ungenaue) Uhr und fing an zu rechnen ... Da wurde mir mal wieder bewusst, dass bei Oma alles anders ist.

Ihre Uhren zum Beispiel, die werden nie auf Sommer- oder Winterzeit umgestellt. Die Mühe spart sie sich. Wenigstens konnte ich sie nun dazu überreden, dass die Küchenuhr umgestellt wurde, denn die wird am meisten beachtet. Dass die alte Uhr ungenau geht und in der Woche 5 Minuten verliert, stört Oma nicht im Geringsten. Gelegentlich wird die Uhr dann mal kräftig vorgestellt, damit sie wieder ihre Minuten verlieren kann.

Oma sagte mir also die errechnete Zeit, und ich hörte schon an ihrer Stimme, dass sie ihrem Rechenergebnis selbst nicht traute. Also ging ich in die Küche, las dort die Zeit ab und addierte eine Viertelstunde hinzu, dann hatte ich es wenigstens ungefähr. So auf die Minute kommt es ja nicht an. Zumindest bei Oma muss man sich so etwas abgewöhnen, denn Oma hat viel Zeit. Bei Oma ist eben alles anders.

Wenn sie große Wäsche hat, hilft man ja gerne und hängt die Wäsche auf. So große, schwere und nasse Teile sind ihr dann doch zu mühsam. Aber das Wäscheaufhängen hat seine Tücken: Man muss unbedingt die richtige Reihenfolge einhalten, die Wäschestücke werden keineswegs irgendwie und wahllos aufgehängt! Oh nein, wie sieht denn das aus?

Und es ist nicht nur die Reihenfolge wichtig, auch wo die Klammern hinkommen, ist entscheidend. Handtücher darf man nicht an den Ecken anklammern, sonst werden sie zipfelig, man muss sie über die Leine klappen. Aber nur ein wenig, nicht zu breit, sonst trocknet es zu langsam …

Schon damals, als Omas Enkelkinder noch klein waren, lernten wir Eltern, dass bei Oma alles anders ist. Die Kinder maulten: „Bei Oma dürfen wir das!“ – „Na gut“, sagten wir, „dann macht es bei Oma so, aber zu Hause bitte nicht.“

Wenn Oma und Opa zu Besuch kamen, haben sie mit den Kindern gefrühstückt. Es gab Brötchen mit Kräuterkäse, und die Kinder waren ganz vernarrt in dieses Frühstück, haben extra vorher nichts gegessen. Wir haben uns dann den genau gleichen Käse besorgt, um den Kindern eine Freude zu machen. Aber umsonst, die Brötchen schmeckten nicht gleich, sie waren ja nicht „von Oma und Opa“.

Opa lebt nun leider nicht mehr, und die Enkelkinder sind längst erwachsen. Aber die niedlichen bunten Kinderteller mit den Märchenmotiven, die benutzt Oma heute noch. Die sind praktisch, denn sie isst nicht viel, da haben diese Teller gerade die richtige Größe. Außerdem sind sie aus Plastik und damit schön leicht. Und die (verblassten) bunten Märchenmotive sind doch immer noch hübsch, findet sie.

Oma geht immer vorsichtig mit ihren Sachen um. Was nicht gebraucht wird, das wird in eine Plastikhülle oder in Packpapier gepackt, ordentlich mit einem Band verschnürt und dann erst weggestellt. Das schadet ja nichts, es stört nur, wenn unsereins mal etwas davon braucht. Das staubige Packpapier und das ausgefranste Band sollte man tunlichst aufbewahren, denn Oma liebt es, wenn sie ihre Sachen im „Originalzustand" zurückbekommt, wie etwa den Tapeziertisch. (Nach dem dritten Mal war es mir zu dumm, da habe ich mir einen eigenen gekauft. Der steht jetzt unverpackt [!] in meinem Keller.) Aber als ich feststellte, dass in Opas Auto die alten Schonbezüge mit neuen Schonbezügen überzogen waren, da blieb mir doch der Mund offenstehen …

Es ist auch sehr lehrreich, mit Oma einkaufen zu gehen. Oma hat die meisten Preise im Kopf und merkt gleich, wenn ein Artikel in einem anderen Geschäft billiger ist. Wohl gemerkt, sie achtet nicht auf die Marke, nur auf den Preis. Oma kauft immer preisgünstig, die Marke ist ihr egal. Das soll aber besser schmecken? Ist auch egal, ist zu teuer! Dabei kann man aber nicht sagen, Oma wäre geizig! Ihren Lieben gegenüber ist sie immer sehr spendabel. Nur in den Geschäften nicht, die haben sich gefälligst nach ihren Preisvorstellungen zu richten! Tun sie das nicht, wird eben woanders gekauft. Dabei nimmt sie auch lange Wege und zusätzliches Schlangestehen an der Kasse in Kauf, Hauptsache, der Preis stimmt. Ich hätte ja nicht so viel Zeit, aber bei Oma ist alles anders.

Im November fuhren wir zum Friedhof, Opa besuchen. Oma nahm Putzmittel mit, denn der Grabstein neigt dazu, zu vermoosen und wird grünlich. Das darf er natürlich nicht. Ich werde dann gebeten, mit einem Eimer Lauge und einer Bürste den Grabstein wieder zu reinigen. Mache ich auch, und nachher sieht der Stein wieder richtig schön aus. Zum Schluss rührt Oma noch eine Lauge an. Was das ist? Sie sagt mir den Namen, aber ich kenne ihn nicht. Ich fürchte, es handelt sich um eine Art Weichspüler …

Aber Oma ist ein wirklich lieber Mensch, und da tut man ihr den Gefallen, und sie freut sich.

Eines Tages bin ich wohl auch 84 und ein Opa. Vielleicht schreiben dann meine Kinder über meine Macken, denn auch bei Opa ist bestimmt „alles ganz anders".

Peter Dörling

Stress beim Heiraten

Manchmal liegt das Gute näher, als man denkt

Der Stress fing kurz nach dem Antrag an, mit dem mein Schatz um meine Hand angehalten hatte: Ich brauchte ein Brautkleid! Für mich war seit Kindertagen klar, dass ich nicht als Sissy-Verschnitt in einem monströsen Brautkleid in einer Dorfkirche enden würde. Da ich um meinen besonderen Geschmack wusste, begann ich schon rund ein halbes Jahr vor dem Termin der kirchlichen Trauung mit der Suche nach dem perfekten Brautkleid. Von vornherein stand für mich fest, dass dieses auf keinen Fall weiß sein sollte, da ich sehr helle Haut habe und in Weiß einfach krank aussehe. Doch schon im ersten Brautkleidladen, den ich in meinem Leben betrat, begegnete ich dem personifizierten Traum jeder Braut: der Brautmodenverkäuferin. Die Dame ignorierte gekonnt jeden Wunsch, den ich an das perfekte Kleid hatte, und versuchte, mir das hässlichste Brautkleid der Stadt aufzuschwatzen, natürlich mit der Versicherung, es stehe mir ganz vorzüglich. Ich konnte mich ihrer Bemühungen kaum erwehren und schaffte es gerade noch so ohne einen Albtraum in Weiß aus dem Laden. Dies war mir eine Lehre, und von nun an nahm ich immer, wenn ich die Brautmodengeschäfte in der näheren oder weiteren Umgebung abklapperte, abwechselnd die Mama, meine Freundin oder den Schwiegertiger mit. So hatte ich wenigstens jemanden dabei, der mir ehrlich die Meinung sagte. Doch es war wie verhext. Drei Wochen vor der Hochzeit war immer noch nicht das richtige Kleid in Sicht, und ich geriet in Panik, schließlich wollte ich nicht in einem Kartoffelsack heiraten. Die Lösung war aber ganz nah, beim Ausmisten im

Keller meiner Großeltern fand ich ihn: den perfekten Traum in Creme. Es war das Hochzeitskleid meiner Großmutter, welches mit nur wenigen Änderungen perfekt passte und in dem ich am schönsten Tag in meinem Leben einfach zauberhaft aussah.

Kastanien, Tamagotchis* und Handys

Eppendorf: Eine weißhaarige, alte Frau bückt sich mühsam, greift etwas vom Boden und richtet sich wieder auf. Nach der Anstrengung muss sie sich einen Moment an einem Gartenzaun festhalten. Dann lässt sie ihren Fund – eine Kastanie – in eine kleine Plastiktüte gleiten. Ein paar Schritte weiter wiederholt sich die Prozedur. An der Füllung der Tüte ist zu sehen, zehn, zwölf Kastanien hat die alte Dame schon gesammelt.

„Für die Enkelkinder", stellt eine junge Passantin fragend fest. „Nein", ist die etwas atemlose Antwort, „für das Altenheim, für meine Nachbarn, die nicht mehr hinaus können."

Ein nichtverstehender Blick sucht nach Erklärung. „Wissen Sie", sagt die alte Frau, „Kastanien sind die Erinnerung an eine schöne Zeit, an die Kindheit, und gleichzeitig sind sie ein deutliches Zeichen für den Herbst – beides passt zu uns Alten, und darum will ich meinen Nachbarn mit den Kastanien eine Freude machen."

Ein Lächeln von beiden Seiten, und dem Beobachter stellt sich die Frage: Wie wird so etwas in 60, 70 Jahren aussehen, wenn man den Nachbarn im Altenheim eine Kindheitserinnerung mitbringen möchte? Einen Gameboy? Ein Tamagotchi? Ein Handy? Oder vielleicht doch noch eine im Herbst frisch vom Baum gefallene Kastanie?

Gerd-Peter Hohaus

(* Das Tamagotchi stellt ein elektronisches Küken dar, um das man sich vom Zeitpunkt des Schlüpfens an wie um ein echtes Haustier kümmern muss.)

Die Weihnachtsgans

In einem Vorort von Wien lebten in der hungrigen Zeit nach dem Krieg zwei nette, alte Damen. Damals war es noch schwer, sich für Weihnachten einen wirklichen Festbraten zu verschaffen. Und nun hatte die eine der Damen die Möglichkeit, auf dem Land – gegen allerlei Textilien – eine wohl noch magere, aber springlebendige Gans einzuhandeln. In einem Korb verpackt brachte Fräulein Agathe das Tier nach Hause. Und sofort begannen Agathe und ihre Schwester Emma das Tier zu füttern und zu pflegen.

Die beiden Damen wohnten in einem Mietshaus im zweiten Stock, und niemand im Hause wusste, dass in einem der Wohnräume der Schwestern ein Federvieh hauste, das verwöhnt, gefüttert und großgezogen wurde.

Agathe und Emma beschlossen feierlich, keinem einzigen Menschen jemals davon zu sagen, aus zweierlei Gründen:

Erstens gab es Neider, das sind Leute, die sich keine Gans leisten können; zweitens wollten die beiden Damen nicht um die Welt mit irgendeinem der nahen oder weiteren Verwandten die später möglicherweise nudelfett gewordene und dann gebratene Gans teilen.

Deshalb empfingen die beiden Damen auch 6 Wochen lang, bis zum 24. Dezember, keinen einzigen Besuch. Sie lebten nur für die Gans.

Und so kam der Morgen des 23. Dezember heran. Es war ein strahlender Wintertag. Die ahnungslose Gans stolzierte nichtsahnend und vergnügt von der Küche aus ihrem Körbchen in das Schlafzimmer der beiden Schwestern und begrüßte sie zärtlich schnatternd.

Die beiden Damen vermieden es, sich anzusehen. Nicht, weil sie böse aufeinander waren, sondern nur, weil eben keine von ihnen die Gans schlachten wollte. „Du musst es tun“, sagte Agathe, sprach's, stieg aus dem Bett, zog sich rasend rasch an, nahm die Einkaufstasche, überhörte den stürmischen Protest und verließ in geradezu hässlicher Eile die Wohnung.

Was sollte Emma tun? Sie murrte vor sich hin, dachte darüber nach, ob sie vielleicht einen Nachbarn bitten sollte, der Gans den

Garaus zu machen, aber dann hätte man einen großen Teil von dem gebratenen Vogel abgeben müssen. Also schritt Emma zur Tat, nicht ohne dabei wild zu schluchzen.

Als Agathe nach geraumer Zeit wiederkehrte, lag die Gans auf dem Küchentisch, ihr langer Hals hing wehmütig pendelnd herunter. Blut war keines zu sehen, aber dafür alsbald zwei liebe alte Damen, die sich heulend umschlungen hielten.

„Wie … wie …“, schluchzte Agathe, „hast du es gemacht?“ „Mit … mit … Veronal“, wimmerte Emma. „Ich habe ihr einige deiner Schlaftabletten auf einmal gegeben, jetzt ist sie …“, schluchzend, „huhh … rupfen musst du sie … huh huh huh …“, so ging das Weinen und Schluchzen fort.

Aber weder Emma noch Agathe konnten sich dazu entschließen. In der Küche stand das leere Körbchen, keine Gans mehr, kein schnatterndes „Guten Morgen“, und so saßen die beiden eng umschlungen auf dem Sofa und schluchzten trostlos. Endlich raffte sich Agathe auf und begann, den noch warmen Vogel zu rupfen.

Federchen um Federchen schwebte in einen Papiersack, den die unentwegt weinende Emma hielt. Und dann sagte Agathe: „Du, Emma, nimmst die Gans aus“ und verschwand blitzartig im Wohnzimmer, warf sich auf das Sofa und verbarg ihr Gesicht in den Händen. Emma eilte der Schwester nach und erklärte, es einfach nicht tun zu können. Und dann beschloss man, nachdem es mittlerweile spät abends geworden war, das Ausnehmen der Gans auf den nächsten Tag zu verschieben.

Am zeitigen Morgen wurden Agathe und Emma geweckt. Mit einem Ruck setzten sich die beiden Damen gleichzeitig im Bett auf und stierten mit aufgerissenen Augen und offenen Mündern auf die offene Küchentür. Herein spazierte, zärtlich schnatternd wie früher, wenn auch zitternd und frierend, die gerupfte Gans.

Bitte, es ist wirklich wahr und kommt noch besser!

Als ich am Weihnachtsabend zu den beiden Damen kam, um ihnen noch rasch zwei kleine Päckchen zu bringen, kam mir ein vergnügt schnatterndes Tier entgegen, das ich nur wegen des Kopfes als Gans ansprechen konnte, denn das ganze Vieh steckte in einem liebevoll gestrickten Pullover, den die beiden Damen hastig für ihren Liebling gefertigt hatten.

Die Pullovergans lebte noch weitere sieben Jahre und starb dann eines natürlichen Todes!

Der geklaute Weihnachtsbaum

Immer wenn es weihnachtet und ein stattlicher Tannenbaum im Zimmer leuchtet, muss ich an eine Geschichte denken, die sich in meiner Kindheit ereignete. Es war an einem Heiligen Abend der frühen Nachkriegsjahre. Wenn es auch die Zeit der Not und Entbehrungen war, so sollte doch wenigstens Weihnachten unsere Herzen erfreuen. Im ganzen Haus duftete es nach Gebackenem, denn die süßen Plätzchen waren in Arbeit, und die Gans brutzelte goldbraun im Backofen.

Einem frohen Fest stand also nichts im Wege, bis auf den Umstand, der uns alle betrübte. Es war verboten, Holz in jeglicher Form im Wald zu schlagen. Natürlich schloss das Verbot auch Tannenbäume ein. Auf einen Baum aber wollten wir auf keinen Fall verzichten. Jeder in der Familie vermied es, darüber zu sprechen. Zumal das unerlaubte Holzschlagen unter Strafe stand.

Es ging dem Nachmittag zu, als mich meine Oma zu sich rief. Sie wusste eigentlich immer Rat, aber zum Thema Weihnachtsbaum hatte sie sich auch noch nicht geäußert. Ich wunderte mich, als wir aus dem Stall den Schlitten holten, auf den Oma einen Sack mit Inhalt legte. Erst als wir auf dem Weg in den Wald waren, ahnte ich, was wir vorhatten. „Oma, wollen wir einen Tannenbaum klauen?" Sie nickte spitzbübisch. So ganz wohl war mir bei der Sache nicht, denn gerade sie hatte mich gelehrt: „Du sollst nicht stehlen!" Oma war jedoch so sicher, dass ich keinen Einwand wagte, und wir zogen in Richtung Schonung, wo ein paar schöne Tannen standen. Ängstlich blieb ich auf dem Weg stehen, während Oma die Bäumchen mit den Augen maß. Endlich hatte sie eines nach ihren Vorstellungen entdeckt und wurde nun sehr geschäftig. Sie setzte die

Säge, die ich ihr gebracht hatte, in Bewegung. Die Spitze neigte sich, und der kleine Baum fiel. In der Annahme, das Schlimmste sei vorbei, wollte ich gerade aufatmen, da kam etwas um die Ecke.

Der Dackel des Försters bog in unseren Weg ein, und als er uns sah, schlug er kläffend Alarm. Mein erster Gedanke war Flucht, aber ich konnte doch Oma nicht alleine zurücklassen. Die hatte die Situation sehr schnell erkannt und das Bäumchen in die Schonung geworfen. Während ich vor Aufregung schlotterte, blieb meine Großmutter ganz ruhig. Jetzt hatte uns der Förster erreicht. Er wollte gerade seine Vermutung äußern, da fiel Oma zu allem Unglück auch noch in Ohnmacht.

Der Grünrock vergaß sein Amt und kniete besorgt neben ihr nieder. Er fühlte den Puls und blickte dabei auf seine Uhr. Was war das? Meinen Augen nicht trauend sah ich, wie Oma ein Auge öffnete und das Treiben mit ansah. Der Puls ergab wohl nichts Nachteiliges. Eilig begann der Mann Omas Jacke zu öffnen. Plötzlich keifte ihn Oma an: „Lassen Sie das!" Der Förster war wie vom Blitz getroffen. Erleichtert fragte er sie nach ihrem Befinden. „Wenn Sie mich nicht sofort in Ruhe lassen, falle ich gleich wieder in Ohnmacht", fuhr ihn Oma böse an.

Er ließ von ihr ab. Doch mit einem misstrauischen Blick rief er seinen Hund bei Fuß, um sich dann zu entfernen. Merkwürdig, ich verstand gar nichts mehr. Der Förster war an der Wegbiegung verschwunden, da rief mich Oma zu sich. „Komm, hilf mir mal auf. Es wird auf die Dauer unbequem auf dem Baumstumpf", stöhnte sie, als ich ihr half, aufzustehen. Ich starrte auf den Platz, wo Oma gelegen hatte. Jetzt erst fiel bei mir der Groschen.

Mit ihrem langen und weiten Rock hatte sie den Baumstumpf und die Säge bedeckt, sodass man keine Spur unserer Missetat entdecken konnte. Deshalb war Oma also in Ohnmacht gefallen. Das Bäumchen wiederzufinden, war nicht schwer. Auf dem Heimweg musste ich lachen, wie später die ganze Familie, als Oma die Geschichte erzählte. Ob der Förster etwas gemerkt hatte, weiß ich nicht. Auf jeden Fall prangte der geschmückte Tannenbaum am Heiligen Abend in der Stube, und es war ein schönes Weihnachtsfest, das durch Omas Lausbubenstreich bis heute unvergessen ist.

Es ist nur eine Frage der Zeit

Gestern ist Großmama 100 Jahre alt geworden. Sie saß kerzengrade an der Kaffeetafel und strotzte vor Energie. Dabei ist sie gerade erst von einer Grippe genesen. Man sorgte sich schon vor Jahrzehnten und befürchtete ihr allzu frühes Ableben. Als Oma eine kleinere Wohnung bezog, bekam Tante Meta feuchte Augen und prophezeite der Familie Omas baldiges Ende. „Es ist nur eine Frage der Zeit", sprach sie, und Onkel Ernst erkundigte sich betrübt nach den Bestimmungen der Erbschaftssteuer.

Als Oma die 70 erreichte, war Tante Meta von dunklen Ahnungen erfüllt. Ihr war nicht entgangen, dass Großmama immer so schwer atmete, wenn sie Kohlen herauftrug. „Bitte erschreckt nicht", erschreckte uns Tante Meta, „aber Oma macht es nun nicht mehr lange."

Zum 75. Geburtstag trug Oma ein neues Kleid in Silbergrau und war ganz prächtig anzuschauen. Nur Tante Meta ließ sich nicht darüber hinwegtäuschen, dass Oma ziemlich grau aussähe.

„Bald ist es mit ihr so weit", seufzte sie und beklagte das hereinbrechende Unglück.

Als Oma mit 80 ins Krankenhaus kam, war der Lauf der Dinge nicht länger aufzuhalten. „Das überlebt sie nie", seufzte Tante Meta und bereitete die Verwandtschaft schonend auf Großmamas baldigen Heimgang vor. Sie entschloss sich zu dunkler Eiche und weißroten Nelken und erklärte sich bereit, Omas Kanarienvogel ins Haus zu nehmen. Onkel Ernst stand derweil vor der schweren Entscheidung, ob er Aktien oder Pfandbriefen den Vorzug geben sollte. Oma entschied sich vorläufig anders und erholte sich vorzüglich sechs Wochen lang in Bad Neuenahr.

Zum 85. stand es um Großmutter dann schlecht, denn sie hatte ihr Abonnement der Tageszeitung verlängert. „Ich weiß doch", enthüllte Tante Meta, „dass sie nur die Todesanzeigen liest. Ist es nicht schrecklich, mit welchen Gedanken sie sich trägt?" Onkel Ernst trug sich mit dem Gedanken, zunächst das Dachgeschoss auszubauen.

Am 90. Geburtstag war Großmama auffallend einsilbig, weil ihr Gebiss zur Reparatur war. Tante Meta aber erschrak über soviel Schweigsamkeit und bereitete uns beim Abschied auf das Allerschlimmste vor.

Am 95. schien das Schicksal dann besiegelt. Großmutter war beim Fensterputzen von der Leiter gefallen und hatte sich den Fuß verrenkt. Tante Meta eilte an ihr Sofa und gab stündlich ein Bulletin heraus. Sie blieb, um ihr die letzten Tage zu erleichtern, und kochte Süppchen, die den Magen schonten und auch sonst nichts enthielten, was das Leben verlängert. Als Oma Kalbshaxe verlangte, ergriff Tante Meta die Flucht.

Seit gestern also ist Oma 100 Jahre alt. Sie saß im Salon und schenkte uns einen Kaffee ein, dass die Tassen nur so krachten. Onkel Ernst und Tante Meta konnten nicht kommen und hatten Blumen geschickt. Wie es denn den beiden gehe, fragte jemand. „Recht gut", fand Oma, „ich besuche sie jede Woche im Altenheim." Dann nahm sie gedankenvoll ein Stückchen Torte und schüttelte den Kopf. „Aber Hand aufs Herz, Kinder", sprach sie, „so ein Heim, das ist doch wirklich nur etwas für alte Leute."

Ein Lied aus der 1. Schulklasse

Meine Oma fährt im Hühnerstall Motorrad,
Motorrad, Motorrad.
Meine Oma fährt im Hühnerstall Motorrad,
Meine Oma ist 'ne ganz patente Frau.

Meine Oma hat im hohlen Zahn ein Radio,
Ein Radio, ein Radio.
Meine Oma hat im hohlen Zahn ein Radio,
Meine Oma ist 'ne ganz patente Frau.

Meine Oma hat 'nen Nachttopf mit 'ner Lampe,
Mit 'ner Lampe, mit 'ner Lampe.
Meine Oma hat 'nen Nachttopf mit 'ner Lampe,
Meine Oma ist 'ne ganz patente Frau.

Meine Oma hat 'ne Glatze mit Geländer,
Mit Geländer, mit Geländer.
Meine Oma hat 'ne Glatze mit Geländer,
Meine Oma ist 'ne ganz patente Frau.

Meine Oma hat 'nen Petticoat aus Wellblech,
Aus Wellblech, aus Wellblech.
Meine Oma hat 'nen Petticoat aus Wellblech,
Meine Oma ist 'ne ganz patente Frau.

Meine Oma hat 'nen Krückstock mit 'nem Rücklicht,
Mit 'nem Rücklicht, mit 'nem Rücklicht.
Meine Oma hat 'nen Krückstock mit 'nem Rücklicht,
Meine Oma ist 'ne ganz patente Frau.

Meine Oma hat Klosettpapier mit Blümchen,
Mit Blümchen, mit Blümchen.
Meine Oma hat Klosettpapier mit Blümchen,
Meine Oma ist 'ne ganz patente Frau.

Meine Oma hat 'ne Brille mit Gardine,
Mit Gardine, mit Gardine.
Meine Oma hat 'ne Brille mit Gardine,
Meine Oma ist 'ne ganz patente Frau.

Rotkäppchen heute

Ich bin das Rotkäppchen,
komm mit Wein und Kuchen
und wollt' die Großmutter besuchen.
Doch wie ich so geh durch den Wald zu dem Haus,
seh ich gleich, die Großmutter ist aus.
Die Garage steht offen, der Wagen ist fort,
stimmt, heut ist Montag, da hat sie ja Sport,
sie macht Aerobic von 9 bis 10,
danach schwitzt sie in der Sauna schön.
Auch Dienstag und Mittwoch sind ausgebucht,
da sie Kurse der Volkshochschule besucht:
Englisch, Spanisch, Malen und Stricken,
dazu noch Yoga – gut für den Rücken.
Am Donnerstag – oh gütiger Vater! –
probt sie für das Seniorentheater.
Freitags ist Treffen – Gesangsverein,
am Samstag schwingt sie beim Volkstanz das Bein.
Am Sonntag an der Tür ein Zettel nur,
bin mit dem Wanderklub in der Natur.
Und käme der Wolf mal vorbeigeschlichen,
im nächsten Moment wär er verblichen.
Oma macht Karate-Kurs Nummer 10,
und 'nen Schlag auf die Schnauze würd er nicht übersteh'n.
Nun stell ich ihr hin, was ich ihr mitgebracht,
heut kommt sie nicht wieder vor Mitternacht!
Großmütter von heute sind aus besonderem Holz,
und ich – das Rotkäppchen von heute –
bin auf meine Großmutter ganz stolz.

Oma drängelt

Meine *Tochter 1* plante ein Auslandsjahr, und tatsächlich, es kam der Tag, an dem sie abflog. Ein Jahr Argentinien. Niemand wusste genau, wie dieses Jahr werden würde, alle waren gespannt. Nur Oma wusste eines ganz sicher: „Ich brauche jetzt so einen Apparat."

Schließlich schrieb *Enkelin 1* mehr oder weniger regelmäßig im Internet auf so einer Seite, und manchmal zeigte sie auch Bilder in so einem Fotoalbum. Oma wollte teilhaben am Leben von *Enkelin 1*, wollte aber nicht ständig zwei Orte weiter zu ihrer *Tochter 1* fahren. Denn nur dort gab es dieses Internet, in dem *Enkelin 1* jetzt lebte. Das sollte sich ändern.

Omas *Tochter 1* und *Tochter 2* entschieden spontan: Wir kaufen Oma ein Notebook. Als die beiden Frauen ihrer Mutter zum ersten Mal eine kleine Einweisung in die Benutzung eines Notebooks gaben, wurde ihnen erst klar, dass die Oma noch nie vor einer Tastatur gesessen, geschweige denn eine bedient hatte, noch nie eine Computermaus in der Hand hatte und auf die Anweisung: „Jetzt klickst du bitte auf den Link" nur mit einem Blick reagierte. Link? Hä? Wo? Was'n das?

Aber Oma war willig und übte eisern. Schon bald konnte sie mit der eigens für sie eingerichteten Oberfläche die Blogs ihrer Lieben problemlos erreichen, und auch E-Mails schrieb sie. Immer wieder kamen Fragen, und so manches Mal hätte ich schrecklich gerne darüber gebloggt, denn vieles war wirklich richtig lustig. Aber das ging ja nicht. Dachte ich. Oma liest ja jetzt mit.

Heute waren *Tochter 1* und *Tochter 2*, also meine Schwester und ich, mit unserer Mutter zum Essen und saßen einige Stunden beisammen. Wir sprachen auch über den Apparat und seine Tücken, und wir lachten herzlich. Oma auch über sich. Wir lachten zum Beispiel, als Oma sagte: „Ich war jetzt drei Mal bei diesem Computerkurs für Senioren, aber da geh ich jetzt nicht mehr hin. Ich kann doch schon alles, was sollen die mir jetzt noch beibringen?"

Vergessen die Zeiten, als es noch anders war. Als Oma ganz aufgeregt anrief: „Biggi, ich hab doch der Jana jetzt schon so viele E-Mails nach Argentinien geschickt, ich glaub, die hat sie gar nicht bekommen. Ich hab hier mal in meinem Apparat rumgeklickt und hab gesehen: Die sind alle noch da!"

Oder als sie sagte: „Ich würde der Frau XY ja jetzt gerne eine E-Mail schreiben, aber kann ich da wohl um 21 Uhr noch stören?"

Vergessen auch die Zeiten, als sie nicht auf Anhieb den Knopf fand, der das Laufwerk öffnete, weil sie eine CD wieder entfernen wollte. Fernmündlich kamen wir zu keiner Lösung, die CD blieb versteckt, als Oma sagte: „Ich kann es ja mal mit einer Nagelfeile versuchen." Nur mein sehr lauter Schrei überzeugte sie dann doch spontan davon, den Apparat besser in ein Frotteehandtuch einzuschlagen und mit ihm zu mir zu fahren, damit ich das Problem löse.

Vergessen sind aber auch die Zeiten, in denen ich dachte, ich darf hier nicht über Omas Computererlebnisse bloggen, weil sie das hier schließlich nun auch liest. Seit heute weiß ich – ich soll sogar. Denn beim Essen heute Abend sagte sie: „Biggi, ich gehe jeden Tag in deinen Blog, aber immer noch ist da dieser Evangelisch-Beitrag. Der ist schon so viele Tage alt. Immer guck ich rein, nie ist was passiert. Du könntest ja nun wirklich mal was Neues schreiben."

Mutti – dieser Beitrag ist nur für dich.

Biggi Mestmäcker

Eine unvergessliche Reise

Es sind heute auf den Tag genau fünf Jahre seit Großmutters und meiner Reise nach Spanien vergangen, und doch habe ich noch keinen einzigen Tag dieses Urlaubs vergessen.

Die erste Flugreise, der erste Auslandsaufenthalt sowohl für Großmutter als auch für mich – gerade 16 Jahre alt geworden! Welch aufregendes Erlebnis, das uns da bevorstand. Tage vor dem Start konnte ich nicht richtig schlafen und Omchen auch nicht, wie sie mir später einmal gestand. Fragen wie: Wie kommen wir, ohne die spanische Sprache sprechen zu können, zurecht? Wie fühlt sich Fliegen an, wird einem in der Luft schlecht? Wie kommen wir zu unserem Hotel? Viele Wies und noch mehr Antworten von den schon weiter als wir gereisten Freunden. „Also mit der Sprache, macht euch da mal gar keine Gedanken, in den Urlaubsregionen Spaniens spricht fast jeder Deutsch. Den Bus, der euch zum Hotel bringt, den könnt ihr gar nicht übersehen, Fliegen ist toll – da braucht man wirklich gar keine Angst zu haben – runtergekommen ist bisher noch jeder. Ihr solltet allerdings beim Start und bei der Landung Kaugummi kauen, das vermindert den Druck auf die Ohren." Viele gut gemeinte Ratschläge nahmen Omchen und ich mit in unser Reisegepäck. Von einer meiner damals größten Sorgen, ob ich wohl allein in die Hotel-Disko gehen könne, habe ich natürlich niemandem etwas gesagt, man soll ja bekanntlich schlafende Hunde nicht wecken.

Die Eltern brachten uns, die wir am Reisefieber erkrankt waren, zum Flughafen, und mit dicken Küssen und der Ermahnung, ja nur lieb zu sein und auf Großmutter zu hören, sie nicht aufzuregen und der Aufgabe, ein wenig auf Oma Acht zu geben, wurden wir verabschiedet, als blieben wir ein halbes Jahr fort.

Der Flug war wirklich toll und der Hotelbus wahrlich nicht zu übersehen. Mit Deutsch kamen wir auch fast überall gut zurecht. Das blaue Mittelmeer, der herrliche Strand, lebendige alte Dörfer, die viele Sonne, alles war traumhaft schön. Allerdings bewahrheiteten sich meine ärgsten Befürchtungen. Omchen ließ mich keinen Augenblick aus den Augen, bewachte mich auf Schritt und

Tritt. Empört drehte sie sich jedes Mal um, wenn mich bewundernde Pfiffe junger Männer begleiteten oder mir „ah belleza“ zugerufen wurde. Dabei sahen die jungen Spanier so süß aus, und gern wäre ich einmal mit einem ausgegangen. Unmöglich, selbst in die Hotel-Disko wurde ich von Omchen begleitet. Sicher hatte auch sie von den Eltern den Auftrag bekommen, auf mich aufzupassen, so wie ich ja auf sie.

Das tat ich als gute Enkelin ja auch, cremte ihr den Rücken mit Sonnenmilch ein, trug die für sie doch etwas zu schwere Badetasche und überwachte sogar ihre morgendliche Tabletteneinnahme. Nur auf Señor Jose achtete ich nicht. Er war unser Tischnachbar im Hotelrestaurant, grüßte stets sehr höflich, schob Omchen und auch mir den Stuhl zurecht und war einfach charmant.

Diesem Charme hatte ich es wohl zu verdanken, dass Omchens Aufmerksamkeit, was mich betraf, ganz allmählich nachließ. Nachdem wir beide mehrere Male mit Señor Jose Eis essen waren, geschah es dann immer öfter, dass ich allein an den Strand ging, während Omchen von der Strandpromenade aus zusammen mit Jose – das Señor hatte sie inzwischen weggelassen – auf mich Acht gab. Ohne Aufsicht machte die Hotel-Disko auch sehr viel mehr Spaß. Großmutter und ihr neuer Freund besuchten die Hotelbar, und ich war frei. So kam es, dass mein allererster Kuss, und dazu noch unterm Sternenhimmel, ein spanischer geworden ist.

Viva España, mein aufregender erster Flugurlaub, wie schön war er doch und wie unvergesslich. Unvergesslich auch darum, weil Omchen und Jose ein Paar geworden sind – so schlecht habe ich auf Großmutter aufgepasst. Spanien ist heute Reiseziel Nummer eins für die ganze Familie, denn um Omchen zu sehen, müssen wir zu Jose nach Spanien reisen. Schon bald werde ich Großmutter wiedersehen, sie feiert im nächsten Monat ihren 70. Geburtstag.

Gisela Rottstedt

Ich bin ein alter Knacker

Ich bin ein Knacker. Ein alter Knacker selbstverständlich, denn junge Knacker gibt es nicht. In dieser Beziehung sind die Knacker den Phöniziern ähnlich.

Ich weiß es von einem jungen Mädchen. Es sagte zu einem anderen jungen Mädchen: „Och, so ’n alter Knacker, er ist schon fünfundvierzig."

Sie sprachen nicht von mir, aber ich saß auch in dem Abteil und hörte es. Sie sprachen von irgendeinem fünfundvierzigjährigen Mann. Jedoch, was diesem recht war, musste mir billig sein, denn auch ich bin fünfundvierzig. Wenn er ein alter Knacker war, war ich auch einer in den Augen solcher reizenden jungen Damen.

Es ist ja auch egal. An das Knackertum muss man sich gewöhnen, es ist ganz unvermeidlich. Mir kam es allerdings ein bisschen plötzlich. Da läuft man bloß ein paar Jahre herum auf diesem ruppigen Planeten, und auf einmal ist man ein alter Knacker. Ich hätte nicht gedacht, dass es so schnell geht.

Ich hätte eher angenommen, es begänne mit sechzig. Das muss aber damit zusammenhängen, dass ich noch keine sechzig bin. Denn die Sechzigjährigen verlegen die Schwelle des Knackertums jenseits der Siebzig. Die Siebzigjährigen ihrerseits sagen, ein alter Knacker sei ein achtzigjähriger Mann. Die stattlichen Achtziger aber erklären, der Knacker beginne mit neunzig. Als zwei Endachtzigern, die einen gleichaltrigen Skatkumpanen durch den Tod verloren hatten, ein rüstiger Endneunziger als Ersatzmann vorgeschlagen wurde, sagten sie: Mit so einem alten Knacker spielen wir nicht! Der rüstige Endneunziger aber kündigte zornig an, man werde es noch erleben, dass er mit den Knochen der beiden Skatbrüder in die Birnen schmeiße.

So ergibt sich die verblüffende Tatsache, dass der Mensch dem Knackertum immer näherrückt, ohne es doch jemals zu erreichen, jenen eigentümlichen mathematischen Kurven vergleichbar, die gewissen Linien immer näherkommen und sie doch in alle Ewigkeit nicht berühren. Das ist die höhere Knackermathematik, um die sich die jungen Mädchen allerdings kein bisschen kümmern. Sie sehen die Sache anders an und legen unseresgleichen unter „Alte Knacker“ ab. So wurde auch ich ein Knacker.

Mir selbst war mein Knackertum bis dahin noch nicht aufgefallen. Was soll denn eigentlich knacken an mir? Zum Kuckuck! Es müsste doch etwas knacken, wenn das Wort einen Sinn haben soll. Ich höre nichts! Flink, kraftvoll und geschmeidig laufe ich einher, es geht wie geölt, nichts knackt. Wenn ich ein alter Knacker bin, dann bin ich jedenfalls einer der jüngsten alten Knacker, die es gibt, das müsst ihr zugeben, ihr Mädchen!

Wartet nur! Das weibliche Gegenstück zum Knacker ist die Knacke. Was meint ihr, wie es ist, wenn ich doppelt so alt – wenn ich neunzig bin? Jetzt seid ihr zwanzig, aber dann seid ihr nicht vierzig, das wäre falsch gerechnet, dann seid ihr fünfundsechzig. Seht ihr, so kommen wir uns wieder näher. Vielleicht knackt ihr dann schon ganz schön. Das sollte mich jedenfalls freuen. Ich aber werde an euch vorüberschreiten, federnd, elegant und feurig und ohne im Mindesten zu knacken. Ich will es jedenfalls hoffen.

Hellmut Holthaus

Von Altrip bis Emmerich – Die Silberlöwen des Kanu-Club Altrip e. V. auf großer Fahrt

Man könnte meinen, die Senioren des Kanu-Club Altrip (KCA) hätten im Laufe der Jahre an Schwung verloren, denn der Start einer Paddeltour im Heimatort spart natürlich eine Menge aufwändiger Vorbereitungen, weshalb der Verdacht aufkommender Bequemlichkeit zwangsläufig Nahrung erhält.

Dieser negativen Deutung muss jedoch entgegengehalten werden, dass es einfach unsinnig wäre, die Möglichkeit eines so angenehmen Fahrtbeginns zu ignorieren, zumal die Befahrung der zweiten Rheinhälfte schon längere Zeit in den Köpfen der sechs Teilnehmer spukte. (Die Strecke Bodensee-Altrip war bereits 1997 gepaddelt worden. Anm. d. Red.)

Die Teilnehmer ausführlich vorzustellen, hieße gewissermaßen Wasser in den Rhein zu tragen. Dennoch sei festgehalten, dass es sich um Konrad Werner, den unübertroffenen „Logistiker“, Klaus Hook, den „Wirtschaftsfachmann“, Hans Hundsdorfer und Horst Hook, beide der „Fraktion der Gemütlichen“ angehörend, Karl-Heinz Hook, den „Mainzer Waldläufer“ und Garanten für frische Brötchen, und Wolfgang Sprecher, den Verfasser dieses Berichtes, handelt.

Den Rhein von Altrip bis Emmerich, diese Strecke also hatte sich die genannte Seniorengruppe vorgenommen und natürlich auch bewältigt. Wenn schon nicht 340 km in 24 Stunden, so doch 437 km in neun Tagen.

Frage: „Was haben Männer und Wolken gemeinsam?“ Antwort: „Wenn sie sich verziehen, kann es noch ein schöner Tag werden.“ Dieses provozierende Wortspiel einer der Ehefrauen nahm sich die Gruppe augenblicklich zu Herzen, verzog sich und bescherte sich und den Ehefrauen dreizehn sonnige und (fast) wolkenfreie Tage. Beste Voraussetzungen also für einen durchweg positiven Fahrtenbericht.

Bei allem Humor und aller Selbstironie verdient es doch eine gewisse Beachtung, dass sich sechs „Männer in den besten Jahren“ (Durchschnittsalter 64,8) alljährlich dieser Anstrengung unterziehen, um für die Dauer der Fahrt Abend für Abend – nach einem kleinen Schlummertrunk – genüsslich in’s mitgeführte Iglu zu kriechen.

Allerdings hat sich im Laufe der Jahre – dies sei zugegeben – die abendliche Hauptmahlzeit merklich kultiviert. Auf dieser Fahrt jedenfalls dienten die obligatorischen Gaskocher ausschließlich der Zubereitung des Morgenkaffees; auf Pichelsteiner oder Erbsensuppe aus der Dose als warme Mahlzeit musste in keinem Fall zurückgegriffen werden. Dank der guten Infrastruktur entlang des Rheines wurde allabendlich der Gastronomie kräftig unter die Arme gegriffen, wobei durch die regelmäßige Einnahme eines „Malteser Hilfsdienstes“ lästige Völlegefühle erfolgreich unterdrückt wurden. Leichte Gewichtszunahmen konnten damit jedoch nicht verhindert werden.

Ein Wort noch zur Ausrüstung jedes einzelnen Teilnehmers, die natürlich den individuellen Ansprüchen angepasst sein muss.

Von den Magentabletten bis zum Kukident, vom Kaffeeweißer bis zum Toilettenpapier darf nichts Wesentliches vergessen werden, wenn das Vergnügen nicht unnötig getrübt werden soll. Trotz unvermeidlicher räumlicher Einschränkungen in den Booten ist z. B. der regelmäßige Wechsel der Unterwäsche Ehrensache (der Konny mit dem Klaus, der Horst mit dem Hans usw. …)!

Nun aber zum fröhlichen und planmäßigen Start am Sonntag, 12. August 2001, 7.15 Uhr am Bootshaus. Man lässt das heimatliche Altrip hinter sich, gleitet beschwingt durch bekannte Industrie- und Auenlandschaften, begegnet bei Worms der deutschen Sagenwelt in Gestalt des Bösewichtes Hagen, der gerade dabei ist, das Rheingold den Fluten anzuvertrauen, und schlägt die Zelte schließlich am späten Nachmittag auf der Wiese des Strandbades Oppenheim auf.

Am nächsten Tag dann weiter nach Rüdesheim, wo auf dem gepflegten Campingplatz der Flüssigkeitsverlust des Tages etwas voreilig mit gezapftem Pils ausgeglichen wird. Eine gute Campermahlzeit und ein gepflegter Rüdesheimer Riesling, serviert von der freundlichen Platzinhaberin, bewirken letztlich die ersatzlose Streichung des Besuches der Drosselgasse.

Tags darauf dann von Rüdesheim nach Braubach; zweifelsfrei die schönste Strecke der Fahrt. Immer wieder eine kleine Herausforderung, das Binger Loch zu bewältigen, bei starkem Schiffsverkehr und teilweise hohem Wellengang den Pfalzgrafenstein bei Kaub auf sich zukommen zu sehen und mit Respekt den Loreleyfelsen zu umfahren. Die Sonne meint es besonders gut an diesem Tag, weshalb neben den landschaftlichen Sehenswürdigkeiten der Sprung in die kühlen Fluten zum Höhepunkt des Tages wird. Die verschwiegene Bucht ermöglicht absolute Textilfreiheit. Sechs gestandene Mannsbilder im Adamskostüm, durchweg einmalige Gestalten, die allesamt bei Michelangelos David Modell gestanden haben könnten. Ein Bild für die Götter.

Im Schatten der Marksburg in Braubach geht dieser erlebnisreiche Tag zu Ende.

Und weiter geht's nach Sinzig und von da nach Köln. Hier nun verabschiedet sich Horst Hook, der, noch im Arbeitsleben stehend, mit seinen Urlaubstagen sparsam umgehen muss.

Schöne Fotos gelingen am nächsten Tag beim Passieren des Kölner Domes. Probleme hat die Gruppe im Kölner Raum lediglich beim abendlichen Umtrunk, denn mit der bescheidenen Größe eines „Kölsch" (0,2 Liter) kann man sich nicht so recht anfreunden. Schließlich macht es keinen guten Eindruck, wenn man beim routinemäßigen Handybericht die Ehefrau (auf Nachfrage) wissen lassen muss, dass man fünf Bier getrunken habe. Aber auch diese Schwierigkeit wird überwunden, denn mit fortlaufender Strecke werden auch die Biergläser wieder größer.

Auf dem Campingplatz Baumberg (Kilometer 715,6) erlebt unsere Gruppe dann eine unverhoffte Stärkung des Selbstwertgefühls. Eine Dauercamperin – geschätztes Alter etwa 80 – bedauert, dass am nächsten Tag schon weitergepaddelt wird, da sie sich gerne in der Gesellschaft „junger Männer" aufhält. Eine Frau mit Menschenkenntnis, so die einhellige Meinung der Fahrtenteilnehmer.

Uerdingen und Wesel heißen die letzten beiden Stationen, bevor man am Nachmittag des 20. August die Stadt Emmerich und somit das Ziel der Reise erreicht. Auf dem gepflegten Rasen des Kanuverein Emmerich werden letztmals die Zelte aufgeschlagen. Diesmal allerdings für vier Übernachtungen, denn in den nächsten Tagen ist Bildung und Kultur angesagt.

Von der sympathischen Stadtführerin in Xanten werden zwei der Teilnehmer aufgrund ihrer „geräumigen Persönlichkeit" zu Domherren ernannt.

Der teilweise Mangel an Frömmigkeit wird von beiden „Geistlichen" am nächsten Tag durch Schläfrigkeit auf einer Parkbank in Kleve ausgeglichen.

Dass Kalkar außer dem umstrittenen Atomkraftwerk (welches inzwischen in einen Vergnügungspark umgewandelt wurde) einen historischen Stadtkern, eine sehenswerte Kirche und eine intakte Windmühle zu bieten hat, ist eine Entdeckung, die das Wissen unserer Sportsfreunde auch diesmal nachhaltig erweitert.

Am Ende der Reise ergeben sich dann beim Eintrag ins Gästebuch des Kanuverein Emmerich bezüglich der „Firmierung" unserer Gruppe unerwartete Schwierigkeiten. „Senioren des KCA" erscheint eindeutig zu fantasielos. Ein „Brainstorming" (Gehirnstürmen) beim Abschiedsessen im Emmericher Stammlokal führt über „Graue Panther“ und „Grauschimmel“ einstimmig zu dem treffenden Terminus „Die Silberlöwen des KCA“.

Freitag, 24. August 2001: Der Tag der Abreise ist gekommen. Etwas wehmütig, aber dennoch voller Tatendrang, werden auf der Heimfahrt bereits wieder ernsthafte Pläne (Oder, Saale, Donau) für das kommende Jahr geschmiedet. Und das ist ja schließlich ein sehr gutes Zeichen. Oder etwa nicht?

Wolfgang Sprecher

Kaum zu glauben, aber alles hat seinen tieferen Sinn und Zweck!

Eine alleinstehende Nachbarin ohne irgendwelche Verwandten in der Nähe rief mich eines Tages an und fragte nach Erdbeeren, die sie immer von meiner Freundin bekam. Meine Freundin war weggezogen, und daher hat sie bei mir selbst angerufen. Zu dieser Zeit lebte sie allein in einem Dreifamilienhaus.

So begann eine über 6 Jahre lang währende Freundschaft. Eva lebte sehr zurückgezogen. Ihre Lebensmittel bekam sie geliefert. Ich bemerkte sehr schnell, dass Eva sehr einsam war. Auch war es nötig, ihr im Haushalt behilflich zu sein. Kurz entschlossen haben wir Nachbarn dann begonnen, sie abwechselnd zu besuchen, einzukaufen, zu putzen oder einfach nur bei ihr Kaffee zu trinken.

Eines Tages sagte sie zu mir, ich soll doch bitte 3 Aldi-Tüten und 3 Edeka-Tüten mitbringen. Als ich nach dem Einkauf zu ihr kam, brachte ich auch 6 Tüten mit, aber welche von Lidl. Sie sagte zu mir doch glatt: „Was soll ich denn mit den Lidl-Tüten, die kannste gleich wieder umtauschen. Ich brauche 3 Aldi- und 3 Edeka-Tüten.“ Ich verstand nicht, warum es ausgerechnet diese Tüten sein mussten. Aber sie bestand darauf und gab auch keine weiteren Erklärungen ab. „Basta“, sagte sie nur. Also habe ich ihr die gewünschten Tüten gebracht.

Ca. 3 Monate später kam sie mit einer Lungenentzündung ins Krankenhaus. Ich bekam den Anruf, ich solle ihr doch bitte Kleidung zusammenpacken. Also ab in ihre Wohnung. Ich sah mich in ihrer Wohnung um und öffnete ihre Schränke und Schubladen. Doch nirgends waren Kleidung oder Wäsche zu finden. Alles war mit Konserven ordentlich vollgestopft. Danach betrat ich zum ersten Mal ihre „Rumpelkammer", wie sie selbst ihr Zimmer, in dem sie schlief, bezeichnete. Als ich den Schrank öffnete, sah ich zuerst nur jede Menge gefüllte Einkaufstüten. Fein sortiert nach den Läden. Einen Stoß Edeka, dann Aldi, Norma, Lidl ... Aber keine Kleidung. Also öffnete ich die erste Tüte, das heißt jede Tüte war noch einmal in einer anderen Tüte verstaut, sodass ja nichts innen rein konnte. All ihre Kleidung war so verpackt. Nachthemden in Aldi-Tüten, Unterhosen in Lidl ... nach ihrem eigenen System geordnet und wohlduftend nach Weichspüler. So, nun verstand ich, warum es damals ausgerechnet diese bestimmten Tüten sein mussten. Ihr könnt euch nicht vorstellen, wie lange ich brauchte, um den Koffer zu packen.

Ein paar Tage später wurde meine Tochter, die zu dieser Zeit im Krankenhaus ihre Ausbildung machte, gefragt, warum denn niemand die Oma besuchen käme. Meine Tochter war mehr als erstaunt darüber, dass ihre Oma im Krankenhaus liegen sollte. Sofort ging sie auf die Intensivstation und schaute nach. Und wer lag da lachend im Bett? Eva. Sie hatte allen erzählt, sie hätte 10 Enkelkinder und hat damit meine Kinder und die der Nachbarn als ihre Enkelkinder bezeichnet. Aber ihr liebster Satz war immer: „Ich liebe meine buckelige Verwandtschaft, und das Beste an ihr ist, dass sie schon alle gestorben sind."

Bettjacken fürs Alter

Meiner Großmutter ging es im Alter wie dem König David, sie fror oft. Aber sie war fast neunzig, als sie es endlich zugab. Von diesem Zugeständnis ließ sich meine Mutter bewegen, der Großmutter zum Neunzigsten zwei Bettjacken, gute, warme und wollene, zu schenken.

Ein halbes Jahr später erfuhr meine Mutter, dass beide Bettjacken so, wie sie geschenkt worden waren, säuberlich verpackt im Wäscheschrank der Großmutter lägen. Sie machte der Großmutter, die natürlich weiterhin fror, deswegen Vorhaltungen, erhielt aber nur zur Antwort: „Die Bettjacken, die hebe ich auf fürs Alter."

Heinz Vonhoff

Mein Fernseher kann kein Deutsch mehr oder: „Wenn man einen alten Baum verpflanzt"

Meine Oma lebte schon lange Zeit allein und von ihrem geliebten Sohn getrennt, der vor vielen Jahren nach Schweden ausgewandert war. Eines Tages sagte ihr Arzt, dass sie nun nicht mehr allein leben könne, sie war ja schon 83 Jahre alt! Ins Heim wollte sie aber auf gar keinen Fall! Der Arzt wusste natürlich, dass ihr Sohn weit weg war. So fragte er sie, ob sie denn auch nach Schweden wolle, er hätte jedenfalls keine Bedenken. Gesagt, getan, der Umzug wurde organisiert, alles ging gut.

Aber dann die Enttäuschung, als sie das erste Mal ihren Fernseher anschaltete: Es gab nur schwedisches Programm! Und sie sagte ganz erbost: „Wie kann das angehen, da war doch immer Deutsch drin!" So richtig konnte sie das nicht verstehen. Nach einiger Zeit gab es dann endlich eine Satelliten-Schüssel, und siehe da, ihr Fernseher „konnte" plötzlich wieder Deutsch! So hat sie dann noch einige schöne und unterhaltsame Jahre in einem fremden Land verlebt.

Ein besonderer Geburtstag

Wir waren im Sommerurlaub in Schweden. Und diesmal war unsere Oma Dora dabei. Das war ihr Geburtstagsgeschenk, denn ihr Ehrentag fiel genau in die Urlaubszeit.

Um uns herum ein Milieu wie in den Erzählungen von Astrid Lindgren: Die Besitzer des Anwesens wohnten in einem etwas größeren Haus etwa hundert Meter entfernt, und in der näheren Umgebung standen einzelne Katen, wie im Bilderbuch: Alle aus Holz und wunderschön dunkelrot und gelb gestrichen. Nahe dabei lag ein See mit Bootssteg und ein paar alten Holzbooten.

Es war ein ruhiger Urlaub. Wir machten Spaziergänge, sammelten Beeren und Pilze im Wald, besichtigten die nächste Kleinstadt, und die Kinder konnten Oma Dora sogar überreden, mit uns im Boot zu fahren, trotz ihrer Bedenken – sie hatte nämlich nie das Schwimmen gelernt.

Ihr Geburtstag nahte. Es sollte ein festlicher Tag werden, und obwohl kein großer Gabentisch vorgesehen war, sollte doch deutlich werden, dass dies ein besonderer Tag war. Die Kinder bastelten etwas, und natürlich gab es Kerzen. Nicht zwei oder drei, sondern 20 Stück, die, von oben betrachtet, aussahen wie eine 73. Am liebsten hätten wir so viele Kerzen genommen, wie die Oma Jahre erlebt hat, aber im Holzhaus muss man sehr, sehr vorsichtig mit Feuer sein!

Am Morgen des Geburtstages bekam Oma Dora ihr Ständchen, und die Kerzen brannten. Sie war begeistert. „Und jetzt musst du sie mit einem Atemzug auspusten!“, sagten die Kinder. Das war ein bisschen viel verlangt, aber sie versuchte es. Oma pustete, setzte erneut an, holte wiederum Luft, aber alle Kerzen brannten weiter.

„Das geht nicht mit rechten Dingen zu“, sagte Oma ganz außer Atem. „Ich könnte schwören, ich habe sie wirklich ausgeblasen!“ Wenn das kein gutes Zeichen war, das Licht, das nicht erlischt! Gemeinsam versuchten wir es noch einmal. Es war wie verhext: Die Kerzen, die erloschen waren, fingen nach wenigen Sekunden wieder erneut Feuer! Es musste an den Kerzen liegen.

Da stand es auch auf der Packung: „Zauberkerzen". Dem Wachs war ein bisschen Aluminium- oder Magnesiumstaub oder eine andere Substanz beigemischt, die dafür sorgte, dass aus dem noch glühenden Docht immer wieder eine neue Flamme kam. Unser nächster Löschversuch wurde durch ein furchtbares Geräusch unterbrochen: ein ohrenbetäubender Sirenenton! Aufgeregt kamen die Wirtsleute ins Haus gestürzt. Irgendetwas Schlimmes musste passiert sein, das konnten wir an ihren Gesichtern sehen. Aber als sie die Geburtstagskerzen sahen, atmeten sie erleichtert auf. Der automatische Feuermelder hatte auf den Rauch der Kerzen reagiert. Normalerweise reichen Kerzen nicht aus, um die Sirene in Gang zu setzen, so erfuhren wir, aber dies waren ja wirklich besondere Geburtstagskerzen!

So kamen die ersten Geburtstagsgäste schon am frühen Morgen, und auf unser Drängen hin blieben sie zum Frühstück, um mit uns zu feiern. Die Kerzen waren bald niedergebrannt, aber wir saßen noch lange und erzählten. Trotz gewisser Sprachschwierigkeiten konnten wir uns wunderbar verständigen.

„Das war der aufregendste und schönste Geburtstagsmorgen, den ich je erlebt habe", erinnert sich Oma Dora heute noch.

Volker Horstmann

Das Nickerchen

Er war ein alter Mann und sehr müde von der langen Bahnfahrt. Mit Unterbrechungen hatte er im Zugabteil nur wenige Stunden geschlafen. Kurz vor fünf Uhr früh hielt der klapprige Zug mit den alten Holzabteilen. Der alte Mann musste umsteigen. Es blieb ihm eine Wartezeit von über zwei Stunden. Er war sehr müde. Er würde sich in den Wartesaal setzen und ein erfrischendes Nickerchen machen. Und kein Rucken und wieder Anfahren wie in der Nacht sollte ihn stören. Er kramte seine Schachteln und Kartons zusammen, denn er war ein schlichter Mann vom Lande und nicht gewöhnt, mit bunt beklebten Lederkoffern zu reisen.

Resigniert stand er vor der Tür des Wartesaales, als er feststellte, dass er geschlossen war. Was nun? Der grauende Morgen war frisch. In der winzigen Schalterhalle gab es keine Bank, die ihm zum Ausruhen genügt hätte. Er tröstete sich, dass er in zwei Stunden wieder wohlbehütet in einem Eisenbahnabteil sitzen und dann weiterschlafen würde. Aber die zwei Wartestunden mussten überbrückt werden.

Er knöpfte den alten, abgetragenen dunklen Mantel bis obenhin zu, zog den vom Sonnenlicht verfärbten Filzhut tiefer in die Stirn und ging durch die Schalterhalle nach draußen. Eine Treppe führte vom Bahnhofsgebäude auf die Straße. Er wollte sich hinsetzen und nur ein wenig verschnaufen. Die frische Morgenkühle würde ihn nicht zum Einschlafen kommen lassen. Aber schon das Sitzen auf der Treppe tat dem übermüdeten Körper gut. Er stellte seine Schachteln und Kartons hinter sich und war trotz der Kälte schnell eingenickt. Der Kopf fiel ihm vornüber auf die Brust. Durch den Ruck plumpste der alte Hut vom Kopf und blieb auf der nächsten Treppenstufe mit der Öffnung nach oben liegen.

Als der alte Mann beinahe zwei Stunden später auf der Bahnhofstreppe erwachte, erschreckt in die Höhe fuhr und an der Uhrzeit feststellte, dass es höchste Zeit war, wenn er den Anschlusszug noch erreichen wollte, war der Arbeiterfrühverkehr schon seit einer guten Stunde an dem schlafenden alten Mann vorübergehastet. Sie hatten alle den Hut da liegen sehen. Und als der alte Mann jetzt seinen Hut suchte und ihn schnell überstülpen wollte, da glaubte er, seinen Augen nicht recht zu trauen. Der Hut war am Boden ganz mit Geldstücken bedeckt, sogar ein Fünfziger war darunter.

Verwirrt sammelte er das Geld in die Tasche seines alten Mantels. Dann nahm er seine Schachteln und Kartons an sich und betrat die Schalterhalle. Der Beamte, der den seltsamen Schläfer bemerkt hatte, knipste ein zweites Loch in die Fahrkarte und sagte lächelnd: „Den Seinen gibt's der Herr im Schlaf!“

Helmut Ludwig

Auf einem Flug mit einer Propellermaschine von Hamburg nach Nürnberg wurden wir zu einem Spielball der Elemente. Ich saß direkt hinter einer älteren Dame, die sich die gute Laune weder vom Wetter noch vom Wackeln verderben ließ. Es regnete in Strömen, und ein heftiger Wind ließ uns teilweise mehr quer als geradeaus fliegen. Dennoch brachte uns der Pilot in Nürnberg irgendwie auf den Boden, wenn auch unsanft. Beim Aussteigen verabschiedete er sich von jedem Passagier. Die ältere Dame klopfte dem Piloten auf die Schulter und sagte: „Junger Mann, sind wir abgeschossen worden oder landet man heutzutage so?" Dann lachte sie und sagte dem verblüfften Piloten: „Ham Se trotzdem gut gemacht!"

***

Tatsächlich geschehen: In einem Lokal erzählte ein Stammgast, der sich um einen Flugschein bemühte, folgendes Ereignis vom Flughafen Vöslau (Österreich): Ein im Anflug befindliches Flugzeug hält sich nicht voll an die Anweisungen des Towers. Es landet nicht in der vorgeschriebenen Richtung, aber es landet. Der Lotse des Towers ist voll empört und stellt den Piloten (ein schon einiges über 70-jähriger, wenn nicht schon über 80-jähriger Haudegen) zur Rede und will ihm klarmachen, wie gefährlich sein Verhalten war. Darauf antwortet der Pilot: „Junger Mann, was soll denn da gefährlich gewesen sein? 1940 über London, das war gefährlich!"

***

Pablo Casals übte auch als 90-Jähriger täglich vier bis fünf Stunden auf seinem Cello. Auf die Frage: Wozu?, antwortete er: „Weil ich den Eindruck habe, ich mache Fortschritte."

Was ich in meinem Alter so alles erlebe

„Denken Sie an Ihr Alter!" Diesen Spruch vom Arzt kennen wir ja alle, ob er hilft? Als ein „Vertretungsarzt" mich empfing mit: „Ach, da kommt ja ein spätes Mädchen", dachte ich, meint er jetzt, ich bin eine alte Jungfer oder ich bin einfach nur alt? Als ich meine gerillten Fingernägel dem Hautarzt zeigte, hielt er mir seine hin, die genauso aussahen. „Und was machen Sie dagegen?" – „Gar nichts, Frau Block, wir sind beide eben alt geworden." Auch ein schöner Trost! Als ich mich als „Leih-Oma" bewarb und mein Alter nannte, fragte man mich: „Steht das in Ihrem Ausweis? Da streichen Sie mal ein paar Jahre ab." Als in der Straßenbahn der Kontrolleur mein Ticket in seinem Handcomputer überprüfte, sagte ich zu meiner Nachbarin: „Ach du meine Güte, jetzt weiß er meinen Namen." Als er weiterging, rief er zurück: „Jetzt weiß ich auch Ihr Alter." Als ich mir beim „Tag der offenen Tür" das Seniorenstift Uhlenhorst ansah, meinte die Schwester: „Na, Sie kriegen wir auch noch in der Jugendherberge unter." Das ist aber hübsch! Im Bus saß mir gegenüber eine Mutti mit ihrem kleinen Mädchen, wir spielten beide zusammen „Lächeln". Es sagte zu seiner Mutti: „Das ist aber eine lustige Oma." Und ich fragte, ob ich ihrer Tochter ein Tütchen Gummibärchen geben darf. Ich habe immer welche in der Tasche. Das Mädchen sah seine Mutti an. „Du kannst es nehmen, es ist von der lustigen Oma ein Geschenk." DAS versöhnt mich kolossal, wenn ich mal wieder vom Apotheker höre: „Nehmen Sie mal diese Tropfen, die haben meiner Oma auch schon geholfen!" Und was lernst du daraus, Brigittchen? Na ja, ich bin eben eine Oma, weiter nichts als eine lustige Oma. Und das bin ich sehr gerne.

Brigitte Block

Die Schlangengurke

Unlängst ging ich zu Aldi in Saarn, denn ich benötigte noch einiges für den Mittagstisch. So ging ich durch den Laden und hielt mich an meinem Einkaufswagen fest. Da ich durch einen Autounfall gehbehindert bin, fällt mir das Laufen nicht so leicht. Mein Stöckchen hatte ich längs in den Einkaufswagen gelegt. Meine Waren lagen daneben. Ich sah mich noch einmal um, ob mir noch etwas fehlte. Mit fiel nichts mehr ein. Dann ging es zur Kasse. Die Schlange war ziemlich lang. Endlich war ich an der Reihe. Da fiel mir in letzter Sekunde ein: Ich hatte doch etwas vergessen, eine Schlangengurke. Zur Kassiererin sagte ich: „Bitte tippen Sie doch den Preis einer Schlangengurke mit ein, ich hol sie mir dann noch.“ Die Kassiererin sah mich freundlich an, und mit einem Blick auf meinen Stock bemerkte sie: „Lassen Sie mal, Sie sind ja behindert, ich hole Ihnen die Gurke eben.“ Dann kam eine Stimme aus dem Hintergrund. Ein junger Mann, der in der Schlange stand, hatte alles mitbekommen und sagte: „Ich hole die Gurke schon.“ Die Kassiererin rief ihm nach: „Aber bitte die schönste, die da ist!“ Und die brachte er dann auch. Ich bedankte mich herzlich. Es wurde ein leckeres Mittagessen: Gemischter Salat mit Schlangengurke und Freude über nette Mitmenschen!

Elisabeth Schmitz

***

Luigi, fast 90 Jahre alt, sitzt mit seinem besten Freund in seinem Heimatdorf auf der Veranda: „Giuseppe, siehst du die Straße da vorn? Diese Straße hab ich mit meinen eigenen Händen gebaut. Ich kenne jeden Stein und jeden Winkel. Aber glaubst du, auch nur einer in diesem Dorf würde sagen: ‚Luigi, der Straßenbauer‘? Nein! Und, Giuseppe, siehst du die Schule da vorn? Diese Schule hab ich mit meinen eigenen Händen gebaut. Ich kenne jeden Stein und jeden Winkel. Aber glaubst du, auch nur einer in diesem Dorf würde sagen, ‚Luigi, der Schulbauer‘? Nein! Und Giuseppe, siehst du die Kaimauer da vorn? Diese Kaimauer hab ich mit meinen eigenen Händen gebaut. Ich kenne jeden Stein und jeden Winkel, aber glaubst du, auch nur einer im Dorf würde sagen ‚Luigi, der Kaimauerbauer'? Nein. Aber wenn man nur ein einziges Mal mit einem Schaf erwischt wird ..."

Arfensupp bi KARSTADT

Dingsdag is't, en Dag in'n Sommer,
Oma sitt in ehre Komer.
Doch dat Alleenween hett se satt:
Se will nu mit de Bohn to Stadt.

Se jumpt ok los, no Hamborg hin,
de Utverkoop stickt ehr in'n Sinn.
Vör den Bedriev is se nich bang,
se söcht un wöhlt dor stünnenlang.

Bi KARSTADT will se denn wat eten,
ehr knurrt de Magen al so'n beten.
Se drängelt sik na'n Tresen hin,
köfft Arfensupp mit Bockwurst in.

Mit ehre Supp, recht hitt un frisch,
sett Oma sik an'n nächsten Disch.
Mit Bockwurst is dat nu ja so:
Dor hört ok Mostrich mit dorto!

An'n Tresen steiht de Mostrichputt,
un Oma holt sik gau en Dutt.
Doch as se trüchkümmt, gor nich lang,
dor is een bi ehr Supp togang.

En jungen Mann, keen weet woher,
de löppelt Omas Teller leer!
He itt genüsslich un in Roh;
uns Oma kiekt em sinnig to.

Denn Oma meent as Daam vun Welt:
De arme Keerl hett wiss keen Geld.
Un groten Hunger al siet Dogen –
man ok ehr knurrt nu böös de Mogen.

Se geiht an'n Disch noch neeger ran
un pliert den Teller ümmer an.
Dann: Schwuppdiwupp, mit flinke Hand,
treckt se de Bockwurst sik an Land.

Den Mostrich hett se ganz vergeten,
bloots een, twee, dree de Wurst opeten.
Denn schuult se röber na den Mann
un lacht em nett un fründlich an.

Ok he lacht Oma fründlich to
un löpelt wieder ganz in Roh.
Un as de Teller blitzblank leer,
holt he vun'n Tresen twee Glas Beer.

Een drinkt he uut, un dat wat öber,
dat schuuvt he lies na Oma röber.
Uns Oma strohlt un is ganz baff,
de anner grient un seilt denn af.

De Oma denkt noch düt un dat,
se föhlt sik gor nich richtig satt.
Un noch en Supp will se sik holen,
se söcht dat Lüttgeld to'n Betolen.

Du leeve Tiet, de Schreck is groot,
nu is uns Oma groot in Noot.
Se stuckert wütig in ehr Hoor:
Ehr Handtasch is miteens nich dor!

Se kiekt sik üm un dreiht sik rasch
un süht an'n Naverdisch ehr Tasch.
Ehr Arfensupp – un dat is wohr –
mit Bockwurst in, steiht ok noch dor.

Na, un wat lehrt uns de Geschicht?
Dat, wat een glöövt, dat stimmt oft nicht.
Een mutt ok anner Minschen traun
un jüm nich gliekś de Bockwurst klaun.

Rolf Kuhn

Eine nervöse Geschichte

Vor den bekannten Schranken des hohen Gerichts
da stand dieser Tage ernsten Gesichts
ein Herr – recht anständig und sehr elegant.
Folgendes war nun der Tatbestand:

Der Herr hatte, woll'n Sie das nicht vergessen,
in der Straßenbahn ganz friedlich gesessen
und hatte dann plötzlich, ich weiß selbst nicht wie,
einer bejahrteren Jungfrau, seinem Visavis,
das Publikum wollte seinen Ohren nicht trauen,
glatt eine Ohrfeige runtergehauen.

Der Richter, wie er den Sachverhalt hört,
der ist natürlich nicht wenig empört.
„Wie kann sich ein anständiger Mensch so vergessen!
Nun erzählen Sie mal, wie ist das gewesen?

Wie kamen Sie dazu, das sagen Sie uns bloß!
Es ist nicht zu begreifen. Nun schießen Sie mal los!"

„Ja, ich weiß es selbst nicht", so fing der nun an,
„ich sitze da in meiner Straßenbahn
und les die Zeitung, was es gibt in der Welt.
Und wie der Wagen nun wieder mal hält,
kommt eine Dame in den Wagen herüber
und setzt sich mir gerade gegenüber.
Der Schaffner kommt schon nach kurzer Frist,
fragt, wer da noch ohne Fahrschein ist.
Und die Dame in den vorgerückten Jahren,
die sagt, sie wollte zum Bahnhof fahren.
Macht ihr Handtäschchen auf dann in aller Ruh,
nimmt's Portemonnaie raus und macht's Handtäschchen zu,
macht's Portemonnaie auf, nimmt zehn Pfennige raus,
macht's Portemonnaie zu und macht's Handtäschchen auf,
tut's Portemonnaie rein, schließt's Handtäschchen fein,
und händigt dem Schaffner das Geldstück dann ein.

Der Schaffner zuckt mit den Schultern und spricht:
„Für zehn Pfennige, das machen wir nicht,
zum Bahnhof, das kostet zwei Groschen mehr."
Die Dame nimmt wieder ihr Handtäschchen her.
Sie macht's wieder auf in seliger Ruh',
nimmt's Portemonnaie raus und macht's Handtäschchen zu,
macht's Portemonnaie auf, holt raus eine Mark,
macht's Portemonnaie zu, es klemmte schon stark,
macht's Handtäschchen auf, tut's Portemonnaie rein,
macht's Handtäschchen zu, und sie kriegt dann den Schein.

Und wohin mit dem Schein, dass man den nicht verliert?
So denkt sich die Dame und nimmt unbeirrt
das Handtäschchen wieder in aller Ruh,
nimmt's Portemonnaie raus und macht's Handtäschchen zu,
macht's Portemonnaie auf, um den Schein rein zu tun,

macht's Portemonnaie zu und macht's Handtäschchen nun
von neuem wieder auf, tut's Portemonnaie wieder rein,
macht's Handtäschchen zu, als müsst das so sein.

Ein paar Minuten ereignet sich nichts mehr,
doch bald darauf kommt der Herr Kontrolleur.
Der kommt nun bis in des Wagens Mitte
und sagt zu der Dame: „Den Fahrschein bitte!"
Die macht's Handtäschchen auf nun in aller Ruh,
nimmt's Portemonnaie raus und macht's Handtäschchen zu,
macht's Portemonnaie auf, nimmt den Fahrschein heraus,
macht's Portemonnaie zu und macht's Handtäschchen auf,
tut's Portemonnaie rein und schließt das Handtäschchen wieder.
Und mit süßem Blick ihrer Augenlider
überreicht sie den Fahrschein dem Kontrolleur.

Der nimmt ihn in Empfang und sagt: „Danke sehr."
Sie nimmt's Handtäschchen wieder auf ihren Schoß,
und die alte Geschichte ging wieder los:
Sie macht's Handtäschchen auf wieder in aller Ruh.
Nimmt's Portemonnaie raus und macht's Handtäschchen zu,
macht's Portemonnaie auf, tut den Schein wieder rein,
macht's Portemonnaie zu und macht dann wieder fein
das Handtäschchen auf, tut's Portemonnaie wieder rin,
macht's Handtäschchen zu – doch da kommt ihr in den Sinn:
Sie könnte vielleicht schon heute für morgen
auf dem Wege zum Bahnhof noch etwas besorgen.

Und sie fragt ihren Nachbarn, der halbwegs schon pennt,
ob sie mit ihrem Schein auch umsteigen könnt.
„Das kommt auf den Schein an", so sagt ihr der,
„den muss ich erst sehen, den zeigen Sie mal her."
Und sie nimmt ihr Handtäschchen nun in aller Ruh,
macht's auf, Portemonnaie raus und Handtäschchen zu,
macht's ...

„Halt“, schrie der Richter und wurde ganz munter,
„noch ein Wort, und ich hau Ihnen eine runter!
Man wird ja verrückt!“ „Ja“, sagte da der Mann,
„ja, seh'n Sie, Herr Richter, so fing's bei mir an:
Ich hab's nicht länger mehr können anschau'n,
und hab' ihr glatt eine runtergehau'n.“

Horst Koch

In der Kirche

Manchmal sitz ich ganz alleine
in der Kirche vorm Altar,
und dann denk ich, ob mein Leben
überhaupt was Gutes war.

Ich bin über achtzig, kann noch laufen,
kann noch gucken, kann mir kaufen,
was ich begehr, mir geht's gut,
was will ich mehr.

Wie ich neulich da so sitze
auf der harten Kirchenbank,
musste ich an die andern denken,
die ganz arm sind und auch krank,
die ganz einsam sind und weinen,
denn für die, da gibt's kaum mal einen,
der sie mal ans Herze drückt
oder mit 'nem Wort beglückt.

Lieber Gott, ich weiß, jetzt fragst du,
ob ich das nicht ändern kann.
Hör ich richtig, was sagst du?
Ich wär doch der richtige Mann,
der trotz achtzig manch einem Armen

könnte doch durch dein Erbarmen
noch ein bisschen Glück beschern,
dass sie nicht noch mehr entbehrn.

Du guckst von deinem Kreuze
mitten in mein Herze rin,
weil du weißt, dass ich noch immer
so ein bisschen gläubig bin.
Und nun willst du, dass ich gehe
und nach alten Leuten sehe
und denen helfe, froh zu sein.
Nicht nur durch dein Wort alleine,
nein, auch Taten willst du sehen,
jedenfalls, das denk ich mir,
es wird schon noch durch mich geschehen,
und wenn's nicht geht, dann sag ich's dir.
Lieber Gott, nun geh ich wieder,
unterwegs, da sing ich frohe Lieder,
dass du weißt, bei dir war's schön
und nun mach's gut, jetzt will ich gehen.

IV. Keine Langeweile im Alter oder: Was es nicht alles gibt

Bekanntlich gibt es in Schleswig-Holstein besonders viele alte Leute; als in der Zeit der Weimarer Republik der schöne Brauch bestand, den Hundertjährigen eine Tasse aus der Berliner Porzellanmanufaktur zu schenken, ging ein großer Teil in unser Land; anscheinend konserviert die salzige See. Man erzählt sich an der Wasserkante, dass ein Sachse einen Kailöwen fragt: „Ist es wahr, dass die Leute hier so alt werden?“ – „Ja, dat ward se.“ – „Wie alt sind Sie denn?“ – „Ik bün erst tweeunsöbentig.“ – „Und fühlen Sie sich noch wohl?“ – „Ja, dat geiht woll, bloß hüüt nich.“ – „Wieso heute?“ – „Ik heff mi mit mien Vadder vertörnt.“ – „Mit Ihrem Vater? Wie alt ist denn der?“ – „Veerunnegentig.“ – „Und warum mussten Sie sich mit dem alten Mann erzürnen?“ – „Wi speelten Söößunsößtig un darbi hett he mien Grootvadder ümmer in de Korten keeken.“ – „Ihrem Großvater? Wie alt ist denn der?“ – „Hunnerteenuntwintig.“ – „Das ist ja unmöglich! Das kann ich Ihnen nicht abnehmen.“ – „Wenn Se dat nich glöven wüllt, dann gahn Se man eben mal rüm na Micheli, dor wahnt de Paster, de hett em döfft (getauft) …“.

Eduard Edert

***

Jens Thyssen is eben begraben worden, eenunachtig Johr old. Sien beste Frünn staht noch bien Paster an't Graff un snackt över Jens un de Vergänglichkeit von uns Erdenleben. Se sünd dreeunachtig, veerunachtig un sössunachtig Johr old. Dor seegt de Paster: „'t deiht mi so leed, dat Jens nu al von uns gahn is.“– „Ja“, seggt de Öllste, „aver mi wunnert dat nich, Herr Paster, he weer al as Kind so swack un hett de Nootdööp kreeg'n.“

Eduard Edert

Ein Freund zu Opa: „Wie geht es dir, alter Junge?“ – „Rostfrei!“ – „Wieso rostfrei?“ – „Immer glänzend.“

***

Was ist der Unterschied zwischen einem französischen, einem englischen und einem deutschen Rentner? – Der französische Rentner trinkt seinen Aperitif und geht zu seiner Freundin. Der englische Rentner trinkt seinen Whisky und geht zum Pferderennen. Der deutsche Rentner nimmt seine Herztabletten und geht zur Arbeit.

***

Drei Männer gehen auf der Straße und bemerken einen Mann gegenüber, der wie Jesus aussieht. Der eine geht rüber und fragt ihn, ob er Jesus sei, worauf er bejaht. Er fragt ihn, ob er ihm seinen Tennisarm wegmachen könne. Darauf sagt Jesus: „Klar, mach ich, dafür bin ich ja da!“ Tschack-Bumm, und der Arm ist in Ordnung. Geht der zweite rüber und fragt, ob er sein Knie herrichten könne. Tschack-Bumm, und das Knie ist in Ordnung. Der dritte macht keine Anstalten, zu Jesus zu gehen und sich heilen zu lassen. Deshalb geht Jesus zu ihm hin und fragt, ob er ihm helfen könne. Darauf der dritte: „Fass mich ja nicht an, ich bin Frührentner …“

***

Ein Rettungssanitäter erzählt: Wir haben letztens eine ältere Dame mit Oberschenkelhalsbruch ins Krankenhaus gebracht. Assistenzarzt: „Frau Meier, haben Sie denn außer dem Bruch jetzt eventuell Vorerkrankungen, nehmen sie Medikamente, haben sie Probleme mit Blutdruck, Zucker oder Cholesterin?“ Patientin: „Junger Mann, man kann doch auch nicht alles haben, oder?“

Ein Sportler will seinen Freund im Krankenhaus besuchen, findet sich aber in der Stadt nicht zurecht. Er fragt schließlich auf der Straße einen alten Mann: „Sie, Opa, wie komme ich am schnellsten ins Krankenhaus?“ – „Ganz einfach: Wenn Sie noch einmal Opa zu mir sagen.“

***

Der Bus ist voll. Eine alte Dame steigt zu und drückt sich mit Mühe ins Wageninnere. Ein junger Mann sieht sie auf sich zukommen, macht die Augen zu und stellt sich schlafend. Die alte Dame, die das Spiel durchschaut hat, klopft ihm auf die Schulter und sagt milde: „Bei welcher Station möchten Sie denn geweckt werden?“

***

Zwei ältere Damen sitzen am Boxring. Plötzlich geht einer der Boxer zu Boden. Sofort fängt der Ringrichter an zu zählen. Sagt die eine Oma: „Der steht nicht auf! Den kenn ich aus der Straßenbahn!“

***

Eine alte Dame sucht im überfüllten Bus einen Sitzplatz. Da winkt sie ein sitzender junger Mann heran und flüstert ihr ins Ohr: „An der nächsten Haltestelle müssen Sie schwer auf Draht sein, da steige ich aus!“

***

Eine alte Dame zeigt dem Kontrolleur die Fahrkarte. „Das ist ja eine Kinderfahrkarte, meine Dame!“, stellt der Kontrolleur fest. Sagt die Dame: „Da können Sie mal sehen, wie lange ich auf diese Bahn gewartet habe!“

Sebastian trifft auf der Straße seinen alten Mathelehrer. Dieser kann sich nur schwer an ihn erinnern: „Sebastian sagten Sie? Wie geht es Ihnen denn?“ – „Danke, sehr gut“, antwortet Sebastian, „ich habe mittlerweile eine Frau und sieben Kinder.“ Der Lehrer: „Jetzt erinnere ich mich an Sie. Sie haben damals schon nicht aufgepasst.“

***

Nach vielen Jahren trifft der alte Mathelehrer seinen schlechtesten Schüler wieder. Piekfein gekleidet, im knallroten Sportwagen. „Na“, sagt der Pädagoge, „aus dir scheint ja trotz deiner miserablen Mathekenntnisse noch was geworden zu sein!“ – „Klar!“, grinst der ehemalige Schüler selbstzufrieden: „Ich kaufe Orangenkisten für einen Euro und verkaufe sie weiter für fünf Euro. Von den vier Prozent Gewinn kann ich gut leben.“

***

Ein Städter kommt in die Berge und fragt einen alten Alm-Bauern, der seine Kühe weidet, nach der Uhrzeit. Darauf hebt der Bauer mit der Hand das Euter der Kuh und sagt: „Punkt zwölf.“ – „Donnerwetter“, staunt der Städter Bauklötze, „an der Schwere des Euters können Sie genau feststellen, wie spät es ist?“ – „Nein“, sagt der Bauer. „Wenn ich das Euter der Kuh anhebe, kann ich die Kirchturmuhr sehen.“

***

Ein alter russischer Bauer in einem Dorf im Ural hat eine Kuh. Die Kuh gibt jeden Tag 40 Liter Milch, was natürlich niemand verstehen kann. Eines Tages beim Wodka fragt ihn sein Nachbar: „Sag mal, Wanja, wie machst du das eigentlich, dass deine Kuh jeden Tag 40 Liter Milch gibt?“ Darauf sagt Wanja: „Ganz einfach, ich streichle ihr jeden morgen zärtlich über das Köpfchen und flüstere ihr ins Ohr: ‚Und was haben wir heute, Milch oder Fleisch?‘“

Der alte Schlappenbauer aus Hinterbollenbach, Ortsteil Niederhauferstetten, hat in einem Preisausschreiben der Kirchenzeitung den ersten Preis gewonnen, eine Reise zum Heiligen Vater nach Rom. Früh morgens zieht er seinen besten Anzug an, geht zum Nachbarn, der bringt ihn mit dem Traktor zum Taleingang, wo schon das Milchauto auf ihn wartet. In Hinterbollenbach steigt er in den Bus, der ihn zur Bahn bringt. Dann steigt er um in den Eurocity, der ihn direkt nach Rom bringt. Wieder zu Hause angekommen, fragen ihn die Freunde, wie es ihm denn wohl in Rom gefallen habe. – „Mei, schee is' scho, dös Rom, aber arg abg'legn halt!"

***

Ein alter preußischer Beamter soll im Dritten Reich zum Abschied ein Konterfei des Führers bekommen und darf wählen, ob er ihn als Büste oder als Bild haben will. „Ich kann mich nicht entscheiden", sagt er nach langem Grübeln, „ob ich ihn an die Wand stellen oder lieber aufhängen möchte."

***

Reporter im Altenheim: „Welchem Umstand schreiben Sie es hauptsächlich zu, dass sie heute hundert Jahre alt geworden sind?" – „Meiner Geburt im Jahre 1900!"

***

Eine Oma steigt in Berlin im „Kaufhaus Des Westens" im Erdgeschoss in den Aufzug.

Im ersten Stock betritt eine total aufgedonnerte junge Frau den Fahrstuhl und zieht eine riesige Parfümwolke hinter sich her. Sie schaut herablassend auf die Oma und meint: „Chanel No. 5, 50 ml, 100 Euro!" Im zweiten Stock steigt eine junge Frau ein, die noch aufgedonnerter ist und eine noch größere Parfümwolke hinter sich herzieht. Sie meint noch herablassender: „Cartier, 50 ml – 250 Euro!" Im vierten Stock will die Oma aussteigen. Sie lässt einen fahren und sagt ganz cool beim Rausgehen: „Rosenkohl vom Aldi, 200 Gramm, 99 Cent.“

***

Als ich zum ersten Termin im Wartezimmer eines neuen Zahnarztes saß, sah ich eine seiner Urkunden an der Wand, die seinen vollständigen Namen trug. Und plötzlich erinnerte ich mich, dass ein schlanker, fleißiger Junge mit dem gleichen Namen auf dem Gymnasium in meiner Klasse war – vor gut 30 Jahren. Als ich den Arzt dann jedoch sah, verwarf ich sofort jeden diesbezüglichen Gedanken. Dieser glatzköpfige, weißbärtige Mann mit den tiefen Falten im Gesicht war viel zu alt, um in meiner Klasse gewesen zu sein. Nachdem er meine Zähne untersucht hatte, fragte ich ihn dann doch, ob er das örtliche Gymnasium besucht hätte. „Ja“, antwortete er. „Wann haben Sie denn maturiert (Abitur gemacht)?“ – „1972, warum?“ – „Sie waren doch in meiner Klasse“, antwortete ich. Er betrachtete mich ganz aufmerksam aus der Nähe und fragte dann: „Und was haben Sie unterrichtet?“

***

Morgens in einer Universität, die Vorlesung läuft bereits seit geraumer Zeit. Ein Student betritt verspätet den Hörsaal. Der schon betagte Professor ist noch vom „alten Schlage“, legt großen Wert auf Pünktlichkeit und ist deshalb ziemlich ungehalten. Er fragt den jungen Mann: „Haben Sie gedient?“ Darauf dieser: „Ja, warum?“ Der Professor äußerst aufgebracht: „Was hätte dann Ihr Spieß zu Ihnen gesagt, wenn Sie zu spät zum Dienst erscheinen?“ – „Nun, er hätte gesagt: ‚Guten Morgen, Herr Leutnant!‘“

***

Eine alte Dame betritt eine Bar und bestellt sich zum ersten Mal in ihrem Leben einen guten Malt-Whisky. Sie nippt am Glas, überlegt eine Weile und meint dann: „Merkwürdig, das Zeug schmeckt genauso wie die Medizin, die mein seliger Mann zwanzig Jahre gegen seine Gicht einnehmen musste."

***

Das Flugzeug ist im Sinkflug. Der Pilot bemerkt nicht, dass die Sprechanlage für die Fluggäste noch eingeschaltet ist und sagt unbekümmert zu seinem Kopiloten: „Wenn wir gelandet sind, werde ich erst einen Whisky trinken und dann die Stewardess vernaschen!" Die Stewardess will schnell nach vorne eilen, um die Bordsprechanlage auszuschalten. Eine altes Mütterchen hält sie am Arm fest und sagt zu ihr: „Nicht so schnell, liebes Kind, Sie haben doch gehört, der Kapitän will erst noch einen Whisky trinken!"

***

Der Richter fragt den 80-jährigen Angeklagten erstaunt: „Was hat denn jugendliche Unwissenheit mit Ihrer letzten Verurteilung zu tun?" Der Angeklagte: „Mein Rechtsanwalt in dem letzten Verfahren war einfach noch zu jung."

***

Die ältere Anwältin hält ein brillantes Plädoyer für den schönen Gentleman-Einbrecher. Ein Freispruch liegt in der Luft, da lässt sich die Dame zu dem Satz hinreißen: „Ich bin so sehr von der Unschuld meines Mandanten überzeugt, dass ich ihn auf der Stelle heiraten würde." – „In diesem Fall möchte ich die Tat lieber gestehen", erklärt der Angeklagte erschrocken.

***

Der junge Pfarrvikar besucht einen 80-jährigen Herrn zu dessen Geburtstag. Beim Verabschieden sagt der Pfarrvikar: „Ich besuche die Gemeindemitglieder nur bei runden und halbrunden Geburtstagen. Also: Bis zu ihrem 85." Darauf antwortet schmunzelnd der 80-Jährige: „Wenn Sie dann noch leben, sind Sie herzlich willkommen!"

***

Oma Balle wurde 80, der Herr Pfarrer kam zu ihr;
und die gute Oma machte sich Mühe mit dem hohen Tier.
Um des Gastes Durst zu stillen,
stellt sie Schnaps und Bier bereit.
Aber wie, um Gottes Willen,
sagt man „Prost" zur Geistlichkeit?
Doch die Oma nimmt die Hürde
mit Geschick und mit Humor.
Als er trinkt, sagt sie voll Würde:
„Halleluja, Herr Pastor!"

***

Ein junges Mädchen, das einer Sekte angehört, läutet an der Haustür und fragt: „Geben Sie auch einen Euro für den lieben Gott?" Darauf der Mann, der die Tür geöffnet hat: „Wie alt sind Sie?" – „Zwanzig." – „Und ich werde im September 85. Ich werde den lieben Gott früher sehen als Sie und ihm den Euro gleich selber geben!"

***

Ein Pfarrer hatte seiner Gemeinde schon viele Jahre gedient und meinte, es sei an der Zeit, einem Jüngeren Platz zu machen. Darüber sprach er mit einem der alten Bergbauern: „Wissen Sie, Opa", meinte er schließlich, „man sagt ja, neue Besen kehren gut." – „Stimmt schon, Herr Pfarrer", antwortete der, „neue Besen kehren gut. Aber der alte Besen weiß, wo der Dreck sitzt."

Ein Herr in einem schon ehrwürdigen Alter meldet sich im Priesterseminar. Der Regens (Vorsteher) mustert ihn kurz und weist ihn ab: „Sie sind eigentlich schon zu alt, um noch Priester zu werden." Darauf der Kandidat: „Das ist schon möglich. Aber brauchen Sie nicht auch ein paar Kardinäle?"

***

Klein Kurtchen hat Geburtstag. Von seiner Oma bekommt er eine Wasserpistole geschenkt. Vor Freude jauchzend läuft er damit zum Waschbecken, um sie mit Wasser aufzufüllen. Seine Mutter kommt dazu und ist entsetzt. „Aber Oma, hast du denn ganz vergessen, wie du dich früher bei uns über solche Dinge geärgert hast?" Sagt Oma: „Nein, das habe ich eben nicht vergessen, meine Liebe!"

***

Oma kommt sehr spät vom Adventskaffee nach Hause. Der zornige Opa: „Du willst mir doch nicht erzählen, dass euer Kaffeekränzchen bis jetzt gedauert hat?" – „Doch, jedes Mal, wenn eine von uns gegangen ist, wurden so schlimme Sachen über sie erzählt, dass ich mich nicht getraut habe, vorher zu gehen!"

***

In der Schweiz: Eine alte Frau erzählt nach den Nationalratswahlen: „Die CVP hat mich im Altersheim abgeholt, die SP gab mir im Wahllokal Kaffee und die LVP stiftete den Kuchen dazu. Nur die SVP hat nichts gegeben. Das habe ich denen auf dem Wahlzettel gleich zünftig angekreuzt!"

Eine alte fromme Frau lässt sich ihr Schlafzimmer ausmalen und trägt dem Anstreicher auf, über das Bett den Spruch „Cum Deo" („Mit Gott") zu setzen. Als der biedere Mann mit seiner Arbeit fertig ist, prangt über dem Bett in schwungvollen Buchstaben die Inschrift „Komm, Theo"!

***

Meine Frau und ich waren bei Verwandten in Köln zu Besuch. Eines Tages bestieg ich den Lift, als eine freundliche ältere Dame zustieg. Sie begann ein zwangloses Gespräch, während der Aufzug nach oben fuhr. „Ich bin 91!", erzählte sie mir. „Das kann ich ja kaum glauben!", rief ich ehrlich überrascht aus. Sie warf mir einen vernichtenden Blick zu und sagte: „Ich bin aus Apartment 91."

***

Eine Geschichte aus der Zeit, als in Fahrstühlen noch Fahrstuhlführer arbeiteten. Menschen, die selbst in delikaten Situationen und bei beinahe unmöglichen Fragen noch höflich blieben. Einmal riss einem Fahrstuhlführer in einem Kaufhaus doch der Geduldsfaden, als eine ältere Dame ihn fragte: „Sagen Sie einmal, wenn das Seil des Fahrstuhls reißt, fallen wir dann nach oben oder nach unten?" Da antwortete der Mann knurrend: „Woher soll ich wissen, was Sie für ein Leben geführt haben!"

***

In einen fast leeren Bus steigt eine ältere Dame und setzt sich direkt hinter den Fahrer. Nach einiger Zeit beugt sie sich vor und fragt den Busfahrer: „Entschuldigen Sie, möchten Sie eine Nuss?" Der Busfahrer bejaht die Frage, und die ältere Dame steckt dem Busfahrer eine Nuss in den Mund. Wiederum nach einiger Zeit wiederholen sich die Fragen, und der Busfahrer isst noch einige Nüsse mehr. An der letzten Station angekommen will die Dame aussteigen, und der Busfahrer fragt, warum sie ihm die

Nüsse immer einzeln angeboten hat. Da antwortet die ältere Dame: „Ich esse für mein Leben gerne Toffifee, aber die Nüsse sind mir einfach zu hart!"

***

Es klingelt an der Haustür einer älteren Dame. „Guten Tag, Polizei. Sie haben uns gerufen, weil gegenüber in der Wohnung ein Pärchen immer nackt durch die Wohnung hüpft? Lassen Sie mich mal ans Fenster. … Ich sehe gar nichts!" – „Von da auch nicht! Hier auf den Schrank müssen Sie klettern!"

***

Der alte Jagdherr geht nach beendeter Pirsch ins Wirtshaus und trifft dort den Dorfdoktor. „Wissen Sie schon, was ich heute erlegt habe?", ruft er dem zu. „Genau, ganz genau", winkt der Arzt ab. „War schon bei mir in Behandlung."

***

Zwei Jäger, ein alter und ein junger, auf der Hirschjagd. Nach stundenlangem Warten erscheint ein prächtiger Hirsch auf der Lichtung. Der junge Jäger reißt das Gewehr hoch, aber der alte drückt es ihm wieder nach unten: „Nein, nicht auf den, der ist noch zu jung!" Weiterwarten, ein anderer Hirsch kommt – wieder will der junge Jäger anlegen, wieder verhindert der alte den Schuss: „Nein, der ist zu alt!" Einige Zeit später kommt ein gar fürchterlich zugerichteter Hirsch aus dem Wald gehumpelt – er hinkt, ist einäugig, ein Ohr fehlt ganz, das andere ist zerfleddert, er hat ein löchriges Fell und nur noch ein paar Stummel anstelle des Geweihs. Da sagt der Senior-Jäger: „So, jetzt schieß! Auf den schießen wir auch immer …"

Oma und Opa gehen zum ersten Mal in ein Ballett. Am nächsten Tag werden sie gefragt, wie es ihnen gefallen hat. Sagt Oma: „Sehr schön. Die Tänzerinnen waren alle so nett. Als sie gemerkt haben, dass Opa einzuschlafen beginnt, haben sie auf den Zehenspitzen weiter getanzt."

***

Ein altes Mütterchen fragt den Friedhofswärter: „Wo bitte ist Reihe 10, Grab Nr. 7?" Darauf antwortet dieser: „Soso, das hab ich gern: Heimlich aus dem Grab kraxeln und dann den Heimweg nicht mehr finden!"

„Helfen auf Hessisch"

... sagte der Mann zu der älteren Dame: „Derrf ich Ihne e bissi helfe?", und er öffnete ihr die Tür und führte sie die drei Stufen hinunter, und seine Frau, die dabeistand, sagte: „Sie misse entschuldiche, awwer er hat als emal so'n Rabbel."

... sagte der Mann: „Aa von meine drei aale Tande hat en beese Huste; ich habere grad e Fläschje Kimmel gebracht." – „Un?" – „Jetzt huste die zwaa annere aach ..."

Dat Fondü

Düsse Geschicht, leve Frünn, is leegenhaft to verteIln, avers se is würklich un warhaftig passeert. Affspeelt het se sik in en lütte Stadt in uns Kreis. De Nom vun de Stadt un ok de Nom vun de Lüd, de de Hauptrull in disse Geschicht speelt, brukt ji nich to weeten. To de Lüd segt wi mol Opa un Oma, denn dat weern se jo.

An'n Stadtrand harrn sik de ollen Lüd so'n lütt Stück Land köfft. Dor stünn nu en Brederbood op, un de harr Opa in all de

Johr'n um- un anbout. Mit de Tied harr he dor son richtig smucke, gemütliche Villa ut trechtklütert. Ton goden Sluss harr Opa denn noch för so'n beeten Komfor sorgt. So harr he de Pump vun buten in de Köök leggt. Nu harr dat keen Not mehr mit dat Infreern in Winter un keen brukt de sworen Woterammer mehr to slepen. Toletz harr Opa denn noch vör de Huusdöör en groten Windfang sett. Den harr he extra so grot mokt, wiel he dor denn ok noch den Lokus ünnerkreeg.

Nu harr dat jo een Enn mit de Brummerhochtied in Sommer. Un winterdags brukt sik keen mehr wat afftofreern. Wiel de Enkelkinner af un an to Besök keemen, harr Opa för de noch en lütt Lock in de Klapp sogt. Allens na dat Motto „Eigner Herd ist Goldes wert." Wiel Oma un de Gardin dat Smöken nich verdrägen, harr Opa sik den Lokus ganz kommod inricht. He harr em tapzeert, un an de Wand hüng een Bild von den Kaiser in Paradeuniform. To den Lokus säh he jümmers: „Dat is mien Philosophentorm" Un dor smök he denn sien Zigarett un lest dat Pinnbarger Dogblatt dorbi. Mit den Goldammer versorg he sin Goorn mit de nödige Energie.

Opa un Oma ehr Kinner wohn in de Stadt. Un de harrn ehrn Öllern Telefon spendeert, dormit se se jümmers an de Stripp harrn. Soveel vörweg, dormit ji allns in de Reeg krigt.

Uns Opa kunn dat Wort „Fondü" nich verdrägen. Wenn he dat hörn de, wär he fünsch, roll mit de Oogen un füng bannig an to zaustern. Un dat keem so: Sien Kinner harrn sik son Fondüapparot toleggt. Nu swögen se bi jede Gelegenheit dorvun, wie schön dat weer, wie kommod. Dat man den ganzen Obend dorvör sitten kunn, sik wat vertell'n, Glas Wien or'n Buddel Beer dorto drinken kunn, also würklich en feine Sook. So harrn se de olen Lüd neeschierig mokt.

As nu Wiehnachten weer, keem jüm ehr Kinner an Hilligen Obend vohmeddags mit ehr Geschenken an un bescheern de olen Lüd nu mit'n Fondüapperot. Se harrn allens mitbröcht: Den Putt, den Dreebuck, de Spritlamp, Töllers, Gobeln, Fett, Sprit un sogor en Buddel Wien. De Kinner harrn ehr Öllern verklort, wie de Sook funkschoniern dä un weern denn na Huus föhrt. Se müssen ja ehr Kinner ook noch bescheern. Dor harr Oma meent, dat se un

Opa dat denn man furts utprobeern schulln. So kreeg de Karben, de in de Bodwann swöm, noch'n Dag Gnodenfrist. Opa harr nix dorgegen un mök den Apparot klor. He füll de Spritlamp op un dä dat Fett in'n Putt. Oma deck den Disch, Opa stek de Lichter an Dannenboom an un mokt de Buddel Wien op.

De beiden Ollen harrn sik dat schön kommod mokt. Dat güng ja ok allns ganz god, bit Opa sik mol so beeten tüffelich anstell. Em weer een Stück Fleesch von de Gobel in den Putt fulln. He angel un angel un kreg dat gore Fleesch nich to foten. Dor legg he de Gobel ut de Hand un lang mit de Hand in den Putt. Nu weer wat los! Opa brüll op, ret mit de Hand den Putt vun't Dreebeen, dat Fett sprütt in de Gegend, op Disch, Stohl un Teppich. Opa jaul as son verlevten Koter, den sien Bruut utneiht is. He danzt op een Been dörch de Stuuv! Wie de Kinner, de op de Strot „Himmel un Höll" speelt. Mit de Kommodigkeit harr dat nu een Enn. Oma jogt na dat Telefon un röpp den Doktor an. De segt ehr, se schull man'n Taxi neem, un aff güng de Post.

As Opa nu weg weer, mok Oma eersmol Inventur. Vun den Disch weer de Politur in Ammer. Dat Dischdok, de Stohl un de Teppich weern vull Fettsprütten. Dorbi harrn se noch'n Barg Swien hat, dat jüm ehr Huus nich affackelt weer, wie licht harr dat Fett Füer fangen kunnt. Oma harr de Nääs bit bobenhin vull vun dat Fondü. Falsch wie se weer, kipt se dat hitte Fett in den Goldammer, dat Fleesch flög achteran. Un toletz kipt se ok noch de Spritlamp över den Ammer ut. Jüst as se de Krom torecht harr un sik en beeten verpusten wull, keem Opa no Huus. De Hand harrn se em verbunnen, un gegen de Wehdag harr he'n Sprütt kreegen.

De Schrek weer uns Opa wull so'n beeten op den Mogen slogen. Eerstmol müss he op sien Philosophentorm un een Zigarett smöken. He harrn Barg Last dormit, de Büx rünnertotrecken! Avers he kreeg dat torech. He fummel mit sien heele Hand de Zigarettenschachtel un de Rietsticken ut de Tasch. He stek sik een Sargnogel twüschen de Lippen, de Rietstickenschachtel mang de Knee un stek sick de Zigarett an. Denn smet he den Rietsticken in den Ammer. Rums! Een Stichflamm schöt ut den Ammer un versengel Opa den Achtersteven un noch wat. Opa brüll, as wenn se em affsteken, he full vun sien Thron, stött mit den Kopp de Döör op un brenn lichterloh.

Op dat Gebrüll schees nu Oma ran un seh de Bescheerung. Iskolt hol se een wulln Dek, um dat Füer uttomoken. Denn rönn se as son Bessenbinner un holt een groten Deckel vun Kookputt. Se bör de Klapp hoch un mokt dat Füer in den Goldammer doot. Hen na dat Telefon un den Doktor anroopen. De Doktor keem forts anschoten un behannel den lies vör sik henjammernden Opa. Denn leet he den Krankenwogen kom'n. So weer Opa in en halv Stünn dat twete Mol op den Weg in dat Krankenhuus. As se nu dor wern, wull'n de beiden Sanis Opa ut den Wogen holn. De een, de harr wull sien dammeligen Dag, or he weer mit sien Gedanken wied weg. De kreg blots een Griff vun de Bor to foten, un so dreiht sick de Bor ut sien Hand, de twete Sani kunn nu de Bor nich holln, un so fallt Opa op dat Ploster und brök sik den Foot.Könnt ji nu verstohn, dat Opa wild ward un rot süht, wenn he blots dat Wurt „Fondü" hört?

P. S.: Uns Opa weer dat aver nich!

Schlagfertig

* Eine alte Frau kommt auf dem Weg zum Kaufmann an einer Tierhandlung vorbei, wo ein Papagei auf einer Stange sitzt. Er spricht die Frau an: „Hey, du!" Wie die Frau sich umdreht, sagt er zu ihr: „Du siehst zum Schießen aus." Die Frau ist empört und geht weiter. Auf dem Rückweg kommt sie, schwer bepackt mit ihren Einkaufstaschen, wieder dort vorbei, und wieder sagt der Papagei zu ihr: „Du siehst wirklich zum Schießen aus." Die Frau ist sauer und will den Geschäftsführer sprechen. Sie droht ihm, Anzeige zu erstatten, und er verspricht, sich darum zu kümmern. Am nächsten Tag kommt sie wieder am Laden vorbei, und der Vogel spricht sie erneut an: „Hey du!" Und wieder dreht sie sich um. Da meint der Papagei: „Du weißt ja Bescheid ..."

* Eine ältere Dame kommt in eine Zoohandlung und schaut sich die vielen Tiere an. Vor dem Papageienkäfig bleibt sie stehen und fragt: „Na, du kleiner bunter Vogel, kannst du denn auch sprechen?“ Darauf der Papagei: „Na, du hässliche alte Krähe, kannst du denn auch fliegen?“

* Die alte Frau Schröder hat sich gerade einen neuen Papagei gekauft. Zu Hause angekommen, spricht sie ihm dauernd vor: „Hallo! Hallo! Hallo! ...“ Nach einer Weile wird es dem Papagei zu bunt und er krächzt: „Besetzt!“

***

Bei einem Essen von Diplomaten in Brüssel sitzt eine ältere deutsche Dame neben einem Afrikaner. Nachdem der erste Gang beendet ist, wendet sie sich an ihren Nachbarn und fragt ihn: „Hamham gut?“ Der afrikanische Diplomat nickt freundlich. Als er einen Schluck Wein probiert, fragt ihn die Tischnachbarin: „Gluckgluck gut?“ Wieder nickt der Diplomat und lächelt. Dann erhebt er sich, klopft an sein Glas und hält eine wunderbare Rede in gepflegtem Deutsch, schaut seine Nachbarin an und fragt: „Blabla gut?“

***

Als der amerikanische Komiker George Burns im Alter von 100 Jahren zu Gast bei einer Talk-Show war, fragte ihn der Moderator: „Mister Burns, wann haben Sie mit dem Sex aufgehört?“ Burns überlegte kurz und sagte: „Heute Morgen um halb drei ...“

***

Meine 83-jährige Mutter lud mich (53) und meine Freundin (58) ins Kino ein. An der Kasse verlangte sie: „Eine Erwachsene und zwei Kinder, bitte.“

V. Alles wird weniger, nur das Vergessen wird mehr

D. S. G. A. A.

Für diejenigen, die ... sagen wir mal ... schon über 30 sind!

Vor Kurzem stellte mein Arzt die Diagnose D. S. G. A. A.: „Defizitäre Störungen des Gedächtnisses, ausgelöst durch das Alter" fest.

So befällt es einen: Ich beschließe, das Auto zu waschen. Als ich zur Türe gehe, sehe ich, dass die Post auf dem Tisch liegt. Na gut, bevor ich das Auto wasche, werde ich schauen, wer mir geschrieben hat. Ich lasse die Schlüssel auf dem Schreibtisch liegen ...

... schmeiße die Post weg, die mich nicht interessiert, und stelle fest, dass der Mülleimer voll ist. Ich werde die Rechnungen und Kontoauszüge im Schreibtisch verstauen und den Mülleimer ausleeren. Aber wo die Schublade des Schreibtisches schon mal offen ist ... könnte ich doch eigentlich gleich die Schecks ausstellen, um Rechnungen zu bezahlen.

Wo ist das Scheckheft? Auweia! Es ist nur noch ein Scheck drin. Mein Vorrat an Schecks ist in der zweiten Schublade des Schreibtisches. Ah, da auf dem Tisch ist ja das Glas mit Saft, das ich vorhin gerade trinken wollte. Ich werde die anderen Schecks suchen – aber zuerst muss ich das Glas wegstellen, da es zu nah am Computer steht. Ach, dann kann ich ja den Saft auch gleich wieder in den Kühlschrank stellen, er ist schon ganz lauwarm.

Ich gehe Richtung Küche und sehe, dass die Pflanzen Wasser brauchen. Ich stelle das Glas Saft auf das Tischchen neben der Küche und ... juhuuuuuuuu! Da ist sie ja, die Brille, die ich schon den ganzen Morgen gesucht hatte! Die sollte ich besser sofort verstauen.

Dann fülle ich eine Kanne mit Wasser und nähere mich meinen durstigen Pflanzen.

Arghhhhhh! Jemand hat die Fernbedienung in der Küche gelassen, und ich habe mich halb tot gesucht, als ich fernsehen wollte. Am besten bringe ich sie gleich dahin zurück, wo sie hingehört. Ich gieße meine Pflanzen ein wenig – ein bisschen gieße ich auch den Boden, den werde ich aber bestimmt gleich sauber machen – werfe die Fernbedienung auf die Couch und gehe auf die Haustür zu … die ganze Zeit mit dem Gedanken beschäftigt: Was war es denn eigentlich, was ich die ganze Zeit machen wollte?

Am Ende des Tages: Das Auto ist nach wie vor schmutzig, die Rechnungen sind unbezahlt, das Glas Saft steht auf dem Tischchen neben der Küche, meine Pflanzen haben nicht genug Wasser, um überleben zu können, im Scheckheft ist nach wie vor nur ein Scheck, und ich kann beim besten Willen die Autoschlüssel nicht finden! Als mir klar wird, dass ich den ganzen Tag überhaupt nichts zu Ende gebracht habe, bin ich überrascht, denn eigentlich war ich den ganzen Tag beschäftigt!

Ich muss feststellen, dass D. S. G. A. A. eine sehr ernste und schwerwiegende Krankheit ist. Am besten versuche ich, einmal etwas über das Internet herauszufinden. Aber erst mal schauen, ob mir irgendjemand eine E-Mail gesendet hat …

Leidest du auch darunter? Bitte leite diese Botschaft weiter an alle, die du kennst, denn ich weiß nicht mehr, wem ich sie schon geschickt habe!

Danke!

Mensch, du wirst alt!

Der Name, der Name, so denkst du beklommen
und kannst einfach nicht auf den Namen kommen!
Erinnerungen aus der Vergangenheit
liegen alle griffbereit.
Du hast sie einzeln aufgezählt –
der Name, nur der Name fehlt.
Da ruft es aus dem Hinterhalt:
„Mensch *(Name)*, du wirst alt!“

Vom zweiten Stock steigst du herunter,
trittst auf die Straße frisch und munter,
doch plötzlich fragst du verdrossen:
„Hab' ich auch wirklich abgeschlossen?"
Du könntest schwören viele Eide,
steigst dennoch rauf, dir selbst zum Leide.
Da ruft es aus dem Hinterhalt:
„Mensch *(Name)*, du wirst alt!"

Brauchst du mal etwas aus dem Schrank,
der gefüllt ist, Gott sei Dank.
Kaum hast geöffnet du die Tür,
da fragst du dich: „Was wollt' ich hier?"
Verstört bist du, dass in Sekunden
das, was du vorhast, ist entschwunden.
Da ruft es aus dem Hinterhalt:
„Mensch *(Name)*, du wirst alt!"

Benutzt du mal dein Bügeleisen
und gehst anschließend auf Reisen,
bangst du drei Wochen – ungelogen:
„Hab' ich den Stecker rausgezogen?
Sitzt etwa der noch in der Wand?
Bin ich inzwischen abgebrannt?"
Da ruft es aus dem Hinterhalt:
„Mensch *(Name)*, du wirst alt!"

Und kommst du mal woanders hin,
bewegst du gleich in deinem Sinn,
dein Sparbuch bestens zu verstecken,
damit kein Dieb es kann entdecken.
Brauchst du dann Geld, hast du indessen
den heimlichen Platz total vergessen.
„O Gott", stöhnst du – ganz starr vor Schreck –
„Was soll ich tun, mein Geld ist weg!"
Da ruft es aus dem Hinterhalt:
„Mensch *(Name)*, du wirst alt!"

Zum Frühstück nimmst du drei Tabletten,
die sollen dein Gedächtnis retten.
Du fragst dich plötzlich ganz beklommen:
„Hab ich sie eigentlich schon genommen?
Ja, ist mein Denken denn noch dicht?
Und zweimal nehmen darf ich nicht!"
Da ruft es aus dem Hinterhalt:
„Mensch *(Name)*, du wirst alt!"

Maschinen kann man reparieren
und das Getriebe öl'n und schmieren.
Wenn mal der Fernseher ist kaputt,
ein kleiner Chip, schon ist es gut!
Doch wenn der Kalk im Hirn sich dichtet,
gibts nichts mehr, was das Dunkel lichtet.
Da fällt die düstere Stimme ein:
„Mensch *(Name)*, find dich drein!"

Bergab ...

Ja, es stimmt schon – es kann auch jüngeren Zeitgenossen passieren, dass sie aus einem anderen Zimmer etwas holen wollen und dort nicht mehr wissen, w a s ?

Aber nicht so oft!

Neulich, als ich bei laufendem Motor an einer roten Ampel stand und auf grünes Licht gewartet habe, überlegte ich dabei panisch: Wo hab ich bloß meinen Autoschlüssel hingetan? Schlimm genug!

Aber was ich neulich geliefert habe, ist dann doch der Gipfel: Ich ging an einem Laden vorbei, in dem man querbeet Haushaltsgegenstände, Kleidung, Süßigkeiten und allerlei Krimskrams kaufen kann, als mir eingefallen ist, dass ich neue Batterien brauche. Die gibt es direkt neben der Ecke, wo Unterwäsche zu haben ist, und so schaute ich mir die BHs an. Ich vertrage nämlich kein Polyester, und rein baumwollene Gebilde findet man selten. Und da war doch tatsächlich so einer, sogar in Weiß – Dessous in sündigen Farben mag ich nämlich auch nicht – und genau in meiner Größe, und gar nicht einmal teuer. Als ich die Neuerwerbung daheim anprobierte, stellte sich heraus:

Ich habe mir einen **Stillbüstenhalter** angeschafft!

Jetzt mache ich mir natürlich Sorgen um den Kalkgehalt meiner kleinen grauen Zellen …

Ich ziehe den Baumwollenen aber trotzdem an. Jetzt, im zarten Alter von 75 Jahren, beginne ich also damit, ein derartig zweckentfremdetes Wäschestück zu tragen. (Anscheinend muss man alles im Leben einmal mitmachen!) Als es nämlich aktuell und angebracht gewesen wäre, stellte sich heraus, dass meine Begabung zur Amme derart beklagenswert unzureichend gewesen ist, dass sie in der Klinik mit einer Injektion dem Trauerspiel ein Ende bereitet und meine Säuglinge zu Flaschenkindern gemacht haben.

Wie gut, dass ich mein Essverhalten – trotz einer massiven Anlage zur Gefräßigkeit – so weit im Griff habe, dass ich wenigstens keine Umstandskleider mehr brauche.

Das heißt, sofern mir nicht wieder jemand meuchlings fränkische Bratwürste schickt! *H. D.*

***

Ein Pastor unterbricht seine Predigt und schaut fast zwei Minuten verklärt nach oben. Die Gemeinde verharrt geduldig. Schließlich erklärt der Pastor: „Ich hatte gerade eine Erscheinung!“ – Die Gemeinde ist tief bewegt, weil gerade ihr Pastor einer Erscheinung gewürdigt wird. Am Ausgang wird er von einer Frau teilnahmsvoll gefragt: „Herr Pastor, was für eine Erscheinung hatten Sie denn?“ – „Eine Alters-Erscheinung!“, erklärt er bereitwillig. – Durch diese unerwartete Antwort etwas irritiert, schüttelt die Frau ihren Kopf und geht nachdenklich ihren Weg.

Die „Reifen“

Rosen, Tulpen, Nelken –
alle Blumen welken.
Nur der Mensch will nicht begreifen –
bei uns heißt das Altern „Reifen“.

Ich reif seit Jahren vor mich hin,
wann's anfing, ist nicht mehr im Sinn.
War es vielleicht in jenem Jahr
mit dem ersten grauen Haar?
Mein Trost war: Es ist kaum zu seh'n
und Silber ist doch auch ganz schön!

Nach ein'ger Zeit wusst' ich gewiss:
es hilft nichts – ich brauch ein Gebiss!
Dann überkam mich Drang und Wille,
ich brauchte eine schärf're Brille!
Seitdem geht es frisch und munter
Brille rauf und Brille runter.

Das Gehör stimmt recht und schlecht,
nichts versteh'n ist auch oft recht.
Für Wackel-Knie nun einen Stecken,
auch gut, um Räuber abzuschrecken.

Im Glauben: gut versorgt mit allem
bin fast in Ohnmacht ich gefallen,
es wurde mir, ich war entsetzt,
ein Herzschrittmacher eingesetzt.

An alles hat der Mensch gedacht,
was uns das „Reifen" leichter macht,
nur eins vermisse ich noch sehr,
und bitte bringt es uns bald her –
'ne winzige Gedächtnisstütze,
zu tragen leicht unter der Mütze!
Würd dieses Teil nur wer erfinden,
manch einer würd ihm Kränze winden!

Zeichnung: Klaus Pfauter

***

Die 80 Jahre alten Ehepartner bekommen „langsam" Schwierigkeiten mit ihrem Gedächtnis. Also beschließen sie, sich einer Untersuchung beim Doktor zu unterziehen.

Diesem erklären sie, dass sie sich nicht mehr alles merken können, und er untersucht sie. Nach der Untersuchung sagt er, dass sie körperlich gesund sind, aber vielleicht damit anfangen sollten, sich im Alltag Notizen zu machen, damit sie sich leichter an die Details erinnern können. Das Ehepaar bedankt sich und kehrt heim. Abends schauen sich die beiden gemütlich einen Film an. Mittendrin steht der alte Mann auf.

Seine Gattin fragt: *Wohin gehst du?*

Er erwidert: *In die Küche.*

Seine Gattin: *Bringst du mir bitte ein Schälchen Eiscreme mit?*

Er antwortet: *Natürlich.*

Daraufhin fragt sie: *Denkst du nicht, du solltest dir das notieren, damit du dich besser erinnern kannst?*

Er sagt: *Nein, das kann ich mir merken.*

Sie sagt: *Streue mir bitte noch ein paar Erdbeeren obendrauf. Du solltest das besser notieren, weil ich weiß, dass du es vergessen wirst.*

Er sagt: *Das kann ich mir merken: Du möchtest ein Schälchen Eiscreme mit Erdbeeren obendrauf.*

Sie antwortet: *Oh, ich hätte auch noch gerne Schlagsahne obendrauf. Du weißt, wie vergesslich du bist, also bitte notiere es dir.*

Irritiert antwortet er: *Ich brauche mir das nicht aufzuschreiben, denn ich kann mir das merken.*

Dann geht er in die Küche. Nach zwanzig Minuten kommt er zurück und bringt ihr einen Teller mit frisch gebratenen Spiegeleiern und Schinken. Sie starrt für einen Moment auf den Teller und sagt dann: *Du hast mein Toastbrot vergessen.*

***

Drei Schwestern, 92, 94 und 96 Jahre alt, leben zusammen in einem Haus. Eines Abends lässt sich die 96-Jährige ein Bad ein. Als sie mit dem ersten Fuß drinnen ist, ruft sie ihren Schwestern zu: „War ich gerade dabei, aus dem Bad oder in das Bad zu steigen?"

Die 94-Jährige ruft zurück: „Ich weiß es nicht. Ich komme zu dir rauf, um nachzusehen!" Auf halbem Weg auf der Treppe bleibt sie stehen und ruft: „War ich gerade dabei, die Treppe hinauf- oder hinunterzugehen?"

Die 92-Jährige sitzt am Küchentisch bei einer Tasse Tee und hört ihren Schwestern zu. Sie schüttelt den Kopf und klopft auf den Tisch: „Auf Holz klopfen und hoffen, dass ich nicht auch so werde." Dann ruft sie ihren Schwestern zu: „Ich komme gleich, um euch zu helfen, aber zuerst muss ich nachsehen, wer gerade an die Tür geklopft hat!"

Zwei Seniorenehepaare treffen sich regelmäßig zum Kartenspielen. Bevor es losgeht, sind die beiden Omas in der Küche beschäftigt, und die Opas tauschen Erfahrungen über Restaurantbesuche aus. Opa Erwin fragt Opa Franz: „Kannst du mir mal sagen, wie heißen die Blumen, die bei Hochzeiten so beliebt sind?“ – „Ach Erwin, die heißen Nelken.“ – „Nein, Franz, die meine ich doch nicht.“ – „Na, vielleicht meinst du ja Rosen.“ Glücklich holt Opa Erwin tief Luft und ruft in die Küche: „Hallo Rosie, sag doch mal, wie hieß eigentlich das Restaurant, in dem wir gestern waren?“

***

Zwei über 90 Jahre alte Rentner sitzen auf einer Parkbank. „Sag mal, wieso nennst du deine Frau immer noch ‚Schatz‘, obwohl ihr schon 70 Jahre verheiratet seid?“ – „Weil ich ihren Vornamen längst vergessen habe.“

***

Opa Erwin und Opa Franz sind seit kurzem Rentner. „Manometer“, beklagt sich Franz, „ ist mir das jetzt immer langweilig. Was soll denn jetzt nur aus meinem Leben werden?“ – „Das ist bei mir kein Problem!“, sagt Opa Erwin, „ich bin jetzt in der Forschung tätig, und das hält mich den ganzen Tag auf Trab.“ – „Oh“, wundert sich Opa Franz, „was machst du da denn?“ – „Ganz einfach“, entgegnet Erwin, „gestern forschte ich zum Beispiel den ganzen Tag nach meiner Brille, weil ich Zeitung lesen wollte, und heute forsche ich nach meinem Schlüsselbund, sonst kann ich nicht mehr in die Wohnung rein. Eines ist ganz sicher: Morgen gibt es wieder neue interessante Forschungsaufgaben.“

***

Ein altes Mütterchen fährt mit dem Zug und klatscht ununterbrochen in die Hände. Die Mitreisenden im Abteil sind schon total genervt und fragen nach einer Weile: „Liebe Frau, warum klatschen Sie denn andauernd?" – „Ach, wissen Sie", sagt das Mütterchen, „mein Gedächtnis, ich kann mir doch nichts merken, und ich muss doch in Klatschhausen umsteigen!" – „Junge, Junge", sagt einer der Mitreisenden, „was haben wir ein Glück, dass Sie nicht in Pforzheim umsteigen müssen!"

***

Opa Erwin und Opa Franz sind im Krankenhaus. Opa Erwin wurde frisch operiert und kommt nun wieder zu sich. „Überstanden", seufzt er erleichtert. „Oh, sag das nicht", entgegnet Franz „ich musste zweimal operiert werden, denn bei mir hatte der Chefarzt eine Pinzette im Bauch vergessen!" In diesem Moment kommt Oberschwester Maren ins Zimmer und sagt: „Hallo, meine Herren, haben Sie zufällig die Brille von unserem Chefarzt gesehen?"

***

Zwei Freunde, beide 20 und frühere Klassenkameraden, beschließen eine Klassenzusammenkunft zu organisieren. „Wo gehen wir essen?", fragt der eine. „Am besten in den ‚Bären', da ist es am günstigsten." Das Fest wird ein voller Erfolg. Als Sie 30 sind, organisieren sie wieder eine Zusammenkunft. „Wo gehen wir essen?" – „Am besten in den ‚Bären', da gibt es die attraktivsten Kellnerinnen." Wieder ein Erfolg. Als sie 40 sind, geht's an die nächste Klassenzusammenkunft. „Wo gehen wir essen?" – „Am besten in den ‚Bären', da gibt es die größten Portionen." So gegen 50 planen die beiden wieder. „Wo gehen wir essen?" – „Am besten in den ‚Bären', da gibt es das beste Fleisch." Als sie 60 sind, geht's wieder ans Organisieren. „Wo gehen wir essen?" – „Am besten in den ‚Bären', die haben einen Spitzenwein." Wie immer ein voller Erfolg. Nun sind sie 70 und planen wieder. „Wo gehen wir essen?" – „Am besten in den ‚Bären', der Wirt kocht das Gemüse so schön weich." Mit 80 wagen sie es noch einmal. „Wo gehen wir essen?" – „Am besten in den ‚Bären', da waren wir noch nie."

Der Gemeindeälteste geht zum Pastor, weil er seit seinem Geburtstag seinen Krückstock vermisst. Der Pastor rät: „Du lädst einfach noch mal alle Leute ein und liest die 10 Gebote vor. Wer beim Gebot ‚Du sollst nicht stehlen' am unschuldigsten guckt, der hat deinen Krückstock." Einige Tage später trifft der Pastor den Alten wieder, diesmal mit dem Stock. „Jetzt erzähl mal, wer hatte ihn?" – „Ach, Herr Pastor, war das peinlich. Ich hab alles gemacht, wie Sie gesagt haben. Doch als ich beim Gebot ‚Du sollst nicht ehebrechen' angekommen war, fiel mir doch tatsächlich ein, wo ich den Krückstock vergessen hatte."

***

Oma ist stolz, ihr kleines Enkelkind hüten zu dürfen. Als die Nachbarn das Baby sehen wollen, wird Oma nervös und sagt: „Ihr könnt das Baby erst sehen, wenn es schreit." – „Warum denn das?" – „Weil ich nicht weiß, wo ich es hingelegt habe."

***

„Herr Doktor, mit mir ist etwas nicht in Ordnung!", beschwert sich der 92-jährige Herr Grünlich beim Psychiater. „Ich laufe dauernd hinter jungen Mädchen her!" – „Aber das ist doch ganz natürlich!", beruhigt ihn der Arzt. – „Aber ich kann mich nicht erinnern, weswegen!"

Vergiss das Gänslein nicht!

Bei Schröders war es so etwas wie Krach, und das am Morgen des Heiligen Abends. Wilhelm, der Hausvater, sah, dass Frau Berta noch rasch zur Stadt wollte, die letzten Dinge zu kaufen, sei es ein Spielzeug für die Kinder, sei es ein Schlips für Onkel Paul, den ewigen Junggesellen. Es ist ein Schicksal aller Junggesellen, zu Weihnachten einen Schlips zu bekommen. Wilhelm gab indessen seiner

Frau noch einige Ermahnungen auf den Weg: „Und vergiss die Gans nicht, Berta! Vergangenes Jahr saßen wir ohne Gans da und aßen Quark am Heiligen Abend!" Darob entzündete sich Bertas Groll: „Ich brauche deine Ermahnungen nicht!" – „Sicher brauchst du sie: Niemand ist so vergesslich wie du." – „Ich bin nicht vergesslich gewesen, Wilhelm. Ich habe allenfalls mal etwas übersehen."

Her und hin, es rauchte. Man hörte eine Tür knallen, bald noch eine zweite. Dann scholl Herrn Schröders Stimme mit gurgelndem Spott durch den Vorgarten und hinter der Entfliehenden her: „Auf Wiedersehen, mein Herzblatt! Und vergiss das Gänslein nicht, Bertachen!" Sie tat so, als wäre sie taub. Ihre Wangen glommen wie Tomaten, ihre Schritte trippelten, der kleine Mund murrte vor sich hin: „Holzkopf, du …"

Als Berta in den Bus stieg, konnte sich der Schaffner beim Knipsen der Wochenkarte nicht der höflichen Äußerung enthalten: „Werte Frau, bei Huchendubels am Steintor gibt es die schönsten Gänse!" Frau Schröder zweifelte, ob die keineswegs erbetene Auskunft an sie gerichtet sei.

Als sie aber in der Bismarckstraße den Bus verließ, wurde sie vom unentrinnbaren Trillerpfiff des Verkehrspolizisten zum Innehalten gezwungen. Der Beamte hob drohend den Finger: „Langsam, Madamchen! Bei Jrün dürfense erst. Und dann vajessense ja nich die Jans. Sonst schimpft der Olle!" Diesmal zweifelte Berta nicht: Entweder hatte Wilhelm die ganze Stadt verhext, oder es wimmelte heute von Gedankenlesern im Bezirk der Kaufhäuser und strudelnden Passanten.

Plötzlich fühlte sie die Hand einer offenbar barmherzigen Bürgerin auf der Schulter. Die Dame sprach: „Junge Frau, nicht wahr: Sie denken ja an die Gans? Ich meine es gut mit ihnen. Wann immer man Misshelligkeiten in der Familie vermeiden kann, soll man es tun. Zumal am Heiligen Abend …" Berta schüttelte die fremde Hand vom Jackett, blieb die Antwort schuldig und beeilte sich, dem Gedränge zu entkommen, das ihr so unheimlich zusetzte.

Sie lief, fast war es ein Rennen, von einem Laden zum andern, kaufte das Spielzeug für die Kinder, kaufte den lila Schlips für

Onkel Paul, stolperte in die Geflügelhalle, nahm die erste beste Gans und meinte zu träumen, als ihr der Kassierer beim Bezahlen zulächelte: „Nicht wahr, gnädige Frau, jetzt kann ich wohl den Zettel entfernen, den Ihnen der offenbar humorvolle Gatte auf den Rücken steckte? Wollen Sie die Nadel wieder mitnehmen?“

Ach, Berta war schon draußen.

***

Oma Marie geht in ein Naturkundemuseum und sieht in einem gläsernen Schaukasten extrem große Eier liegen. Sie fragt den Wärter: „Was sind denn das für große Eier?“ – „Die sind vom Strauß.“ Schüttelt Oma Marie den Kopf: „Ja, ja, der alte Walzerkönig.“

***

Die Betreuungsrichterin besucht Opa Erwin, weil seine Tochter beantragt hat, ihn unter Betreuung zu stellen. Die Richterin fragt die Tochter: „Woraus schließen Sie, dass Ihr Vater nicht mehr in der Lage ist, seine Angelegenheiten selbst zu besorgen?“ – „Vorgestern gingen Opa und ich in den Park. Wir kamen zu einer Telefonzelle. Er ging rein und kam einfach nicht mehr heraus. Nach einer halben Stunde schließlich bequemte er sich, die Telefonzelle zu verlassen. Dabei schimpfte er lautstark, dass der Fahrstuhl mal wieder nicht funktioniere.“

***

Ein Ehepaar sieht auf dem Markt einen Stand mit seltsamen exotischen Früchten. Lange starrt der Mann auf das Schild mit dem Aufdruck „Import“. Die Marktfrau erklärt: „Die werden eingeführt.“ – „Siehst du“, sagt der Mann zu seiner Frau, „du hättest sie natürlich gegessen.“

Oma und Opa hatten nun vierzig Jahre lang den Dorfkrug geführt. Er lief gut. Aus Altersgründen gaben sie ihn an die Junioren ab. Die modernisierten, und der Krug lief wie verrückt. Eines Tages sagte dann der Junior zu Oma und Opa: „Wir müssen heute zum Großeinkauf. Könnt ihr noch mal für einen Tag den Krug übernehmen?" – „Ach", sagt Opa, „dat hebbt wi veerdig Johr maakt, dat könt wi hüüt ok noch!" Opa setzt sich hintern Tresen, und Oma geht in die Küche, und beide harren der Dinge, die da kommen sollen. Da kommen vier Gäste. Fragt der eine Gast: „Entschuldigen Sie, haben Sie Kaffee?" – „Ja", sagt Opa, „das kann ich so nicht sagen, da muss ich Oma erst in der Küche fragen." Er steht umständlich auf, dreht sich um, guckt in die Küche rein, fasst mit seinen kleinen Händchen so'n bisschen in die Popogegend und fragt: „Oma, haben wir Kaffee?" – „Ja", sagt Oma, „wir haben Kaffee, wir haben Kaffee Hag, wir haben Kännchen, wir haben eine Tasse, wir haben alles." Opa geht dann zu den Gästen: „Ja", sagt er, „können Sie haben. Wir haben Kaffee Hag, wir haben Kännchen, wir haben eine Tasse, wir haben alles, wir sind ja das erste Haus am Platz." Fragt der zweite Gast: „Haben Sie auch ein Stück Kuchen?" – „Ja", sagt Opa, „das kann ich so nicht sagen, da muss ich Oma wieder fragen." Er geht mit seinem nachziehenden Bein wieder zu Oma in die Küche, fasst sich wieder an seinen Popo und fragt: „Oma, haben wir Kuchen?" – „Ja", sagt Oma, „wir haben Schwarzwälder Kirschtorte, wir haben Baisers, wir haben Plattenkuchen, wir haben alles. Wir sind ja schließlich das erste Haus am Platz." Nun hat der eine Gast geguckt, wie Opa sich immer an seinen Popo fasst. Er sagt: „Entschuldigen Sie, haben Sie Hämorrhoiden?" – „Ja", sagt Opa, „da muss ich ja Oma wieder fragen." Er ruft: „Oma, der Gast fragt, ob wir Hämorrhoiden haben." – „Nee", sagt sie, „wir haben nur Lux, Filter und Stuyvesant!"

Eine alte Frau sieht einen Kanalarbeiter, der einen Schacht öffnet, eine Leiter hinablässt und hineinklettert. Erschüttert bleibt sie stehen und murmelt: „Nicht zu glauben, diese entsetzliche Wohnungsnot!“

***

„Des hät i net glaubt, dass da Herrgott aa krank wern ko“, hat a alts Weiberl gsagt, wias in da Zeitung glesn hot: „Gestern Abend rief Gott, der Allmächtige, Herrn Dr. Ewald Schmidt zu sich!“

***

Ein Maler in England sieht einen alten Bauern und findet, dass dieser ein ganz gutes Modell wäre. Er schickt sein Dienstmädchen zu dem Mann, aber der Alte zögert: „Wird er mich denn auch gut bezahlen?“ – „Ja, ja, er malt Sie und gibt Ihnen ein Pfund dafür. Das ist doch leicht verdientes Geld!“ Der alte Mann kratzt sich hinter den Ohren. „Das schon! Aber wie krieg ich nachher die Farbe wieder weg?“

***

Eine ältere Dame wird bei der Einreise wie jedermann von einem Zollbeamten gefragt: „Zigaretten, Tabak, Whisky, Cognac …?“ – Sie schüttelt den Kopf: „Aber vielleicht kann ich ein Glas Orangensaft haben?“

***

Eine reizende alte Dame wird auf ihrer ersten Seereise vom Steward in ihrer Kabine gefragt: „Sind sie zufrieden, gnädige Frau?“ – „Oh ja sehr, alles ist wunderbar“, antwortet sie, zeigt dann auf das Bullauge und sagt verzückt: „Und diese Waschmaschine! Was da alles reingeht!“

De ganze Fomilje sitt bi't Koffidrinken in de „Gaude Stuuw" tohoop. In dat Radio is Wunschkonzert un send't würd grad de Gefangenenchor ut Nabucco. „Schön!", meint Oma. Döchting verklort ehr: „Dat is de Gefangenenchor ut Nabucco." Dorup richt sick Oma tauhöcht un seggt: „Nee, Diern, dat weit ick nu oewer ganz genau! De Knast is all ümmer in Bützow wäst, in Niebukow geew dat noch nie eenen."

***

Kommt die Oma an die Kasse im Supermarkt. „Du hast heute nicht so viel eingekauft", meint die junge Kassiererin, „willst du eine Tüte?" – „Nein, lieber nicht", meint Oma. „Wenn ich morgens schon einen Joint rauche, komme ich gar nicht mehr nach Hause."

VI. „Herr Doktor, ich kann nicht mehr aufrecht gehen!“

Ein zerstreuter Rentner kommt zum Arzt: „Ich kann nicht mehr aufrecht gehen!“ Der Arzt nach der Untersuchung mit lauter Stimme: „Sie müssen den obersten Hosenknopf aus dem dritten Knopfloch Ihrer Weste lösen!“

***

Zwei ältere Damen unterhalten sich: „Früher, als ich ein junges Mädchen war, musste ich mich beim Arzt immer ganz ausziehen, heute muss ich nur noch die Zunge zeigen. Ist schon wahnsinnig, was die Medizin für Fortschritte gemacht hat!“

***

Opa hat Bauchschmerzen. Oma schickt ihn zum Arzt. Nach Opas Rückkehr fragt Oma: „Na, was hat der Arzt gesagt?“ Opa: „Er hat mir Zäpfchen gegeben, die soll ich rektal einnehmen. Was is'n das?“ Oma: „Weiß ich auch nicht. Geh am besten noch mal hin und frag.“ Nach seiner Rückkehr fragt Oma: „Na, was hat er gesagt?“ Opa: „Jetzt sagt der Arzt, ich soll sie anal einnehmen. Wat heiß dat schon wieder?“ Oma: „Weiß ich auch nicht. Am besten, du rufst noch mal an!“ Nachdem Opa telefoniert hat, kommt er ganz aufgeregt in die Küche. Oma: „Und? Was hat er gesagt?“ Opa: „Ich glaub, jetzt is er sauer. Er hat gesagt, ich soll sie mir in den Hintern schieben.“

***

Einer der bekanntesten Ärzte in Greifswald war Dr. Paul N., von seinen unzähligen Patienten anerkennend und fast zärtlich „Prof. Paule“ genannt. Als Mediziner war er natürlich gewöhnt, alle Teile und Funktionen des menschlichen Körpers beim richtigen Namen zu nennen. So hatte er sich mit seinen ländlichen Patienten einen herzhaften Umgangston angewöhnt, wobei die drastischen Ausdrücke durch das Plattdeutsche gemildert wurden. So kam einst eine biedere Frau aus Panzin zu ihm und klagte über Kreuzschmerzen. Sie brachte auch gleich die Diagnose mit: „Dat möt Hexenschuss sin, Herr Doktor!" („Das muss Hexenschuss sein.") „Dat will wi mol seihn" („Das wollen wir mal sehen"), antwortete Prof. Paule leutselig. „Dreihn Si sik mol um." („Drehen Sie sich mal um"). Weisungsgemäß legte sie sich bäuchlings auf die Pritsche, damit Prof. Paule auf ihrem Kreuz herumkneten konnte. Infolge des ungewohnten Druckes auf ihre Innereien entwich der Patientin dabei ein hörbarer Laut, dessen Folgen man nicht gerne riecht. Die Frau genierte sich sehr, aber Prof. Paule rief erfreut: „Na, sühst wol, den Schuss hemm wi ja nu rut, nun möt'n wi bloss noch de Hex tu faten kriegen!" („Na, siehst du wohl, den Schuss haben wir ja nun raus, nun müssen wir nur noch die Hexe zu fassen kriegen.").

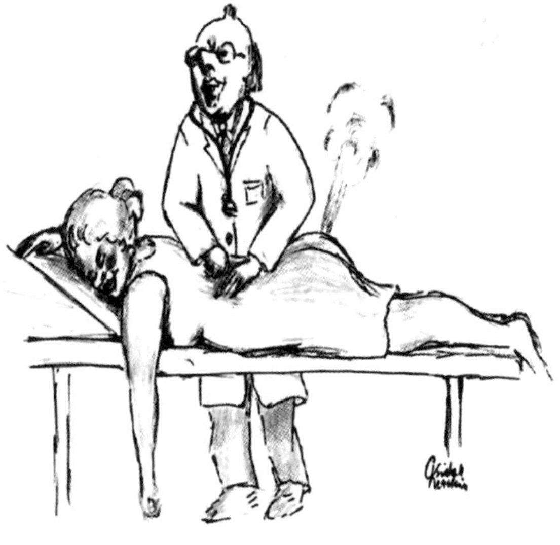

Eine ältere Dame kommt zum Arzt und sagt: „Doktor, ich habe diese Blähungen, obwohl sie mich nicht so sehr stören. Sie stinken nie, und sie gehen immer leise ab. Wirklich, ich hatte bestimmt schon zwanzig Blähungen, seit ich hier im Raum bin. Obwohl Sie das sicher nicht bemerken konnten, weil das ohne Geruch oder Geräusch passiert.“ Der Doktor: „Nehmen Sie diese Tabletten, und kommen Sie in einer Woche wieder.“ Nach einer Woche erscheint sie erneut und sagt: „Doktor, was zum Teufel haben Sie mir da gegeben? Meine Blähungen, obwohl sie immer noch leise sind, sie stinken fürchterlich!“ – „Sehr gut. Jetzt, wo Ihre Nase wieder funktioniert, wollen wir uns um Ihr Gehör kümmern ...“

***

Kommt ein 94-Jähriger in heller Aufregung zum Arzt: „Herr Doktor, ick raff et nich, ick raff et nich. Ick bin 94, meine Frau ist 30 und kriegt ein Kind. Ick raff et net, ich raff et einfach net!“ Da sagt der Arzt: „Nun mal ganz ruhig. Stellen Sie sich vor, Sie gehen sonntags im Wald spazieren und sehen einen Hasen. Sie legen ihren Spazierstock an, zielen und rufen PENG – und der Hase fällt tot um.“ – „Ja, is doch klar!“, sagt der alte Mann, „da hat wohl jemand anders jeschossen.“ – „Sehn Se, Sie raff'n et doch ...“

***

Oft genug erklären wir älteren Menschen, dass ihre Beschwerden „vom Alter“ kommen. Folgende Anekdote sollte uns da nachdenklich stimmen: Ein älterer Patient klagt beim Arzt über Schmerzen im linken Fuß. Der Arzt meint nach der Untersuchung: „Ja, das sind leider typische Altersbeschwerden.“ – „Versteh ich nicht“, meint der Patient, „mein anderer Fuß ist genauso alt, schmerzt aber nicht.“

Oma räumt auf, durchforstet dabei auch den Aktenschrank und schreit dann empört: „Opaaaaa! Meine Rechnungen vom Arzt und vom Zahnarzt, dem Friseur und der Fußpflegerin, musst du die wirklich unbedingt unter ‚Wartung und Reparaturen' ablegen?"

***

Älterer Patient zur Ärztin: „Frau Doktor, Sie sind so dünn, essen Sie bitte etwas, sonst halten Sie uns nicht aus!"

***

In der Schweiz: Vater und Sohn von der „Hintern Kreuzboden Chlapf Höhe" sind zum ersten Mal in einem Einkaufszentrum in der Stadt. Da sie von Technik keine Ahnung haben, beobachten sie das Treiben aufmerksam. Da fährt eine alte Frau im Rollstuhl vor den Lift und drückt den Knopf. Wie von Geisterhand bewegt, öffnet sich die metallische Tür, die Frau fährt hinein, und die Tür schließt sich wieder. Nach etwa 30 Sekunden vernehmen die beiden ein „Ping", die Metalltüre gleitet wieder auseinander, und ein junges Girl in einem gewagten Minirock verlässt den Lift. Darauf der Vater zu seinem Jungen: „Schnell, hol die Mutter!"

***

Opa muss Tropfen nehmen und verzieht dabei sein Gesicht. „Warum musst du denn die schlechten Tropfen nehmen?", fragt die Enkelin. Erwidert der Großvater: „Weil ich früher zu viele gute Tropfen getrunken habe!"

***

Der alte Winzer kommt erstmals in seinem Leben in ein Krankenhaus und muss sich einer leichten Magen-Operation unterziehen. In den ersten Tagen bekommt er nur Milch zu trinken.

Als ihn der Arzt bei der Visite fragt, wie es ihm geht, meint der Weinbauer: „Ich vermisse meinen Wein. Außerdem weiß ich jetzt, warum Babys so viel schreien.“

***

Mann beim Arzt: „Herr Doktor, wie kann ich 100 Jahre alt werden?“ Arzt: „Rauchen Sie?“ Patient: „Nein.“ Arzt: „Wie sieht es mit dem Alkohol aus?“ Patient: „Ich trinke nicht.“ Arzt: „Essen Sie übermäßig?“ Patient: „Nein.“ Arzt: „Gehen Sie spät ins Bett?“ Patient: „Nein.“ Arzt: „Haben Sie Frauengeschichten?“ Patient: „Nein.“ Arzt: „Wieso wollen Sie dann überhaupt so alt werden?“

***

Ein altes Mütterlein stürzt die Treppen hinunter. Arzt kommt – Operation gelungen – drei Wochen lang kein Treppensteigen. Vier Wochen später kommt ein Anruf vom Mütterlein: „Herr Doktor, kann ich nun endlich wieder Treppen steigen – es wird langsam langweilig, die Dachrinne hoch- und runterzurutschen …“

***

Die alte Dame kommt ehrfürchtig-aufgeregt zum berühmten Professor, fragt mit verschwörerischem Unterton: „Herr Professor, stimmt es, dass Warzen verschwinden, wenn man eine schwarze Katze bei Vollmond an einer Friedhofsmauer begräbt?“ Der Professor kratzt sich den Bart und murmelt: „Hm … na ja … warum nicht … wenn die Warze auf der Katze war!“

Kein Bügeleisen, bitte!

(Zur Erklärung: Ein Defibrillator ist ein Gerät, das Herzmuskelstörungen durch einen Stromstoß bestimmter Stärke beseitigt. Dieser wird über großflächige Elektroden abgegeben, die mit den Händen auf den Brustkorb des Patienten gedrückt werden. Diese Elektroden erinnern von ihrem Aussehen her an „Bügeleisen".)

Auch ein Arzt wird mal krank oder muss mal zum Zahnarzt. Letztens war es mal wieder so weit, und ich musste mir an den Zähnen Zahnstein entfernen lassen. Der Zahnarzt hat mir folgende nette Geschichte mit einem älteren Herrn präsentiert: Der Herr war schon über 70 Jahre alt und war einige Zeit zuvor im Krankenhaus operiert worden. Leider war bei seinem kranken Herzen und der zwingenden Operation nicht alles so glatt gelaufen, wie man sich das so wünscht. Offensichtlich war es in der Aufwachphase zum lebensbedrohlichen Kammerflimmern gekommen, und der Patient musste sofort elektrisch defibrilliert werden. Dies war sofort gelungen, aber leider hatte er wohl etwas davon mitbekommen. Nun sollte beim Zahnarzt/Kieferchirurg ein Eingriff in Kurznarkose erfolgen. An die letzte Narkose – besonders das Aufwachen mit der teilweise erlebten Defibrillation – hatte der Herr nicht so gute Erinnerungen. Gespräch unmittelbar vor der Kurznarkose: „So, jetzt werden Sie gleich etwas müde und schlafen kurz ein!" – „Ach so, Herr Doktor, eins wollte ich Ihnen noch sagen. Heute mag ich nicht mehr wie beim letzten Mal mit dem elektrischen Bügeleisen behandelt werden!" Makaber, aber wahr. Ich wollte es auch nicht.

***

Auch „Medizinmänner" sind nicht vor dem Alt- und Verwirrtwerden sicher. Und wenn die körperlichen und geistigen Kräfte nachlassen, brauchen auch sie eine oder auch mehrere Bezugspersonen, die bereit sind, sich ständig treu um sie zu kümmern. Das beleuchtet diese kleine Geschichte aus dem Frankreich des

18. Jahrhunderts: Ein Arzt um 1780, der Dr. Bouvart, erfreute sich an seinem 70. Geburtstag der besten Gesundheit, als man ihn fragte, wie er es angestellt habe, so rüstig zu bleiben. „Das ist ganz einfach", erklärte Bouvart. „Ich habe einerseits davon gelebt, Medikamente zu verschreiben, und andererseits davon, nie eines zu nehmen." Die Lebenskräfte von Dr. Bouvart, der 1787 starb, ließen im hohen Alter dann doch sehr nach. So tastete er nach den Armlehnen der Stühle, um ihnen den Puls zu fühlen, und fragte seinen Ordinationsgehilfen immer wieder, warum denn keine Patienten mehr kämen. „Monsieur", beruhigte ihn der treue Diener, „es gibt keine Kranken mehr, Monsieur haben sie alle geheilt!" Und diese Antwort gab er ihm, wenn es nötig war, vielleicht hundertmal am Tage.

Im Krankenhaus

Szene: Gespräch zwischen einer Schwester und einem Patienten

Schwester: So, jetzt nehmen wir unsere Tabletten und dann werden wir schön schlafen!
Patient: Warum nehmen wir denn die Tablette?
Schwester: Das sagte ich doch eben – damit wir schön schlafen!
Patient: Ja, ist denn das erlaubt?
Schwester: Was soll denn daran nicht erlaubt sein?
Patient: Ja, dass Sie jetzt ins Bett gehen!
Schwester: Ich gehe doch nicht ins Bett. Ich habe Nachtdienst!
Patient: Um Gottes willen, dann können Sie doch keine Tablette nehmen!
Schwester: Wie kommen Sie denn darauf, dass ich eine Tablette nehmen will?
Patient: Nein, nicht eine ganze, aber Sie wollten doch die Hälfte von meiner, und dann wollten wir schön schlafen!
Schwester: Sagen Sie, ist Ihnen nicht gut? Haben Sie Fieber?

Patient: Mir ist gut! Aber Sie sind doch hier reingekommen und haben gesagt, dass wir jetzt unsere Tablette nehmen wollen. Ich hätte Ihnen ja auch die Hälfte der Tablette abgegeben. Aber Sie haben ja Nachtdienst!

Schwester: Das haben Sie vollkommen falsch verstanden!

Patient: Haben Sie denn keinen Nachtdienst?

Schwester: Natürlich habe ich Nachtdienst. Deshalb bringe ich ja die Tabletten!

Patient: Bringen Sie das nicht ein bisschen durcheinander?

Schwester: Ich bringe überhaupt nichts durcheinander. Wir nehmen jetzt die Tablette, und dann machen wir das Licht aus!

Patient: Nein, bitte nicht Schwester, erstens haben Sie Nachtdienst, und zweitens könnte jemand reinkommen!

Schwester: Ich glaube, wir müssen doch mal Fieber messen! Und dann wollen wir den Puls fühlen. Und wenn Sie nicht vernünftig werden, müssen wir den Professor rufen!

Patient: Ich rufe nicht mit!

Schwester: Ich will, dass Sie jetzt die Tablette nehmen, dass Sie nichts mehr fragen, dass Sie sich schön ausstrecken, sich gut zudecken und dann lange und tief schlafen. So, und nun wünsch ich Ihnen eine recht gute Nacht!

Patient: Danke, Schwester, das ist wirklich sehr lieb von Ihnen!

Schwester: Ist doch selbstverständlich – wo wir doch morgen operiert werden!

Wolfgang Rompa

VII. Von Hörgeräten, Brillen und anderen Hilfsmitteln im Alter

Was hast du gesagt?

Kennen Sie die Geschichte aus „Klein Erna“, in der Frau Puvogel mit ihrem hölzernen Hörrohr in der Kirche sitzt und sich der um Ruhe und Ordnung besorgte Kirchendiener bei Beginn der Predigt von hinten an sie heranschleicht und ihr zuzischelt: „Beste Frau, e i n Tut mit dem Ding, und sie sind draußen“?

Nun kann man zwar in heutiger Zeit das Hörrohr von damals gegen einen Minisender hinter dem Ohr ersetzen, jedoch nicht jeder, der das Gras in früheren Zeiten wachsen hörte, verfügt über ein derartiges Ersatzteil. Außerdem versteht man ja nur deshalb nicht alles, weil das Radio zu laut ist, draußen gerade ein Lkw vorbeifährt oder das Gesagte mit vollem Mund gesprochen wird.

Diese Ausreden des Betroffenen können sich über einige Jahre hinziehen, ohne dass die Beschaffung einer Hörhilfe erforderlich wäre. Eine einigermaßen tolerante Familie kann mit diesem Zustand leben, zumal sich bei der alltäglichen Standardfrage „Was hast du gesagt“ durchaus auch belebende Momente ergeben, die zur Belustigung innerhalb der häuslichen Gemeinschaft beitragen. Besonders reizvoll ist der Zustand, wenn sowohl „Er“ als auch „Sie“ dieser geringen Hörschwäche erlegen ist, was mit nachfolgenden Beispielen belegt werden kann:

Wenn „Sie“ morgens beim Erwachen gähnt: „Eigentlich bin ich noch gar nicht wach“ und „Er“ versteht: „Wer war eigentlich heute Nacht auf unserem Dach“, so kann man davon ausgehen, dass der Tag für beide fröhlich beginnt. Diese Stimmung kann sich fortsetzen, wenn „Er“ sich im Keller wiederfindet, weil verstanden wurde: „Hole mir die Matratze aus dem Keller“, obwohl gesagt wurde: „Unsere Katze futtert immer schneller.“ Auch wäre denkbar, dass „Er“ an „Sie“ die Bitte richtet, die leere Tomatendose nicht fortzuwerfen, denn die sei für die Pinsel in seiner Werkstatt, und „Sie" mit der Frage antwortet: „Seit wann bist du in der Gewerkschaft?"

Sollte sich allerdings einmal bei einer Autofahrt die Situation ergeben, bei der „Sie" an einer Kreuzung die Warnung ausspricht: „Die Ampel ist rot" und „Er" mit der Frage antwortet: „Wer ist tot", so wäre sicherlich zu empfehlen, den Beistand eines Ohrenarztes einzuholen.

Ansonsten ist der erheiternden Komik wegen von der Anschaffung jeglicher Hörstützen abzuraten.

Dirk Ibbeken

***

Frage: „Na Karl, wie bist du denn mit deinem neuen Hörgerät zufrieden?" Antwort: „Sehr! Ich habe jetzt schon zum dritten Mal mein Testament geändert."

„Mein Bauer ist schwerhörig!"

Der alte, schwerhörige Graf kommt nach Hause und sein Diener hilft ihm aus dem Mantel. Wie immer murmelt er dabei vor sich hin: „Na, Alter, mal wieder die Weiber angebaggert und Sekt gesoffen?“ Der Graf: „Nein, Johann, in der Stadt gewesen, Hörgerät gekauft.“

***

Peter kommt ins medizinische Fachgeschäft: „Ist das Hörgerät für meinen Opa fertig?“, fragt er. – „Noch nicht!“, bekommt er freundlich zur Antwort. „Aber braucht es denn dein Opa so dringend?“ – „Das nicht, aber meine Oma möchte ihm endlich wieder einmal gehörig die Meinung sagen.“

***

Erster alter Mann: „Mein neues Hörgerät hat 3000 Euro gekostet.“ Zweiter alter Mann: „Alle Achtung, das ist ja enorm!“ Erster alter Mann: „Ich weiß, aber es ist eines der besten, die es gibt." Zweiter alter Mann: „Was für eins ist es denn?" Erster alter Mann: „Es ist jetzt genau halb fünf."

***

Zwei kleine Brüder übernachten bei der Oma. Vor dem Schlafengehen sprechen sie ihr Abendgebet. Schreit der Kleinere: „Lieber Gott, ich wünsche mir zum Geburtstag eine Play-Station, ein Skateboard und Turnschuhe!" Sagt der Große: „Was schreist du denn so? Der liebe Gott ist doch nicht schwerhörig." Antwortet der Kleine: „Der liebe Gott nicht, aber Oma."

***

Eine ältere Oma setzt sich, ganz erschöpft von den Weihnachtseinkäufen, auf eine Parkbank. Ein freundlicher Herr sieht das und warnt die Oma: „Passen Sie auf, die Bank ist frisch gestrichen." Die Oma, etwas schwerhörig, fragt lächelnd: „Wie?" Meint der Herr lakonisch: „Blau."

***

Ein Mann geht zum Doktor. Er ist besorgt, da er fürchtet, dass seine Frau immer weniger gut hört. Wie er das prüfen könne? Der Doktor empfiehlt, er solle seine Frau beim Betreten des Hauses ansprechen und auf eine Antwort warten. Falls er keine Antwort erhalte, solle er sich nähern und seine Bitte wiederholen. Genau das tut er abends. Er kommt rein, schließt leise die Tür und spricht: „Schatz, was gibt es zum Essen?" Keine Antwort. Er geht auf halbe Distanz und wiederholt: „Schatz, was gibt es zum Essen?" Stille. Er geht ganz nah an sie heran und wiederholt: „Schatz, was gibt es zum Essen?" – „Hühnchen, zum dritten Mal!"

Die Großmutter eines Freundes war schwerhörig. Irgendwann bekam sie dann endlich ihr Hörgerät. Und was tut sie als Erstes? Kommt aus dem Garten und regt sich über die lauten Vögel auf. – So kann's gehen.

***

Oma saß im Wartezimmer des berühmten Arztes. Da kam die Sprechstundenhilfe und erklärte: „Heute hält der Herr Professor keine Sprechstunde mehr!" Oma blickte freundlich, blieb aber sitzen. Die Sprechstundenhilfe erhöhte ihre Lautstärke, und zum Schluss schrie sie so, dass die Fensterscheiben klirrten. Aber die schwerhörige Oma blieb dennoch freundlich lächelnd weiter sitzen. Da schrieb die Sprechstundenhilfe schließlich auf einen Zettel: Heute keine Sprechstunde! und hielt ihn der Oma vor die Augen. Oma nickte verlegen: „Ach, Schwester, bitte schön, lesen Sie es mir doch vor, ich habe meine Brille vergessen!"

Phil Hubbe

99 Jahre alte Oma ruft bei der Polizei an und fragt, wo denn das Gewitter war

Polizei: Hallo!
Oma: Hallo?
Polizei: Hier ist die Polizei.
Oma: Hallo ... Kann gar nichts verstehen
Polizei: Nicht? Müssen Sie mal richtig zuhören! Guten Abend.
Oma: Ich wollte fragen ... äh – wo die Nacht das Gewitter war.
Polizei: Das war über Bochum.
Oma: Was?
Polizei: Über Bochum.
Oma: Saarbrücken?
Polizei: (schreit) Über Bochum.
Oma: Wo denn?
Polizei: Wo soll's denn hin?
Oma: Was?
Polizei: Wo das Gewitter denn hin soll!
Oma: Wo das gewesen ist!
Polizei: In Deutschland!
Oma: Ich hab Sie jetzt aber nicht verstanden!
Polizei: In Deutschland!
Oma: Ich hab das nicht verstanden – wirklich nicht. Sind 'Se mir nicht böse!
Polizei: Nein, bin ich nicht.
Oma: Wo war das denn?
Polizei: Überall!
Oma: Überall?
Polizei: Ja! ... Und das war in Neuss!
Oma: Bitte?
Polizei: Das Gewitter war in Neuss!
Oma: Nass?
Polizei: Neuss!
Oma: Ist denn viel passiert?
Polizei: Nein!
Oma: Viel passiert? (lauter)

Polizei: NEIN!
Oma: Nein?
Polizei: NEIN!
Oma: Nein – ja. Entschuldigen Sie, ich bin 99 Jahre.
Polizei: JA!
Oma: Und ich hab eine Tochter in Düsseldorf …
Polizei: Ja!
Oma: in Neuss wohnen …
Polizei: Ja!
Oma: … und ich hab noch nichts gehört!
Polizei: Da war nichts!
Oma: Was?
Polizei: In Neuss war nichts!
Oma: Da war es?
Polizei: NEIN!!! (brüllt in's Telefon)
Oma: Nein?
Polizei: NEIN!!!
Oma: In Neuss!
Polizei: KEIN GEWITTER!!!
Oma: Gewitter!
Polizei: NEIN!!!
Oma: War da das Gewitter?
Polizei: NEIN!
Oma: Nein?
Polizei: NEIN (fängt an zu lachen)
Oma: Ich hab kein Wort verstanden! Ich hab mich extra an die Polizei gewandt, damit ich 'ne Antwort krieg.
Polizei: JA! (brüllt) DA WAR KEIN GEWITTER!
Oma: Wa – bitte?
Polizei: DA WAR KEIN GEWITTER!
Oma: Gewitter? Wo?
Polizei: (Lacht nur noch)
Oma: Hier?
Polizei: NEIN!!!! (legt auf) tut – tut – tut – tut – tut

***

Ein Mann sitzt im Zug und kaut schweigend an seinem Kaugummi. Ältere Dame gegenüber: „Junger Mann, es ist ja sehr freundlich von Ihnen, mir so viel zu erzählen! Leider bin ich völlig taub."

***

„Mein Honorar beträgt 400 Euro", sagt der Arzt zu dem alten Herren vor ihm. „700 Euro?", fragt der schwerhörige Patient. „Nein, 600 Euro", brüllt der Arzt zurück.

***

Die Stewardess verteilt im Flugzeug Kaugummi. „Das ist gut für die Ohren." Älterer Herr nach einigen Stunden: „Können Sie mir mal sagen, wie man das Zeug wieder aus den Ohren herausbekommt?"

***

Oma im Sanitärhaus: „Ich hätte gern einen Nachttopf." – „Gern, groß oder klein?", fragt die Verkäuferin. „Für beides!", erwidert Oma.

Die Zähne

Die Zähne sind uns eine Qual
beim Kommen, Gehen allzumal.

Bei Kindern, wenn sie sind ein Jahr,
sind meistens schon die ersten da.
Eh alle Zähnchen sind geschossen,
ist manche Träne wohl geflossen.

Man wird ermahnt, sie stets zu putzen,
das käm den Beißerchen zu Nutzen.
Doch grad beim ersten Schulbeginn,
da sind die vorderen schon hin.

Und ist man in der Pubertät,
die neue Reihe Zähne steht.
Die müssen jetzt bis achtzig reichen.
Man esse nie Bonbons, die weichen,
man kaue stets nur hartes Brot
und Süßes nur in Hungersnot.
Auch Äpfel, Möhren, nur mit Schalen,
damit die Zähne tüchtig mahlen.
Nie Heißes und gleich Kaltes drauf,
denn davon platzt der Zahnschmelz auf.

Wir kennen diese Mahnung gut
und sind darum auch auf der Hut.
Doch alles Putzen und Polieren,
fast hundert Zahnpasten probieren,
die in der Werbung uns verheißen:
„Mit achtzig in den Apfel beißen!"
Und: „Kinder schrei'n in einem fort:
‚Mutti! Er hat nicht gebohrt!'"
Das sind für mich doch Märchen bloß.
Denn einmal wird das Loch doch groß,

das sich, wer weiß, durch welche Tücken,
gewühlt hat in des Zahnes Lücken.
Und damit fängt das Drama an!

Zuerst mans noch ertragen kann.
Der Schmerz ist dann noch ein ganz leiser.
Es wäre klüger und viel weiser,
sich jetzt zum Zahnarzt zu begeben,
der diesen Schaden kann beheben.
Doch nein, der Schmerz hört wieder auf.
Das Loch, das nehmen wir in Kauf.
Es wird gefüllt mit Schweinebraten,
Kartoffeln, Obst, Rohkostsalaten
und was der Mensch so alles isst.

Er dann sein Loch sehr bald vergisst,
bis eines Tages, in der Nacht,
er plötzlich aus dem Schlaf erwacht
und sich vor Schmerz im Bette dreht.
Er morgens gleich zum Zahnarzt geht.
Doch dieser zieht die Stirne kraus:
„Der Zahn muss leider, leider raus."
Da sitzen wir wie angeklebt.
Der Stuhl schon in die Höhe schwebt.
Doch mit zwei Spritzen und 'nem Ruck,
wer mutig ist, sagt keinen Muck,
sind wir den ersten Zahn dann los.
Die Trauer ist zwar riesengroß,
doch allen anderen im Munde
schlägt eines Tages auch die Stunde.

Bis um die vierzig oder drüber
vielleicht fünf Zähne sind noch über.
Die fünf sind dann die großen Stützen,
an denen falsche Zähne sitzen,
die uns're eigenen ersetzen.

Jetzt lernt man erst die Zähne schätzen;
denn wackeln tun sie oft, die neuen,
wie würde man sich kindlich freuen,
wenn man mit achtzig, wie verheißen,
noch könnte in den Apfel beißen!
Und doch gibt es so manche Sachen,
die ich mir werd zu eigen machen,
wenn ich die dritten Zähne hab,
die mir die Krankenkasse gab.

Ich werde Eis mit ihnen kauen.
Das darf ich mich jetzt nämlich trauen.
Zur Weihnachtszeit mal Nüsse knacken
und sie mit viel Genuss zerhacken.

Wenn dabei geht mal was entzwei,
dann ist mir das ganz einerlei;
denn ohne Schmerz wird repariert,
ein neues Kauwerk anprobiert.

Drum macht euch nicht zu große Sorgen,
was heute sein wird oder morgen.
Der Idealfall ganz allein,
der könnte nur ein Wunder sein,
wenn Kinder in den Babybetten
gleich ihre dritten Zähne hätten.

Hexis neues Gebiss!

Eine wahre Geschichte

Meine Großmutter hatte immer Probleme mit ihren Zähnen und musste viele schmerzhafte Zahnbehandlungen über sich ergehen lassen. Sie bekam schon in jungen Jahren ihre „dritten" Zähne, konnte sich aber mit diesen nicht so recht anfreunden.

Sie trug daher ihren Zahnersatz meistens in der Schürzentasche oder legte ihn irgendwo in der Wohnung hin. Nur an Fest- und Feiertagen und wenn sie eingeladen wurde, landete das Gebiss meiner Oma in ihrem Mund. Meine Oma wurde oft von uns gescholten und musste sich immer wieder anhören: „Oma, die Zähne gehören in den Mund und nicht in die Schürzentasche." Sie entgegnete uns: „Was soll ich tun, wenn die dritten Zähne drücken und mein Zahnfleisch geschwollen ist?" Widerspruch war zwecklos.

Eines Tages, irgendwann im Frühjahr, machte meine Oma gerade ihren Frühjahrsputz und war dabei, die Gardinen im Wohnzimmer zu wechseln. Sie stand auf der Leiter und wollte die neu gewaschenen Gardinen aufhängen. Ihr Gebiss war wie immer nicht im Mund, sondern lag auf dem Wohnzimmertisch.

Meine Oma hatte zu dieser Zeit gerade einen jungen Hund bekommen, der erst einige Wochen alt und noch sehr verspielt war. Der kleine Hund hörte auf den Namen „Hexi". Hexi lag brav in seinem Körbchen und schlief. Meine Oma konnte in Ruhe ihrer Arbeit nachgehen und musste keine Sorge haben, dass der kleine Hund etwas anstellt. Plötzlich wurde Hexi munter und begann, sich für das Gebiss meiner Oma zu interessieren, das auf dem Wohnzimmertisch lag. Zuerst beschnupperte er die Zähne, und dann nahm er sie in sein Maul und wollte das Wohnzimmer verlassen.

Meine Oma drehte sich kurz auf der Leiter um, um zu sehen, ob Hexi noch schlief. Keineswegs, der Hund rannte schon durch die Wohnzimmertür hinaus – mit Omas Gebiss im Maul! Oma sprang von der Leiter herunter und rannte hinter dem Hund her.

Hexi rannte wie vom Blitz getroffen Richtung Garten und Oma mit lautem Geschrei hinterher: „Hexi, Hexi, bleib steh'n, du missratener Köter."

Der Hund kümmerte sich nicht um sein Frauchen und marschierte schnurstracks in den Garten, wo er freudig und schwanzwedelnd mit seiner „Beute" herumlief. Oma war schon ganz außer Atem und lief mit erhobenen Händen hinter dem Hund her und schrie abermals aus Leibeskräften: „Hexi, Hexi, bleib stehn, du missratener Köter; wenn ich dich erwische, dann gnade dir Gott."

Der Hund machte sich nichts aus dem Geschrei seines Frauchens und lief mit Omas Gebiss im Maul kreuz und quer durch den Garten. Endlich hatte Hexi den richtigen Platz im Garten gefunden, wo er die Zähne vergraben konnte. Er begann gerade, das Loch auszugraben, da hatte ihn Oma endlich erwischt und ihm die Zähne weggenommen. Hexi war ganz traurig, weil er seine Beute hergeben musste und zog sich beleidigt in sein Körbchen zurück. Oma war es eine heilsame Lehre. Sie ließ ihre Zähne nie mehr irgendwo liegen, sondern nahm sie nun öfters in den eigenen Mund.

Bruder Florian Winkelhofer, Zisterzienserorden

„Fischen im Trüben – wie eine besamte Kuh Oma zu ihrem Gebiss verhalf"

Auch dies ist eine Geschichte, die sich wirklich zugetragen hat.

Ich möchte aber im Vorwege meine Arbeit etwas erläutern: Als Angestellter einer Besamungsgenossenschaft, bei der ich 39 Jahre tätig war, wurde ich bis 8 Uhr morgens von den Landwirten angerufen, um anschließend die anstehenden Rinderbesamungen durchzuführen. Den hierfür notwendigen Bullensamen von 120 verschiedenen Vätern hatte ich tiefgefroren in einem mit flüssigem Stickstoff gefüllten Behälter im Kofferraum meines Autos.

Nun wurde ich eines Tages von einer Landwirtin angerufen, um auf deren Hof eine Kuh zu besamen. Dort angekommen, ging ich um das Gebäude herum und meldete mich. Durch das Türengeklapper wurden die Tiere im Stall auf mich aufmerksam, und ein ohrenbetäubendes Gebrüll setzte ein. Ich fragte die Bäuerin nach dem Grund dieser ungewöhnlichen Unruhe. Sie antwortete: „Wir haben Pech gehabt, bei uns ist gestern die gesamte Wasserversorgung ausgefallen, und die Kühe haben schon über 20 Stunden kein Wasser mehr bekommen. Der Monteur will aber bald kommen. Sie dürfen sich heute nicht schmutzig machen, denn wir haben auch kein Wasser mehr zum Waschen." – „Ich versuche, sauber zu bleiben", sagte ich.

An dem Stallgang zeigte sie mir die dritte Kuh auf der linken Seite und ging dann in ihre Küche zurück. Ich holte aus meinem Auto Pipette, Karteikarte und Plastikhandschuh, entnahm eine Samenportion aus dem Tiefkühlbehälter, taute diese in dem 38° warmen Thermosbehälter auf und zog die nun wieder zum Leben erweckten Spermien mithilfe einer Spritze in die Pipette. Über den an diesem Morgen auch noch nicht weggeräumten Mist gelangte ich hinter die Kuh. Mit der rechten Hand hob ich den Schwanz und führte die mit dem Plastikhandschuh bekleidete Linke in den After der Kuh ein, um den Mastdarm zu entleeren. Das ist notwendig zur Durchführung einer Besamung. Durch das Ausräumen des Kotes hatte sich in dem armlangen Handschuh unbemerkt eine Luftblase oberhalb des Handrückens gebildet. Diese wurde bei der weiteren Arbeit immer strammer. Plötzlich sagte es: „Peng!", und die Blase platzte.

Durch das Loch kam Kot in den Handschuh. Aber Weitermachen war angesagt. Schließlich war das Tier erfolgreich besamt, und beim Abstreifen des Handschuhs erblickte ich die Bescherung. Mein Arm war bis oben hin voller Kot. Was nun?

Mit schmutzigem Arm und ebenso dreckigen Stiefeln ging ich zur Küche und berichtete der Bäuerin von meinem Missgeschick. „Ach", sagte sie, „ich habe in der Ecke vom Kuhstallgang noch eine Schüssel mit Wasser stehen. Da haben Oma und ich uns heute Morgen schon drin gewaschen. Damit müssen Sie vorliebnehmen."

Also ging ich zum genannten Platz. Eine riesengroße, tiefe Schüssel stand in einem Dreibock – auf halber Höhe mit einer Seifenschale darunter – wie sie früher auf den Höfen die Knechte benutzten. Das Wasser war natürlich nicht mehr sauber. Es schwammen schon Fettaugen darauf, aber es war die einzige Möglichkeit, Arm und Stiefel wieder ein bisschen sauber zu bekommen. So begann ich, mit der rechten Hand Wasser über den linken Arm zu werfen. Dadurch geriet das Wasser in der Schüssel in Bewegung. Trotz des Lärms im Stall hörte ich darin ein merkwürdiges Geräusch und bemerkte, dass irgendetwas am Boden der Schüssel schrapte. Ich wurde neugierig und ging der Sache im wahrsten Sinne des Wortes auf den Grund. Vorsichtig tastete ich mit der rechten Hand den Boden der Schüssel ab und wurde fündig. In der Hand hielt ich ein Gebiss. Damit eilte ich dann wiederum zur Küche, klopfte und meldete mich zum dritten Mal. Als die Bäuerin öffnete, rief ich: „Ich habe etwas gefunden!“, und hielt ihr den Fund entgegen. Sie war hocherfreut und jubelte: „Das hat unsere Oma schon den ganzen Morgen gesucht, ich bin ihnen ja so dankbar!“

Helmut Steenbuck

***

Ein alter Mann macht Urlaub auf dem Bauernhof. Unglücklicherweise geschieht ihm da ein Missgeschick, und sein Gebiss fällt ihm in das Plumpsklo. Er fragt den Bauern, was man da machen könne, der Zahnersatz war schließlich nicht ganz billig. Nach einigem Hin und Her lässt sich der Bauer überreden, entfernt den Deckel über der Grube, und der Mann steigt hinunter und begibt sich auf die Suche. Nach einer Weile ruft der Bauer von oben: „Und, haben Sie’s gefunden?“ Ruft der alte Mann von unten zurück: „Nee, noch nicht. Hab schon zwei Stück probiert, aber keines von denen hat mir gepasst.“

Oma, der Papa kriegt jetzt auch neue Zähne

„Oma, der Papa kriegt jetzt auch neue Zähne. Er sagt, das ist so teuer, da können wir in den nächsten Jahren nicht mehr verreisen." „ Dann bekommt er aber sicher kein Gebiss, sondern Implantate." „Weiß ich nicht. Oma, erzähl mir noch mal die Geschichte mit dem Gebiss." „Schatz, die hab ich dir nun schon so oft erzählt." „Och bitte, Omilein, das ist so lustig!" „Also gut. Welche denn?" „Alle." „ Ne, alle, das ist zu viel, in einer halben Stunde musst du nach Hause." „ Dann fang doch mit irgendeiner an."

„Also, die Mutter von der Tante Renate, wenn die in der Küche kochte oder spülte, zog sie immer einen Küchenkittel an. In dem Küchenkittel war eine Tasche, und in die steckte sie immer, wenn sie alleine war, ihr unteres Gebiss. Einmal brachte sie die Kittel in die Wäscherei, denn damals hatte nicht jeder eine Waschmaschine. Zu Hause merkte sie plötzlich, dass ihre unteren Zähne nicht da saßen, wo sie hingehörten. Die waren jetzt in der Wäscherei in einem der Küchenkittel. Oh, wie peinlich. Aber im gleichen Moment klingelte das Telefon: ‚Hallo, hier Wäscherei Müller. Frau Stempel, wir haben wieder Ihre Zähne in dem Kittel jefunden. Schicken Se mal dat Renatchen vorbei. Oder sollen wir die Zäng mitwaschen???'

Die Mutter von der Tante Renate hatte einen kleinen Hund. Purzel hieß der. Einmal sagt die Mutter von der Renate: ‚Guck doch mal, watt hat denn der Purzel da für'n kleines rosa Knöchelchen?'"

„Super, Oma. Und jetzt die Geschichte mit dir." „O. k., dann ist aber Schluss, dein Bus fährt in zehn Minuten."

„An einem Morgen finde ich meine unteren Zähne nicht. Sie liegen nicht am Bett neben meinem Buch. Sie liegen nicht im Bad am Waschbecken. Sie liegen nicht auf dem Couchtisch neben dem Sofa. Aber ich hatte auch gar nicht ferngesehen. Und sie liegen auch nicht neben dem Computer. Vielleicht in der Tasche im Bademantel.

Auch nicht. Panik. Wie war das gestern Abend??? Ein wundervoller sternenklarer Himmel hier in Köln. Balkon! Vielleicht ein

Glas Wein zu viel? Die Zähne vielleicht auf dem Balkon? Auf dem Mini-Tischchen liegt ein umgekipptes Glas. Der sternenklaren Nacht waren ein dickes Gewitter und Sturm gefolgt. Herr im Himmel. Die Zähne vielleicht in der Regenrinne? Oder sind sie geflogen? Ein Blick auf das Flachdach drei Stockwerke tiefer. Da leuchten sie rosa und ganz klein. Wie peinlich. Hier im Haus halten mich alle eh für ein wenig daneben. Vielleicht sollte ich zum nächsten Zahnarzt rennen und um eine neue untere Brücke bitten. Aber dann wird der fragen, wo die alte ist. Auf dem Flachdach unter mir, was für eine Antwort. Soll ich einfach in Zukunft ohne leben?? Geht doch auch. Aber wie wird das Rainer fühlen, wenn er mich küssen will?? Ich kann aber auch nicht zu den Schreiners unten gehen und sagen, bitte leihen sie mir mal ihre Leiter, meine Zähne liegen auf ihrem Dach.

Da fällt mir ein, deren Leiter steht unten im Hof. Ich kann leise heute Nacht auf das Dach klettern und mir meine Zähne ganz unbemerkt holen. Es ist Sommer. Die Nächte fangen an dem Tag nie an. Aber dann, so gegen 0 Uhr, ist es dunkel, und über dem Viertel liegt der sanfte Mantel einer verschlafenen Ruhe. Die Leiter reicht bis kurz unter das Flachdach. Von meiner Enkelin habe ich mir am Tag eine Taschenlampe ausgeliehen. Um im Dunkeln in heller Kleidung nicht aufzufallen, habe ich meine ganzen schwarzen Klamotten angezogen, die ich im Kleiderschrank finden konnte. Auch die schwarze Mütze mit dem Sehschlitz und den schwarzen Federn vom vorigen Karnevalsfest. Leider hakt irgendwie der schwarze Samtrock an einem der Nägel im Holz der Leiter. Ich verfehle die nächste Sprosse, rutsche aus, die Leiter gerät ins Wanken, und mit lautem Geschäpper kippt sie um. Sie fällt auf das Fahrrad, das an der Mauer lehnt. Ich hab mir den Knöchel verstaucht und höre aus dem Fenster schräg neben mir die Stimme von Frau Schreiners: ‚Manni, da ist jemand draußen.' Manni guckte aus dem Schlafzimmer und schrie: ‚Ruf die Polizei, hier ist ein Überfall.' Ich versuchte, fluchtartig durch die Kellertür in meine Wohnung zu flüchten. Aber Manni war schon draußen. Der griff mich in einem Würgegriff und sprudelte: ‚Dir werd ich es zeigen, du Spanner.' Ich versuchte zu röcheln: ‚Herr Schrei-

Bastian Klamke

ners, ich bin's, mein Gebiss ist mir ...' Aber da war schon die Polizei im Flur. Ihr folgte ein Sonderkommando, weil nebenan eine Schule ist. Danach wurde ich in Merheim eingewiesen. In der Klinik wurde ich freundlich von einem Psychologen gefragt, was mir passiert sei. Och, sagte ich, mir sind meine Zähne auf ein Flachdach gefallen. Der Psychologe meinte, das könne jedem passieren, das sei nicht so schlimm, in solchen Fällen könnte ich vertrauensvoll die Nachbarn um Hilfe bitten. Um das zu lernen, solle ich nun ein paar Monate bleiben. Auf Station zwei."

Es gibt viel zu lernen.
Bis die Tage
Johanna

Johanna Gathmann

Beim letzten Wohnungsbrand war Franz Angriffstruppführer des Löschzuges. Es galt, eine alte Dame zu retten, die schreiend auf dem Balkon stand. Franz also die Leiter hoch bis in das dritte Obergeschoss. Er nimmt die Oma auf den Arm und sagt: „So, Oma, jetzt musst du aber noch einen Moment die Zähne zusammenbeißen!“ – „Oh“, murmelt sie, „da muss ich wohl doch noch mal rein. Die liegen nämlich auf dem Nachttisch.“

***

In der Straßenbahn hält eine Frau ein schreiendes Baby im Arm. Ein älterer Herr neben ihr rückt ein Stück weg und meint: „Na, es wird doch nicht krank sein? Hinterher steckt es mich noch an!“ „Das könnte nicht schaden“, meint die Mutter trocken, „es bekommt nämlich Zähne ...“

***

Petra schaut interessiert zu, wie die Oma ihr Gebiss reinigt. Schließlich fragt sie neugierig: „Sag mal, Oma, kann man dich noch weiter auseinandernehmen?“

***

Als mein Cousin Daniel und wir bei meiner Oma Weihnachten gefeiert haben, ist meiner Oma etwas schief gelaufen, und sie hat gesagt, dass sie sich vor Ärger in den Hintern beißen könnte! Daniel meinte darauf: „Dann mach das doch, du kannst deine Zähne doch rausnehmen!“

***

Geht eine Frau zum Einkaufen und zieht unterwegs ihr Taschentuch heraus. Dabei fällt eine eingewickelte Zahnprothese auf den Boden. Ruft ein Herr hinter ihr: „Hallo, gnädige Frau, Sie haben Ihr Gebiss verloren.“ Verschmitzt antwortet diese: „Danke schön, aber das ist nicht meines, es gehört meinem Mann. Ich hab's zur Sicherheit mitgenommen, damit er nicht heimlich den teuren Schinken vernascht, den ich für unsere Gäste gekauft habe."

***

Opa Meyer und Opa Müller treffen sich. Sagt Opa Meyer: „Mensch, ich hab verdammt schlecht geschlafen wegen meines Zahnwehs." Sagt Opa Müller: „Kann mir nicht passieren, ich und meine Zähne schlafen getrennt."

***

Heini putzt sich auffällig ausgiebig die Zähne. Schließlich meint er: „Das mach ich so lange, bis sie so golden sind wie die von meinem Opa."

***

„Oma, Oma, unser Baby klappert mit den Zähnen!", ruft Lieschen ganz aufgeregt. „Unsinn, Kind! Das Baby hat doch noch gar keine Zähne!" – „Aber Oma, es klappert mit deinen!"

***

Oma zu Opa: „Wenn heute der Gerichtsvollzieher kommt, zeigst du ihm hoffentlich die Zähne." „Lieber nicht", antwortet Opa, „sonst nimmt er die auch noch mit."

***

Ein Kapuzinerpater malt einem hartgesottenen Sünder die Schrecken der Höllenstrafen in den schauerlichsten Farben aus und schließt mit den Worten: „Da wird sein Heulen und Zähneklappern unter jenen, die nicht wohlgetan haben auf Erden!" – „Ich hab schon lange keine Zähne mehr", sagt der alte Mann unerschüttert. Da donnert ihn der Pater an: „Verlassen Sie sich drauf: Für Zähne wird gesorgt!"

***

Zwei Rentner sitzen auf einer Bank im Park. Kommt eine kesse, gut gewachsene Blondine vorbei. Sagt der eine Rentner zum anderen: „Otto, pfeif mal für mich. Ich habe mein Gebiss vergessen!"

***

Ein älteres Ehepaar sitzt gemütlich im Kino. Mitten im Film krabbelt die Frau auf dem Boden herum und sucht anscheinend etwas. „Was suchst du denn da?", fragt der Mann. „Meinen Bonbon." „Lass ihn doch liegen, ich gebe dir einen neuen." „Geht nicht. Da hängt doch noch mein Gebiss dran."

Herr Pingelich fährt sein Auto beim TÜV vor: „Wo ist denn Ihr Tacho?“, fragt der Prüfer. „Ausgerechnet den brauche ich nicht!“ „Aha, und woran wollen Sie dann erkennen, wie schnell Sie fahren?“ – „Ganz einfach: am Klappern. Bei 30 klappert die linke Tür, bei 40 die rechte, bei 50 der Auspuff, bei 60 der Kofferraumdeckel, bei 70 die Motorhaube und bei 80 meine Frau mit den Zähnen!“

***

Eine wahre Geschichte aus dem Gerichtssaal, in dem man sich natürlich immer das Lachen verkneifen muss: Eine alte Frau mit nur ein paar Zähnen stand vor dem Richtertisch und nuschelte fürchterlich. Ein Kollege und ich waren mit der Schriftführung betraut: Plötzlich flüsterte mein Kollege, ich glaube, es ist aus „Des Sängers Fluch“:

„Nur eine stolze Säule zeugt von vergang’ner Pracht,
auch diese schon geborsten, kann stürzen über Nacht.“

Ich habe mir das Revers meiner Jacke fast durchgebissen, um nicht laut loszuprusten.

***

Wirklich passiert: Eine 87-jährige rüstige Dame wundert sich darüber, dass die Leute sie immer wieder fragen, ob ihre Zähne immer noch die eigenen seien: „Ja, glauben die vielleicht, dass ich mir so hässliche Zähne extra anfertigen lassen würde?“

***

Ein älterer Gewerkschaftsfunktionär benötigt einen Herzschrittmacher. Der Arzt fragt: „Einen roten oder einen schwarzen?“ Der Patient: „Natürlich einen roten.“ Der Gewerkschafter nach der Operation zum Arzt: „Man sieht doch von außen gar nicht, ob rot oder schwarz. Was ist denn der Unterschied?“ Der Arzt: „Der rote arbeitet nur 35 Stunden in der Woche.“

Trost für den Herren, der langsam älter wird:
„Ärgern Sie sich nicht, wenn Ihnen die Haare ausfallen. Stellen Sie sich vor, sie müssten gezogen werden wie Zähne."

Spruch in einem Friseursalon

***

Ein alter Mann mit wenig Haaren fragt den Friseur: „Können Sie mein Haar bitte locken?" – „Versuchen kann ich es schon, aber ob es herauskommt ...?"

***

Das Hausmädchen stolpert beim Servieren und gießt dem Gast versehentlich die Vanillesoße auf die Glatze. Entsetzt hält die Tischgesellschaft den Atem an. Da dreht sich der Gast verständnisvoll zu dem verstörten Mädchen um und fragt: „Meinen Sie wirklich, dass das helfen könnte?"

***

Der Vater schaut in den Spiegel und sagt wütend zu seinem kleinen Sohn: „Siehst du, Max: Immer wenn du dich daneben benimmst, bekommt Papa ein neues graues Haar!" Gelassen entgegnet der Spross: „Ach, darum hat Großvater so viele graue Haare!"

***

Gott hat deine Haare auf dem Kopf gezählt, können wir in Lukas 12, Vers 7 lesen. Bei manchen Männern ist er da schnell fertig ...

De Brill

De Oma kraasselt unters Bett
Mang Schlorren und Gemill,
Und wo se sonst noch kraasseln kann:
De Oma sucht de Brill!

Se is nich hintre Fensterlad,
Nich inne Flickerzich,
Auch hinten inne Bibel drin,
Da liegt se diesmal nich.

Nich inne Fupp, nich inne Röhr,
Nich aufem Blumentopp,
Nu weiß se bald kein Stellche nich
Und kratzt sich aufem Kopp.

Se simmeliert: „Im Futteral
Steckt ich ihr auch nich rein,
Wie morgens kam de Zeitung an.
Wo meeg die Krät bloß sein?“

Se hat doch keine Klischen nich,
Dass se wo rennen kann.
Das is all heit das zwölfte Mal,
Was fängt e Mensch bloß an?

Wenn ich ihr bloß zergrabbeln könnd,
Denn soll se kommen mir,
Ich bind ihr anne Hundsbud an
Und lern foorts bellen ihr.

Denn is zu End de Sucherei,
Vorbei das Rumgeklau,
Wenn ich ihr denn bloß rufen tu,
Denn macht se foorts „wau-wau!“

De Oma sucht, de Oma schimpft,
Se is all rein verrickt,
Der Kardelche, ihr Enkelsohn,
Der Gnubbel steht und kickt.

Mit eins grient er de Oma an,
Bis solang war er still:
„Wenn du ihr so nich finden kannst,
Denn such doch mitte Brill!“

Rietz, hat er all e Mutzkopp weg,
De Oma kennt kein Spaß!
Da plinst er los: „De Brill – de Brill,
Die huckt – auf deine Nas!“

***

Kommt Oma zum Optiker und erklärt: „Ich möchte gerne eine Brille kaufen.“ – „Weitsichtig oder kurzsichtig?“ – „Nein, bitte d u r c h s i c h t i g !“

***

Der Fernsehmechaniker wird von Oma Meier an der Haustüre abgefangen: „Tut mir Leid, dass Sie umsonst gekommen sind, das Gerät ist heil … Mein Mann und ich hatten bloß unsere Brillen vertauscht …“

***

„Wie furchtbar, taubstumm zu sein“, sagt eine alte Dame, und wirft dem Bettler 10 Cent in den Hut. Darauf der Bettler: „Blind war viel schlimmer, da bekam ich nur Hosenknöpfe!“

Die Augenoperation

Do sogt amol de Nochbarin:
„Ih seh nix mehr, de Augn san hin.
Kenn auf da Straßn, auf der andern Seitn drübn,
de Leut nur noch an ihrer Stimm.
Seh nur vaschwommen Schemen ziehn,
kann net erkennen, wer des is,
und wer mi da so freundli griaßt."

A paor Tag später triff ih s' wieder.
„Wissn S'", sogt sie, „des is zwider,
lesn kann ih nimmermehr,
und gfährlich is im Stodtvakehr.
Kommt a Auto wo daher,
ih bemerk 's erst ganz auf d' Letzt.
Und erst de Ampeln – wia vahext –
ob rot, ob grün, ganz einerlei,
vo jedn Liachtl blinkn drei.
Des vawirrt, des is net schön.
Frau Nachbar, können S' mi vastehn?"

„Jo, freilich", sog ih, „des is schlimm.
Gehn S' zu an Augendoktor hin,
da müsst a Hilf doch möglich sein."
„War ih schon!", tuat sie pariern.
„Und da Doktor redt ma ein,
er könnt des ganz guad operiern."

A Zeitl später kommt sie g'rennt.
„Frau Nochbar", sogt s' und klatscht in d' Händ.
„Ih sog Ihna – ih kann 's net glaubn –
des Leben scheint mia wia a Traum!
Was ih jetzt alles sehen kann:
jeds Bleamerl und an jedn Baum,
erkenn de Leut von weitn schon,

brauch net amol a Brilln trogn –
wia wenn a Wunder gschehn mir wär!“

Zögernd, a Zeiterl hinterher:
„Do wia in Spiegl g’schaut ih hob,
da bin ih echt erschrockn.
Dass ih scho so viel Faltn hob,
des haut mi aus de Sockn.
De weißn Haar, de Altersfleckn,
am liabstn tat ih mi vasteckn.
Insofern wär ’s manchmal schön,
net alles so genau zu sehn!“

Ingrid Höttinger

Loblied auf ein praktisches Gerät

Liebe Leute, stellt euch vor,
ich habe einen Rollator!
Zwei Griffe zum Halten,
vier Räder zum Fahren.
So kann man gut schalten
und Balance bewahren!
Damit ich nicht so rasen kann,
sind auch noch zwei Bremsen dran.
Und bin ich mal müde,
so kann ich auch sitzen,
da bin ich nicht prüde
und komm nicht ins Schwitzen.
Und muss ich etwas transportieren,
brauch ich nicht zu resignieren,
denn eine Tasche häng ich dran,
in die man vieles stecken kann.
So laufe ich aufrecht, frank und frei,
und mein Rollator ist immer dabei.

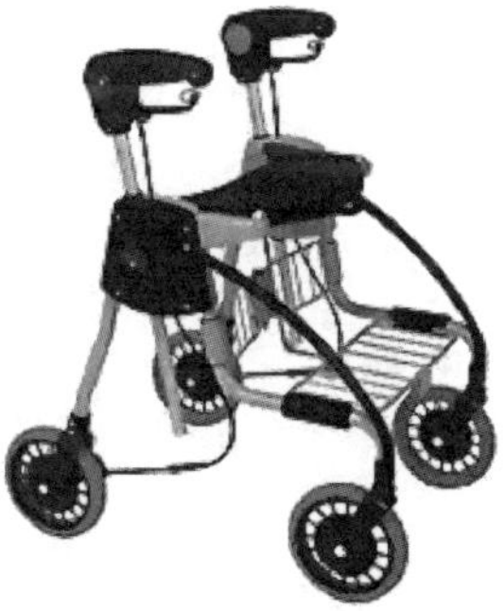

Der offene Himmel über mir
macht große Freude dir und mir.
Dem raffinierten Erfinder sei Lob und Dank,
denn die Alten laufen wieder ganz ohne Bang.
Voll Vertrauen denke ich, ich fahr
noch hoffnungsvoll fröhlich durchs ganze Jahr!

Elisabeth Kleinhans

***

Wenn man mich fragt, wie es mir gehe
und wie's mit der Gesundheit stehe,
so sage ich mit frohem Mut:
„Danke, gut." –
Es wurde mancher Mediziner
erfolgreich an mir zum Verdiener.
Zuerst mal waren es die Augen,
die nicht so recht mehr wollten taugen.
Dann spürte ich nach kurzer Zeit:
Du läufst ja nicht mehr allzu weit!
Und ein Geheimnis war zu lüften,
woher die Schmerzen in den Hüften?
Ein Orthopäd von hoher Kunst,
hat mir die linke flott verhunzt.
Ein steifes Knie, ein kurzes Bein,
bracht' mir die Unternehmung ein.
Dann ging die rechte Hüft entzwei.
In Hamburg machte man sie neu
und baute nach der Anamnese
gleich 'ne vernünftige Prothese.
Nun will das Hören nicht gelingen.
Ich hör die Vöglein nicht mehr singen.
Der Ohrenarzt weiß guten Rat
und kommt mit einem Apparat,
setzt mir ein Knöpfchen in das Ohr.
Schwups! Hör ich – lauter als zuvor.

Der Zahnarzt hat sein Teil getan,
dass beißen ich – und lachen kann.
Erst war's 'ne Krone, dann die Brücke.
Er tauschte aus mir Stück um Stücke.
Drum sagt man mir trotz aller Falten:
„Du hast dich wunderbar gehalten."
So wird der Mensch zu guter Letzt
von Kunst und Technik ganz durchsetzt.
Sogar ein Herz ersetzt man dreist,
doch nie die Seele und den Geist.
Drum fragt mich einer, wie's mir gehe
und wie's mit der Gesundheit stehe,
dann sagt mein Ich mit frohem Mut:
„Danke, gut!"

Gefunden im Nachlass einer immer frohen und ausgeglichenen Altenheimbewohnerin

***

VIII. Von Autobahnen, Verkehrsampeln und gefährdeten Joggern

Ein Mercedes mit zwei Rentnerpaaren an Bord zuckelt mit 40 km/h über die deutsche Autobahn. Sie werden von einer Polizeistreife angehalten. „Sind wir zu schnell?", fragt der Fahrer. „Nein, wieso fahren Sie nur 40?" – „Ja, darf man denn schneller fahren?" Der Polizist meint: „Nun, so 100 wären schon o. k." Da entgegnet der Rentner: „Aber an den blauen Tafeln steht ‚A 42', also fahre ich 42 km/h. Der Gesetzeshüter lacht: „Das ist nur die Autobahn-Bezeichnung, erlaubt sind hier 130 km/h." Da sieht der Polizist auf der Rückbank zwei Damen, zitternd und mit weit aufgerissenen Augen. Er fragt den Fahrer: „Was fehlt denn den Zweien da hinten?" – „Nichts, die sind erst so verstört, seit wir auf der B 251 gefahren sind!"

***

Eine Bergstraße ist als 30er-Zone gekennzeichnet. Ein Fahrer wird bei einer Geschwindigkeitskontrolle unten angehalten. Der Polizist fährt den Fahrer an: „Sind Sie wahnsinnig – fahren den Berg mit siebzig runter?" Darauf der Verkehrssünder: „Da brauchen's Ihnen nix denken – des is bloß der Hut, der mich so alt macht …"

***

An der Ampel ist der Kleinwagen einer alten Dame liegen geblieben. Der Motor ist abgesoffen. Die Ampel zeigt Grün, dann Gelb, dann Rot, schließlich wieder Grün. Da der Wagen den Verkehr aufhält, tritt ein Polizist heran und klopft an die Scheibe der Fahrertür. Sie öffnet das Fenster, woraufhin er fragt: „Nun, gnädige Frau, haben wir denn gar keine Farbe dabei, die Ihren Geschmack trifft?"

Eine alte Dame fragt einen Polizisten an der Ampel: „Würden Sie mir bitte über die Kreuzung helfen?“ – „Gern“, erwidert der, „sobald die Ampel auf Grün steht.“ Darauf die Oma leicht erbost: „Na ja, bei Grün kann ich's auch allein!“

***

„Sie sind nicht geeignet, einen Pkw zu führen“, verkündet der Verkehrsrichter das Urteil über die alte Frau Humburg. „Sie haben in der vergangenen Woche drei Jogger überfahren!“ – „Ach“, meint die alte Dame, „und wie viele darf man maximal?“

***

Der Verkehrspolizist zu der schon etwas betagten Autofahrerin: „Wissen Sie denn nicht, dass ein Kind erst ab zwölf auf dem Beifahrersitz mitfahren darf?“ – „Ach seien Sie doch nicht so pingelig“, sagt die Frau und guckt auf die Uhr, „wegen der paar Minuten!“

***

Oma Erna verpasst den Bus und muss mit dem Taxi in die Stadt fahren. Es ist Hauptverkehrszeit, der Taxifahrer muss oft anhalten, betätigt entsprechend oft den Schalthebel. Sagt Oma Erna: „Hören Se mal, konzentrieren Sie sich mal besser auf den Verkehr. Ich rühre so lange im Benzin!“

***

„Ist Ihr Auto schon oft überholt worden?“, fragt der Werkstattbesitzer die alte Autofahrerin. „Ja, sogar schon von Fußgängern!“

Ein Anruf bei der Bahnpolizei. Anrufer: „Auf dem Bahndamm liegt ein Gleis!“ Polizist: „Na, das wollen wir doch mal hoffen!“ 15 Minuten später der gleiche Anrufer: „Auf dem Bahndamm liegt ein Gleis, kommen Sie schnell!“ Polizist: „Nerven Sie nicht rum, es ist doch alles in Ordnung!“ Wieder 15 Minuten später: „Wälen Sie bloß gekommen, el wäle noch zu letten gewesen. Jetzt haben sie den alten Mann totgefahlen!“

***

Ein älteres Fräulein kommt zum Taxi gelaufen, reißt die Beifahrertür auf und lässt sich schwer atmend ins Polster sinken. Der Taxifahrer sieht sie gelassen an. „Fahren Sie doch endlich los mit Ihrer Schrottkiste!“, giftet sie ihn an. Da lächelt der Fahrer freundlich zurück und sagt: „O. k., nur müssen Sie mir vorher sagen, wo ich den Schrott abladen soll!“

***

Bei einer Verkehrskontrolle prüft der Polizist die Reifen und sagt zu der älteren Dame am Steuer: „Wissen Sie, dass Sie ein ganz mieses Profil haben?“ „Na“, faucht sie zurück, „so eine Schönheit sind Sie nun auch wieder nicht!“

***

Eine Dame übersieht die rote Ampel, bekommt aber mit, dass ein Polizist sie dabei beobachtet hat. Sie hält rechts an, kurbelt das Fenster herunter und ruft: „Hallo, Herr Wachtmeister! Zahlen bitte!“

IX. Großeltern und die Jugend: Von Enkeln, Teenagern, Schlaubergern und Halbstarken

Oh Oma, kümm bloß bald noh Huus

Opa hüllt datt nee lang mehr utt,
un Oma is in Eckernföör!

Son lütte Deern vun veer, fief Johr
will allens weeten, is doch klor.
Se fragt dat Hemd di ut de Büx,
doch wer nicht fragt, de lehrnt ok nix.
Se fragt un plagt
un plagt un fragt
un bringt ok bi Gelegenheit
ehr Öllern in Verlegenheit.

Nu leggt se wedder op der Luur,
ehr Opa weer hüüt an de Tuur.
„Du, Opa", seggt se, „weißt du was?
Im Kindergarten, Susi Lass,
die weiß schon alles, das ist wahr,
sie wird ja auch schon bald sechs Jahr,
sie sagt, wenn man Tabletten nimmt,
sagt sie, sie weiß das ganz bestimmt,
dann muss man keine Kinder kriegen.
Sie sagt, sie tut bestimmt nicht lügen,
sie sagt, sie weiß das ganz genau,
denn so was weiß doch jede Frau.
Du, Opa, ist das wirklich wahr?
So ganz ist mir das noch nicht klar."

Süh so, nu hebbt wi dat Mallöör,
un Oma is in Eckernföör
ton Kaffeeklatsch bi Herta Kohrt.
Wat is dat överhaupt förn Oort,
dor sitt se nu to ehr Pläsier
un bruukt ward se so nödig hier!

„Doch doch", seggt Opa, „ das ist richtig,
aber doch jetzt nicht grad so wichtig.
Das kannst du Oma nachher fragen,
die wird dir das schon alles sagen."
„Du, Opa", seggt se, „das ist gut,
dass es so etwas geben tut."
Un maakt son wichdiges Gesicht:
„Denn Kinder haben will ich nicht,
was soll ich mit son lüttes Göör" –
un dormit weer se ut de Döör.

Opa is platt, hett keen Rezept.
„Wat Kinner doch för Grabben hebbt."
Nee doch, denkt he, is dat en Göör –
Un Oma is in Eckernföör!

Dat duurt ooch nich lang, dat is doch klor,
dor weer de Lütt al wedder dor.
„Du, Opa", seggt se, „sag mir nun,
was soll ich jetzt denn aber tun?
Kannst du nicht nach Tablettten gucken,
denn Platz ist da ja schon, hier kuuck!",
un wiest op ehren lütten Buuk.

O Gott, O Gott, wat förn Mallöör,
un Oma is in Eckernföör!
„Da brauchst du dich jetzt nicht um quälen,
das wird dir Oma schon erzählen.
Die sagt dir das schon ganz genau,

du weißt doch, so von Frau zu Frau.
Nun geh man noch ein bisschen raus,
bis Oma endlich kommt nach Haus.
He opent ehr noch schnell de Döör,
käm Oma bloots bald vun Eckernföör!

Dat duurt nich lang, dat is doch klor,
dor weer de Lütt all weder dor,
„Du, Opa“, seggt se, „die Tabletten,
wenn wir so welche bei uns hätten,
dann könnt ich doch mal daran lecken
und ausprobieren, wie die schmecken.
Doch eins, das kann ich jetzt schon sagen,
da brauch ich gar nicht Oma fragen,
wenn die Tabletten eklich sind,
dann will ich lieber doch ein Kind.“

Das Lebkuchenherz

Vor der Bude vom Zuckerbäcker stand ein Opa
mit seinem Enkel an der Hand.
Klein Fritze bekam nach vielem Suchen
ein großes Herz aus Honigkuchen.
Zuckerguss war drüber geglättet,
mit Perlen und Plätzchen eingebettet.

Nun gingen der Opa und Fritze die Runde,
es dauerte schon eine ganze Stunde.
Da sagte Klein Fritze – du Opa –
ich muss mal – ganz klein.
Darauf sagte Opa – der Gute:
Komm jetzt hier hinter die Bude.
Ich bleibe dichte vor dir stehn,
da kannste – und keiner kann dich sehn.

Fest in der Hand den Honigkuchen,
tat Fritzchen nun nach den Knöpfchen suchen.
Der kalte Wind pfiff ihm um die Ohren,
die Fingerchen waren ganz blau gefroren.

Und deshalb traf auch einige Mal
den Honigkuchen er mit seinem Strahl.
Der kleine Fritze merkte es gleich.
Opa – mein schönes Herze wird weich.

Da ging dann der Opa – der Gute –
mit Fritze zurück an die Bude
und stillte seinen großen Schmerz
mit einem zweiten Honigkuchen-Herz.

Nun hatte er zwei Herzen, und es war ihm klar,
dass eines davon nicht so ganz in Ordnung war.
Fritze wollte den Opa entscheiden lassen.
Opa – was machen wir nun mit dem Nassen?
Der Opa wusste auch hier in der Tat
gleich wieder einen guten Rat.

Weeßt mien Jung, dat mokt wi so,
dat schenkste der Oma,
die stippt sowieso!

***

Kurtchen geht mit Mama ins Kaufhaus. Als sie in einer langen Schlange vor der Käsetheke stehen, ruft Kurtchen: „Du, Mama, ich muss mal pinkeln!“ – „Aber Kurtchen“, sagt Mama gedämpft, „so was sagt man nicht! Sag lieber ‚ich muss mal singen‘, dann weiß ich, was los ist.“ Am Wochenende ist Kurtchen bei Oma zu Besuch. Abends darf er bei Oma im Bett schlafen. Oma liest ihm noch eine Geschichte vor. Da unterbricht Kurtchen und sagt: „Du, Oma, ich muss mal singen!“ – „Aber Kurtchen“, sagt Oma,

„das geht jetzt nicht, wir wollen doch schlafen!" – „Oma, ich muss aber ganz dringend mal singen", beharrt Kurtchen. „Na gut", lenkt Oma ein, „dann sing mir etwas ganz leise ins Ohr."

Aus der Praxis eines Großvaters

Es ist nun fast ein Jahr her, dass man mich zum Großvater erhob. Großvater zu sein ist nicht nur ein simpler Verwandtschaftsgrad, sondern so eine Art Ritterschlag, für den man zwar nichts kann, dem man aber verpflichtet ist, wenn man diesen Posten ernst nimmt. Nicht jeder Großvater ist so. Meiner zum Beispiel war eine reine Respektsperson, völlig unnahbar, der morgens um Punkt 11 Uhr (vorher hatte er auf seine Taschenuhr mit Klappdeckel geblickt) im Lehnstuhl einen rotbackigen Apfel scheibchenweise verzehrte. Wehe, ein Enkelkind hätte gewagt, um eines der Apfelstücke nachzufragen. Es wäre mahnend in den Keller verwiesen worden, wo genügend dieser Äpfel lagerten.

Diese autoritäre Verhaltensweise kann sich ein Großvater der Neuzeit nicht mehr erlauben, und faules Herumsitzen im Lehnstuhl geht schon gar nicht. Dafür sorgt die Familie, die ihren Opa auf seine Leistungsfähigkeit hin beobachtet. Was kann er denn noch so? Was sollte man ihm noch zutrauen? Ist er noch lernfähig, und auf welchen Gebieten braucht man es erst gar nicht mehr zu versuchen?

Wie man aus nachfolgend beschriebenen Tätigkeiten schließen könnte, habe ich offensichtlich meine Probezeit nach nunmehr einem Jahr bestanden. So halte ich beim Tragen des Kindes den Kopf nach Vorschrift und weiß, dass man seine Augen nicht der grellen Sonne aussetzt. Auch erkenne ich frühzeitig, wann das Kind nach dem Schnuller verlangt. Das Umbinden eines Lätzchens mit der richtigen Seite nach oben beherrsche ich aus dem Effeff. Auch würde mir die eigenhändige Fütterung des Enkels gelingen, die man mir jedoch aus unerfindlichen Gründen bislang verwehrt hat. Die sich anschließende Prozedur, dem Kind das berühmte „Bäuerchen" zu entlocken, gelingt mir auf Anhieb. Mein Geruchssinn, durch den Genuss von Rotwein im Alter besonders entwickelt, wird innerhalb der Familie hoch gelobt. Er versetzt mich in die Lage, volle Windeln als Erster zu wittern und deren Beseitigung eigenhändig auszuführen.

Aber auch anspruchsvolleren Aufgaben fühle ich mich mittlerweile gewachsen. Da wäre z. B. die Handhabung eines modernen Kinderwagens. Während zu meiner Zeit dieses Beförderungsmittel für Kleinkinder aus einem Chassis mit vier Rädern, einem Bügel zum Schieben oder Ziehen und einem korbähnlichen Gehäuse bestand, welches sich in Ausnahmefällen auch für den Transport von Kartoffel- oder Kohlesäcken eignete, ist der Kinderwagen dieser Tage ein hoch technisches Konstrukt (neusprachlich Hightec-Konstruktion). Es läuft auf Breitwandfelgen mit einem Chassis aus hochwertigem, nicht rostendem Material, mit kompakter Federung und einem fein gepolsterten Design-Gehäuse in Cabrio-Ausführung, das mittels eines ausgetüftelten Gestänges mit verschiedensten Zugvorrichtungen komplett zusammengeklappt und wieder aufgeklappt werden kann.

Nun zeigt sich die wahre Qualität eines gut trainierten Großvaters, der das lückenlose Funktionieren seiner Sinne nochmals unter Beweis stellen muss. Wenn er nämlich bei den kurzen Einweisungen der Kindesmutter in die technischen Abläufe des Auf- und Zusammenklappens nicht genau aufgepasst hat, steht er in der täglichen Praxis vor massiven Problemen, die ihm keiner abnimmt. Selbst diplomierte Ingenieure schaffen das nicht mit links. Was ist denn, wenn man bei einem plötzlichen Regenguss das Kind gerade noch trocken in den Autokindersitz Marke „Maxi Cosi" verfrachtet hat, aber das Zusammenfalten des verdammten Kinderwagens nicht klappt? Apropos: Autokindersitz. Als ich den kürzlich falsch montierte, gab's von der Mutter einen Rüffel.

Moral: Selbst als Opa lernst du niemals aus!

Dirk Ibbeken

Enkel verursachen Mangelernährung

Mediziner schlagen Alarm: Jährlich sterben Tausende alter Menschen, weil sie nicht ausreichend ernährt wurden. Ein Verdacht macht die Runde. Angeblich leidet eine Vielzahl älterer Menschen unter Mangelernährung. Was ist dran an diesem Verdacht?

Ich vermute, die Fußballweltmeisterschaft in diesem Jahr. Denn meine Enkel sammeln von einer bekannten Firma Punkte, die es beim Kauf bestimmter Produkte gibt. Wenn sie 60 Punkte zusammen haben, bekommen sie einen original handsignierten DFB-Fußball.

Klar, dass zuerst an alle Großeltern eine E-Mail verschickt wird, welche Produkte die höchste Punktzahl haben. Da wären Nougatcreme, Schokoküsschen, Eier mit Plastikteilen als Überraschung und eine Müsliart.

Auf meine Rückantwort „So etwas esse ich überhaupt nicht", kommt eine enttäuschte Meldung: „Aber du isst doch auch Süßigkeiten." – „Ja, richtig Jungens, belgische Pralinen, gerne auch Krokant in Williams-Christ-Birne oder Weinbrandbohnen." – Ihre Enttäuschung ist grenzenlos. Aber dann schlagen sie äußerst gemein zurück. „Oma Bayern hat schon 16 Punkte für uns gesammelt." So, jetzt arbeiten sie mit Konkurrenzdruck, von wem das die lieben Kleinen haben? Ich maile pikiert zurück: „Oma Bayern hat auch noch einen Opa Bayern und außerdem einen gefräßigen Dackel." Aber es hilft alles nichts, mein Ehrgeiz ist erwacht.

Es wird eingekauft: Statt Honig zum Frühstück also Nougatcreme, Müsli und Schokoküsschen.

Mühselig trenne ich die Punkte von Gläsern und Papier, schneide sie aus und klebe sie auf eine Sammelkarte. Triumphierend rufe ich meine Enkel an, schließlich habe ich es nun auf 24 Punkte gebracht. Zu früh gefreut, der Punktestand in Bayern ist schon wieder gestiegen, weil der Opa entdeckt hat, auf eine bestimmte Sorte Bier gibt es jeweils einen Punkt. Man muss nur den Kronenverschluss sammeln. Eigentlich trinke ich ja jeden Abend genussvoll mein Glas Rotwein. Was soll's, spüle ich eben Nougatcreme und Schokoküsschen abends mit Bier hinunter. Die strahlenden Augen der Enkel sind Dank genug.

Aber mein Arzttermin!

Nach der Untersuchung schaut der Doktor mich besorgt an. „Ihr Cholesterinspiegel ist viel zu hoch, der Blutdruck ebenfalls, von Ihrem erhöhten Gewicht ganz zu schweigen.“ Dann wird er sehr ernst. „Ihre Leberwerte gefallen mir gar nicht. Was ist los mit Ihnen? Bewegen Sie sich mehr, essen Sie mehr Obst und Gemüse, vor allen Dingen lassen Sie den Alkohol weg.“

Ich werde rot, schweige aber eisern. Muss mir auch noch seinen Vortrag über Mangelernährung im Alter anhören. Er hat ja so Recht, aber mein Arzt ist noch jung, wenn er irgendwann mal Opa wird, erkläre ich es ihm. Doch bis dahin bleibt es ein Geheimnis zwischen Enkel und Großeltern. Und nun ist die WM zum Glück zu Ende.

Dorothea Stehkämper

Die Briefträger

Die Oma machte es sich in ihrem Sessel am Fenster bequem, zog eine altertümliche Kiste heran, schloss sie auf und entnahm ihr ein Bündel Briefe. Ihre beiden Enkelsöhnchen spielten am anderen Ende der Stube mit einer großen Pappschachtel. Albert, der ältere, hatte durch deren Stirnseite zwei Löcher gebohrt, durch diese eine Schnur gefädelt und vorn zusammengebunden; damit war der schönste „Lastwagen“ fertiggestellt. Er wurde beladen, entladen und von Frieder, dem jüngeren, unter mächtigem Tuten und Töff-Töff auf der „Autobahn“ hin und her chauffiert.

Bei ihrer Lektüre errötete die Oma zuweilen, dann lachte sie, schüttelte den Kopf, und plötzlich musste sie sich schnäuzen. „Warum weinst du, Oma?“, fragte der mitleidige Chauffeur Frieder, der schon seit einer Weile unbemerkt von der Oma neben ihrer Kiste „geparkt“ hatte. „Das ist nur der dumme Schnupfen!“, sagte die Oma, wischte das verräterische Nass von den Wangen, lachte gleich darauf sehr laut und zwinkerte dem kleinen Mann lustig zu.

Albert rief: „Chauffeur, wo trödeln Sie denn herum?" „Ich komme schon!", antwortete Frieder mit männlich rauer Stimme. „Ich musste hier den Wagen laden und nach dem Rechten sehen ...!" Damit ratterte der Lastwagen in Richtung „Garage" ab, und Oma konnte wieder ein Bündel aufschnüren und fortfahren mit ihrer Reise durch schon so lang dahingeschwundene Zeiten.

Die Buben wollten auf die Gasse gehen. „Bleibt aber in der Nähe!", mahnte die Oma. „Und keinen Zank mit den Nachbarskindern!" „Nee!", sagte Albert überlegen. „Das Auto nehmen wir mit ..." „Es ist nämlich jetzt unser Postauto geworden", erklärte Frieder. Damit schloss sich die Tür hinter den beiden.

Nach einer guten Stunde kamen sie hochbefriedigt zurück. Großmutter schloss ihre Schatzkiste ab und sauste das halbe Jahrhundert, da sie ein junges, verliebtes Ding und voller köstlicher Spannung auf die Abenteuer des Lebens gewesen war, zurück in ihre Gegenwart als Oma.

„Habt ihr keinen Streit gehabt mit den anderen?", fragte sie. „Nee. Die waren ausnahmsweise mal alle furchtbar nett", sagte Albert. „Wir haben nämlich ‚Post' gespielt, und sie waren Hilfsbriefträger." „In jeden Briefkasten haben wir einen Brief gesteckt", erzählte Frieder, und Albert ergänzte: „Nur manches Mal zwei."

„Großartig", sagte Oma. „‚Post' spielen ist mächtig fein, nicht? Wenn ich jung wäre, wisst ihr, was ich dann werden wollte?" „Eine Oma hoffentlich", sagte Frieder. „Das auch, aber erst viel später. Zuerst wollte ich Briefträger werden. Man kann nämlich nicht genug Briefe bekommen in seinem Leben ..." Damit schloss die Oma das Fach auf, in dem sie die Schokolade verwahrte, und brach für jeden der wackeren Postboten – weil sie doch so schön gespielt hatten – einen Happen ab.

Als die Oma am anderen Tage mit den Buben spazieren ging, fiel ihr auf, dass die Nachbarn eine Ecke ihres Vorhangs beiseite schoben und lächelten. Warum auch nicht?, dachte sie. Zwei so niedliche Kavaliere zur Seite – der eine trug ihre Handtasche, der andere den Stock –, das musste die Leute doch heiter stimmen.

Dann begegneten sie Herrn und Frau Classmann. Wie immer sagten sie sich freundnachbarliche Worte. Insbesondere waren es die Enkelsöhne, die den angenehmsten Stoff zu liebenswürdigen Bemerkungen lieferten. Frau Classmann indessen schien das anfänglich gespendete Lob etwas abschwächen zu wollen; sie sagte: „Zuweilen machen Kinder doch richtige Streiche. Finden Sie nicht auch?"

„Dafür sind sie Kinder!", lachte die Oma. „Man muss immer daran denken, man war auch einmal nicht nur jung, man war sogar einmal ein Kind." „Solange sie einen nicht in Verlegenheit bringen mit ihrem Unverstand …", gab Frau Classmann zu bedenken. „Kann ich mir gar nicht denken", lachte die Oma. „Sofern keine Bosheit hinter einem Bubenstreich steckt, wäre ich die Erste, die darüber lacht."

„Wirklich?", fragte Frau Classmann in einem Ton des Zweifels, den die Oma nicht dulden konnte. Ihre gestrige Reise ins Paradies der Jugend wirkte noch nach. Sie war sichtlich übermütig, als sie fortfuhr: „Leider werden die beiden da mir einen solchen Spaß gar nicht machen. Ich habe sie ständig unter den Augen. So können sie nicht anders als Musterknaben sein, solange sie bei mir sind. Ein bisschen langweilig, wie …?", fragte sie an. „Schade, ja!", lachte nun Herr Classmann schallend, und Frau Classmann lachte auch. Am meisten aber lachte die Oma, die nun den beiden „Musterknaben", die mit Tasche und Stock vorausgegangen waren, nacheilte.

Als sie vom Spaziergang zurückgekehrt waren, klingelte es an der Haustür. Es war Herr Classmann. „Was verschafft mir das Vergnügen, Herr Nachbar?", fragte die Oma heiter. „Sie haben versprochen, dass sie die Erste wären, die über einen gelungenen Streich ihrer Nachkommenschaft lachen würden … Bitte!" Damit zog Herr Classmann ein paar Bündel von den Oma äußerst wohlbekannten Briefen aus der weiten Tasche seines Mantels, Briefe, die die Nachbarn unter Gelächter ihren Briefkästen entnommen und die sie Herrn Classmann zur Rückgabe an die Eigentümerin übergeben hatten.

„Aber das sind ja ... sind ja ...“, sagte die Oma mit ungläubig weit geöffneten Augen. „Sehr richtig, das sind ja ...“, lächelte Herr Classmann. „Sie sehen, selbst Musterknaben gelingt zuweilen ein famoser Streich!“

Anna Haag

***

Wir hatten Besuch und gingen gemeinsam mit meinen drei Enkelkindern spazieren. Wir kamen durch den Milchhof, wo die Tür des Kuhstalls offen stand. Die Kleinste, etwa vier Jahre alt, hatte zuvor noch nie lebende Kühe gesehen. Sie war natürlich hell begeistert und musste unbedingt in diese Stallung, um die Kühe zu betrachten, was sie dann auch ausgiebig tat. Ich erklärte ihr dann unter anderem, dass das Kühe sind, die Milch geben, damit sie morgens ihren Kakao trinken kann. Nach langem Hin und Her fuhr ihr auch noch eine Kuh mit ihrer riesigen Zunge über das Gesicht, was ihr aber nicht viel auszumachen schien. Endlich brachte ich sie aus dem Kuhstall wieder heraus, und wir spazierten weiter. Es war ein Weilchen still, und dann kam von ihr der Spruch: „Die braunen Kühe, die mag ich besonders.“ Ich fragte sie verwundert: „Wieso die braunen?“ Sie erklärte mir: „Na ja, das sind die, wo ich meinen Kakao krieg.“ Ich fragte ganz nichtsahnend: „Und was ist mir den Schwarzen?“ Daraufhin antwortete sie mir: „Ja, die schwarzen Kühe mag ich später mal, wenn ich Kaffee trinken darf.“

***

„Damals in Alaska“, erzählt Opa, „wurde ich von acht Wölfen angefallen.“ Der Enkel staunt. „Letztes Jahr waren es nur drei.“ „Damals warst du ja auch noch zu jung, um die ganze Wahrheit zu erfahren!“

Opa geht mit seinem Enkel spazieren. Als dieser Durst verspürt, verspricht Opa, beim nächsten Gasthaus einzukehren. Dort entwickelt sich folgendes Gespräch: „Opa, wie ist es, wenn man einen Rausch hat?" – „Oh, das ist schlimm, und erst am andern Tag, oh ja, und wenn dann auch noch die Omi schimpft." – „Ja, wie merkt man denn, dass man einen Rausch bekommt oder schon hat?" – „Siehst du dort drüben an dem runden Tisch die zwei Herren, wenn du vier sitzen siehst, dann hast du einen Rausch." – „Opa, komm, trink aus, wir gehen, dort sitzt nur EINER!"

Eselsbrücken – Gedächtnisstützen

Erinnern Sie sich noch an das bequeme Hilfsmittel während der Schulzeit? Wir haben Eselsbrücken benutzt, selbst oder von den Lehrern gebaut, und oft war damit eine Klassenarbeit gerettet. Unsere damals noch sehr strengen und konservativen Lehrer vertraten die Ansicht: „Eselsbrücken sind besser als der beste Spickzettel." – Wie wahr, kein lästiges Kramen in Taschen, Hosen, Etuis etc. – und das Beste – kein Erwischen.

Erinnern Sie sich?

„333 – bei Issos Keilerei." (Gemeint ist: Alexander der Große schlug 333 vor Chr. bei Issos den Perserkönig Darius.)

Oder die Reihenfolge der Planeten unseres Sonnensystems: **M**ein **V**ater **E**rklärt **M**ir **J**eden **S**onntag **U**nsere **N**eun **P**laneten – natürlich – Merkur, Venus, Erde, Mars, Jupiter, Saturn, Uranus, Neptun und Pluto sind es.

Und für die Ostfriesischen Inseln gilt: **W**elcher **S**eemann **L**iegt **B**ei **N**anni **I**m **B**ett? (Wangerooge, Spiekeroog, Langeoog, Baltrum, Norderney, Juist, Borkum)

Ich war neugierig, welche Eselsbrücken die Schüler heute benutzen. Deshalb fragte ich einige Schüler, die mir auf der Morgenstraße begegneten, danach.

„Eselsbrücken, nee – was ist denn das? Nie gehört!" Ich war enttäuscht und fragte am Abend meine Enkel, die das siebte und

neunte Schuljahr besuchen. Resonanz: „*Oma, lieb von dir, aber du musst das so sehen, die Eselsbrücken müssten wir doch auch erst lernen, und die Sache mit den Spickzetteln haben wir voll im Griff. Außerdem, deine Eselsbrücken haben wir auch so intus, sind doch voll easy. – Aber trotzdem, die mit dem Seemann, die gib mal her, die ist voll krass, damit kann ich vielleicht die anderen noch schocken.*“ – „*Na und wie wär's mit: Wer nämlich mit ‚h' schreibt, ist dämlich?*“, fragte ich das aufgeweckte Mädchen. „*Brauch ich nicht, und überhaupt, weißt du, wie man nämlich nach der neuen Rechtschreibung schreibt?*“ Sie hatte gewonnen, und ich verschwieg ihr, mit welcher Regel ich mich durch die Diktate gemogelt habe, nämlich: „*Nimm diese Regel mit ins Bett, nach ei, au, eu steht nie tz.*“ Oder: „*Gar nicht wird gar nicht zusammen geschrieben.*“ Doch Vorsicht, gilt das auch nach der neuen Rechtschreibung? Für die Mathematik gilt aber weiterhin die Regel: „*Differenzen und Summen kürzen nur die Dummen.*“

„*Erst das Wasser, dann die Säure, sonst geschieht das Ungeheure*“ war stets ein Muss im Chemiesaal. Aber wie meinte Debby, alles easy. Trotzdem hatte unser Lehrer Recht, als er uns versprach: „*Selbst nach Jahrzehnten werdet ihr Eselsbrücken nicht vergessen.*“ Und was hatte sie da noch gesagt, Eselsbrücken lernen – glatte Ausrede, eigentlich sind sie richtige „Ohrwürmer“, oder? Wie steht es im Lexikon? „*Bequemes Hilfsmittel für Träge und Einfältige.*“

Text: Gisela Lehmann; Zeichnung: Klaus Pfauter

Groß- und Kleinschreibung: Der Opa macht mit seinem Enkel Hausaufgaben und kapituliert angesichts der neuen Rechtschreibreform. Früher, ja früher war das alles besser. Da gab es in Sachen Groß- und Kleinschreibung nur eine ganz einfache Regel: Alles was man anfassen kann, wird groß geschrieben, und alles was man nicht anfassen kann, klein. Der Opa erklärt diese Regel seinem Enkel an folgendem Beispiel:
„Die Oma sitzt Hintern ofen."
„Oma" kannst du anfassen – also groß,
„sitzt" kannst du nicht anfassen – also klein,
einen „Hintern" kannst du immer anfassen, also groß
und ein „Ofen" ist zu heiß – den kannst du nicht anfassen, also klein!

***

Die Großmutter liest Ramona ein Märchen vor: „… und die Königin gebar dem König einen Sohn!" Da fragt Ramona: „Du, Oma, was heißt ‚gebar'?" Die Großmutter ist etwas altmodisch, wird rot und beginnt zu stottern. „Ja … Ramona, gebar … heißt … ‚schenken'." Kurze Zeit später schreibt Ramona in einem Aufsatz über das Thema Geburtstag: „Zu meinem Geburtstag gebar mir Oma einen Kanarienvogel."

***

Es ist schönes Wetter. Jonas (9 Jahre) möchte ein Feuer machen, weiß aber nicht so recht wie: „Wie muss ich denn die Äste aufstapeln, damit das auch richtig brennt?" Seine Mutter: „Am besten, du fragst heute den Opa, wenn der gleich kommt, der kann dir das dann ja erklären." Darauf Jonas: „Oh ja, der freut sich ja immer, wenn der was zu erklären hat."

* meine oma hat noch dinosaurier gekannt.
* omas geben keine milch mehr.
* oma ist der kostbarste teil der familie, die hat schon altertumswert.
* oma ist so dick, weil sie so voller liebe steckt.
* ich habe keine oma mehr, die haben sie schon in den friedhof gepflanzt.
* Wenn oma zahnschmerzen hat, legt sie ihre zähne einfach ins glas.
* mein opa ist am kopf barfuß.
* mein opa hat keinen beruf, der ist einfach nur opa.
* je älter ein mensch wird, desto teurer werden seine zähne.
* schön, dass oma und opa zusammen im grab liegen, da können sie sich wenigstens mal unterhalten.
* mein opa spielt in der blaskapelle eine echte trombose.
* als mein dreirad kaputt war, hat mein opa es opariert.

***

Sabrina marschiert jeden Morgen brav in den Kindergarten, auch als Oma für ein paar Tage zu Besuch kommt. Dies ist eine hochgewachsene, schlanke und noch sehr rüstige Dame. Großmama trennt sich nur ungern von ihrem Liebling, und so sagt sie am nächsten Morgen im Scherz: „Weißt du, Bienchen, am liebsten würde ich mit dir in den Kindergarten gehen; dann könnten wir den ganzen Tag zusammen sein." – „Das geht nicht, Oma", wehrt Sabrina entschieden ab. „Warum denn nicht?", will die alte Dame wissen. „Die Klos sind für dich viel zu niedrig."

***

Was sind Rassehunde? Wenn dem Hund sein Opa auch schon ein Hund war.

Die Kindergartengruppe war zu einem Besuch im Altenheim. Hinterher im Stuhlkreis fragt die Erzieherin: „Was glaubt ihr, warum die alten Menschen im Heim leben müssen?“ Leonie (5) weiß es: „Ja, weil sie sich nicht mehr selbst entsorgen können!“

***

Wenn der liebe Gott auch das Wetter macht, bringt er oft etwas durcheinander. Ich kenne das von meinem Opa, und Gott ist ja auch noch viel älter. Deshalb stimmt auch der Wetterbericht oft nicht.

***

Patrick (3) ist bei Oma und Opa zu Besuch. Patrick sitzt bei Opa in dessen „Männerzimmer“ und schaut sich alles an, was da so herumsteht: Zinnsoldaten, Elefantensammlung, Pfeifensammlung, Faxgerät, Zinnkrüge und noch vieles andere mehr. „Opa, wieso hast du so viele Rauchen?“ – „Ich sammle sie, die heißen aber Pfeifen und nicht Rauchen!“ Daraufhin Patrick „Und wann pfeifst du mal wieder eine?“

***

„Weil du so brav bist, darfst du dir aus der Tüte eine Hand voll Bonbons nehmen“, sagt Opa Fritz zu seinem kleinen Enkel. „Opa, kannst du sie mir nicht rausnehmen“, bittet der Enkel. „Du bist wohl zu schüchtern?“, fragt der Opa. „Nee, Opa. Aber deine Hand ist größer!“

***

Wahre Geschichte – kein Witz! Meine Schwägerin ist eine sehr gute Köchin. Ihr kleiner Enkel kam zu Besuch, fragte, was es zu essen geben wird. Oma antwortete: „Fisch und Pommes!“ Da stellte sich der kleine Knirps vor sie hin und sagte: „Gerade von dir hätte ich mir etwas anderes und Besseres erwartet.“

Meine Tochter Sabine, gerade 5 Jahre alt, plaudert mit ihrer Oma. Die Oma ist eine religiöse Frau und will Sabine erklären, wenn man brav betet, kann man die Himmelsleiter hinaufsteigen, und so kommt man dem lieben Gott immer näher. Auf einmal fragt Sabine die Oma: „Oma, wie weit oben bist du schon? Nachdem du so viel betest, müsstest du ja schon beim lieben Gott oben sein." Wir schauten uns alle ganz verblüfft an. Mit so einer Frage hat keiner gerechnet, aber so sind die Kinder.

Unser Freund Horst ist ein rüstiger Uropa Mitte 70. Gerne spielt er mit seinem dreijährigen Urenkel. Eines Tages hält er ihn auf seinem Schoß, und die beiden unterhalten sich. Der Kleine guckt sich interessiert Opas Glatze an und sagt: „Weißt du, Opa, ich habe schon alle Haare und darf in den Kindergarten gehen!" Und tröstend fügte er hinzu: „Wenn dir auch alle Haare gewachsen sind, darfst du bestimmt auch in den Kindergarten kommen!"

***

Opa Erwin geht mit Enkel Kurtchen (8 Jahre alt) und dessen Freund Fritzchen in den Zoo. Als sie bei den Störchen ankommen, erklärt Opa: „Seht mal her, das sind die Tiere, die eure Geschwister gebracht haben!" Da meint Kurtchen zu Fritzchen: „Sollen wir ihn aufklären oder lieber doof sterben lassen?"

***

Die Oma zur Enkelin: „Du darfst dir zu Weihnachten von mir ein schönes Buch wünschen!" – „Fein, dann wünsche ich mir dein Sparbuch."

Die Oma fragt Paul, was er sich zu Ostern wünscht. Darauf meint er: „Drillinge." Die Oma ist sehr erstaunt und fragt: „Wie kommst du denn darauf? Wolltest du nicht ein neues Computerspiel haben?" – „Doch, aber ich muss schließlich an meine Rente denken."

***

Oma macht sich fertig, um mit dem Rad wegzufahren. Fragt klein Erna: „Wo fährst du denn hin?" – „Zum Friedhof, mein Kind." – „Und wer bringt das Rad wieder nach Hause?"

***

Die kleine Gabi will sich ihr Gesicht nicht waschen. „Als ich klein war, habe ich mir mein Gesicht jeden Tag dreimal gewaschen", sagt die Oma. – Daraufhin Gabi: „Nun guck mal, Oma, wie du heute aussiehst!"

***

Die kleine Jutta macht mit ihrer Familie Urlaub auf dem Bauernhof von deren Großeltern. Am Abend sieht Jutta, wie die Bäuerin ein Huhn rupft. Sie fragt: „Omi, ziehst du die Hühner nachts immer aus?"

***

Opa Erwin, der etwas schwerhörig geworden ist, liest Enkel Kurtchen eine Gutenachtgeschichte vor. Nach einer Weile sagt Kurtchen: „Du, Opa, kannst du nicht leiser vorlesen, ich kann sonst nicht einschlafen!"

***

Die Lehrerin zum kleinen Patrick: „Immer, wenn wir eine Klassenarbeit schreiben, bist du nicht da, weil deine Oma krank ist.

Was soll ich dir eigentlich noch glauben?" – Antwortet Patrick: „Ja, Frau Lehrerin, wir hatten auch schon mal den Verdacht, dass Oma uns etwas vormacht."

***

„Mama, kannst du mir 1 Euro für einen alten Mann geben?" Mutter ist gerührt. „Du bist aber lieb, Kurti. Wo ist denn der alte Mann?" – „Er steht vor dem Supermarkt und verkauft Softeis."

***

Oma Lotti hat Besuch von ihrem Enkel Karlchen. „Weißt du, Oma", sagt Karlchen, „ich glaube, ich kriege bald ein Brüderchen." – „Wie kommst du da drauf?", fragt Oma Lotti. „Ist doch klar, Oma", sagt Karlchen. „Neulich, als Mama krank war und ins Krankenhaus musste, bekam ich ein Schwesterchen. Und nun ist Papa krank und muss ins Krankenhaus."

***

„Omi ist ein Schiff, Omi ist ein Schiff", kichert und gluckst der kleine Manuel. Die Großmutter hört das und will natürlich von ihrem Enkelkind wissen, wie er eigentlich auf die Idee kommt, sie sei ein Schiff. „Omilein, du bist ein Schiff, verstehst du? Ich hab schließlich ganz genau gehört, wie der Papa zur Mama gesagt hat: Jetzt ist der alte Dampfer schon wieder da!"

***

Von der Tante Clementine weiß man, dass sie sehr alt und sehr reich ist, aber auch sehr geizig. Als sie wieder einmal zu Besuch kommt, sagt Moritz: „Du, Tante, sei so nett und steh auf, ich muss mal was schauen!" – „Warum denn das?", fragt die Tante verwundert. – „Weil der Papa immer sagt, dass du auf deinem Geld sitzt!"

Die Schwiegermutter ist auf Besuch. Plötzlich beginnt die kleine Doris am Kleid ihrer Oma zu lecken. Diese sagt: „Hör auf, was soll das?“ Daraufhin antwortet Doris: „Mami hat recht, dass das Kleid vollkommen geschmacklos ist!“

***

Der Opa und sein Enkel machen eine Wanderung durch die Berge, als sie von einem heftigen Gewitter überrascht werden. Sie flüchten sich in die nächste Schutzhütte, wo es kalt und klamm ist. Der Opa sagt zum Enkel: „Ich räume hier mal etwas auf und richte alles her, geh du schon mal den Ofen anmachen.“ Der Enkel geht zum Ofen und fängt an zu pöbeln: „Ey, du blöder Ofen, jetzt geh mal endlich an hier, sonst gibt es was auf’n Deckel, ey …“ Der Opa ruft entsetzt: „Was machst du denn da?! Du sollst den Ofen nicht ‚anmachen‘, sondern anfeuern!“ Und der Enkel steht vor dem Ofen und brüllt: „O-fen! O-fen!! O-fen!“

***

Ein Junge prahlt: „Mein Opa ist Pastor, alle sagen Hochwürden zu ihm.“ Ein anderer Junge daraufhin: „Mein Opa ist Kardinal, alle sagen Eminenz zu ihm.“ Da sagt Franz: „Mein Opa wiegt 200 Kilo, und wenn der auf die Straße geht, sagen alle: Allmächtiger Gott!“

***

„Mutti, ich geh nie mehr zur Oma. Die hatte nix an.“ „Was, nix an?“ „Nee.“ „Warum das denn?“ „Weiß auch nicht.“ „Wirklich nix an?“ „Nein, kein Fernsehen, kein Radio, nix.“

***

Weil der Großvater ihm das gewünschte Spielzeugauto nicht gekauft hatte, hat ein dreijähriger Knirps auf eigenwillige Weise seinen Opa in arge Verlegenheit gebracht. Der Streit zwischen dem Kind und dem alten Herrn auf der Straße rief eine Passantin auf den Plan. Während der Mann ihr erklärte, der Großvater des Jungen zu sein, bestritt das Kind jede Beziehung. Die Frau benachrichtigte daraufhin die Polizei. Selbst bei der Polizei blieb das Kind bei seiner Behauptung, es kenne den Mann nicht. Erst die herbeigerufene Mutter konnte die Familienverhältnisse klären.

***

Im Bürgerbus (Bürbussi) saß eine Oma mit ihren zwei Enkelkindern (5 und 8 Jahre alt). Im Bus wurde ein offensichtlich schon vor dem Einstieg begonnenes Gespräch fortgesetzt. Die Jüngere soll demnächst in die Schule kommen und wurde von ihrer ältesten Schwester (12 Jahre, nicht im Bus) wohl in letzte Zeit immer wieder mit dem Lernen des Alphabetes belästigt. Es ging um „runde" Buchstaben. „Oma! Du heißt doch Oma. Da ist doch ein O drin." „Ja", erwiderte die Oma. „Und das O ist rund. Bist du auch rund?" Die eher wenig rundliche Oma bejahte dennoch diese Frage. „Und du hast doch einen Popo?" „Jaa." „Und der Popo ist auch rund?" „Jaaa." „Ich habe auch einen Popo. Ist der auch rund?" „Ja, natürlich." „Dann ist ein Pups auch rund, Oma, oder?" In das verlegene Schweigen der Oma und das Gelächter der anderen Fahrgäste mischt sich dann die Feststellung der 8-Jährigen: „Aber nicht, wenn du darauf sitzt!"

***

Wir waren mal einkaufen, da muss ich so 4 Jahre alt gewesen sein. Saß vorn im Einkaufswagen und Oma hat geschoben. Ich hatte nix Besseres zu tun, als immer wieder meine Oma zu hauen, bis sie (ganz leicht) zurückgehauen hat. Hab dann unter Tränen nach meiner Mutter geschrien und auf die Frage, was los sei, gesagt: „Mama, Mama, die Oma hat zurückgehaut!!!"

Meine Schwester, deren Mann in Bordesholm in Holstein eine Apotheke hatte, erzählte mir diesen drolligen Vorfall: Ihre sechsjährige Enkelin Margit betrachtet die Armbanduhr der Oma und sagt dann: „Omi, kann ich nicht deine Uhr kriegen?“ – „Nein, mein Kind, die brauche ich doch selber!“ – „Aber wenn du mal abkratzt, krieg ich sie doch?“

***

Großvater geht mit seinem Enkel über Wald und Wiese spazieren. Dabei pflückt er einen Grashalm und steckt ihn sich in den Mund. Da jubelt der Enkel: „Hurra, wir kriegen einen neuen Mercedes!“ Großvater will erstaunt wissen wieso, worauf der Enkel antwortet: „Hat der Papa gesagt. Wenn der Opa ins Gras beißt, kriegen wir einen neuen Mercedes!“

***

Opa ist krank, und der kleine Fiete besucht ihn. „Du, Opa“, sagt er, „Vati und Mutti streiten sich oft deinetwegen.“ – „So, warum denn?“ – „Sie können sich nicht einig werden, ob du mit oder ohne Musik begraben werden sollst!“

***

Fritzchen weint den ganzen Tag, weil sein Goldhamster gestorben ist. Der Vater stellt verwundert fest: „Als Oma starb, hast du doch nicht geweint.“ Darauf Fritzchen: „Die hab ich ja auch nicht von meinem Taschengeld gekauft.“

***

Peters Oma ist seit einigen Wochen tot. Als ihm auffällt, dass sie nie wieder da ist, fragt er seinen Opa: „Wo ist denn eigentlich die Oma?“ Schonend versucht der Opa es seinem kleinen Enkel beizubringen: „Sie ist dort, wo wir alle einmal hingehen.“ – „Ach, jetzt weiß ich es. Sie ist auf Mallorca!“

Ein kleines Mädchen (M) wird auf der Straße von einem Reporter (R) befragt.

R: „Was stellst du dir unter einem schönen Tod vor?"

M: „So wie mein Opa gestorben ist."

R: „Und wie ist er gestorben?"

M: „Er ist friedlich eingeschlafen und nicht mehr aufgewacht."

R: „Ja, das ist ein schöner Tod. Und was stellst du dir unter einem schlimmen Tod vor?"

M: „So wie die Freunde von meinem Opa gestorben sind."

R: „Und wie sind die gestorben?"

M: „Schreiend und kreischend. Sie sind mit meinem Opa mitgefahren!"

***

In einem Haus wohnen zwei Familien namens Maier. Bei der einen ist das Moped gestohlen worden, bei der anderen die Großmutter verstorben. Der neue Herr Pfarrer möchte Beileid wünschen kommen und klopft bei den falschen Maiers. „Ich habe von Ihrem großen Verlust gehört", beginnt er, als Herr Maier die Tür öffnet. „Aber deshalb brauchens Ihna do nix antuan, Herr Pfarrer", sagt Herr Maier. „Es war eh schon so a alte Kraxn, hint und vorn ist die Luft ausgangen. Wissens, wir habens eigentlich nur noch behalten, damit der Bua drauf üben kann."

***

Oma ist im Wohnzimmer auf der Couch eingeschlafen und schnarcht fürchterlich. Der kleine Moritz dreht an einem der riesigen Knöpfe ihres Kleides. „Lass doch Oma in Ruhe schlafen", zischt die Mutter ihm zu. „Ich gucke doch nur, ob man sie irgendwo leiser drehen kann!"

Fritzchen hat ein neues Fahrrad bekommen und radelt fröhlich umher. Er trifft einen Jungen, und der fragt, ob er mal eine Runde damit drehen darf. Fritzchen lässt ihn auf sein Fahrrad steigen, und der Junge fährt los. Aber der Junge taucht nicht mehr auf. Fritzchen sitzt am Straßenrand und weint. Da kommt seine Oma um die Ecke, sieht Fritzchen weinend am Straßenrand hocken und fragt: „Was ist denn los, Fritzchen, warum weinst du?" Darauf sagt Fritzchen mit heulender Stimme: „Oma, ich hab einen *fahrn* lassen, und der kommt nicht wieder!"

***

Beim Straßenfußball herrscht eine „gesunde Härte". Kalle wird gerempelt und schlägt mit dem Kopf voran auf die Erde. Eine alte Dame hat dies gesehen und möchte den kleinen Kalle trösten. „Na, Kleiner, ist deine Nase heil geblieben?" – „Ich glaub schon", sagt Kalle wütend. „Die beiden Löcher waren ja schon vorher drin."

***

Ein Treffen der jungen Pfadfinder. Tagesmotto: „Jeder vollbringt eine gute Tat." Abends treffen sich alle wieder und erzählen ihre guten Taten. Nur Friedhelm fehlt noch. Endlich kommt er, total zerkratzt und mit zerrissenen Sachen. Pfadfinderleiter: „Na, Friedhelm, was hast du heute für eine gute Tat vollbracht?" – Friedhelm: „Ich hab einer alten Oma über die Straße geholfen!" – Leiter: „Das ist ja sehr schön, aber warum bist du denn so schrecklich zugerichtet?" – Friedhelm: „Die Alte wollte nicht!"

***

Der kleine Peter ist bei den Großeltern zum Kaffee eingeladen. Als er das Zimmer betritt, ruft die Großmutter entzückt: „Na, wer kommt denn da?" Peter: „Wenn ihr mich nicht einmal kennt, dann gehe ich wieder!"

Ein elfjähriger Junge spaziert die Straßen entlang und raucht dabei stolz eine Zigarette nach der anderen. Eine alte Dame sieht dies und spricht ihn daraufhin an: „Sag mal, mein Kleiner, weiß deine Mutter eigentlich, dass du hier Zigaretten rauchend durch die Straßen ziehst?“ Darauf der Bengel ungeniert: „Weiß Ihr Mann eigentlich, dass Sie hier in der Stadt fremde Männer ansprechen?“

***

Ein Knirps raucht auf offener Straße. „Wenn das dein Lehrer wüsste!“, tadelt ihn eine alte Frau. Darauf der Knirps: „Keine Sorge, ich gehe ja noch gar nicht zur Schule.“

***

Opa besucht seine beiden Enkelsöhne. Er findet sie in ihrem Zimmer. Der eine liest ein Buch über die Geschichte des Flugzeugs. Opa fragt ihn: „Was willst du denn einmal werden, wenn du erwachsen bist?“ – „Pilot, Großvater.“ – Und was willst du einmal werden?“, fragt er den anderen Enkelsohn. Dieser schaut von der neuesten Ausgabe des Playboy auf und sagt: „Nur erwachsen, Großvater, nur erwachsen!“

***

Die Großmutter möchte, dass ihr Enkel endlich aufhört zu rauchen und argumentiert: „Rauchen ist gesundheitsschädlich, und Raucher werden nicht alt.“ Der Enkel protestiert: „Aber was ist mit Opa? Der wird achtzig und raucht den ganzen Tag.“ Großmutter klärt ihren Enkel auf: „Wenn er nicht rauchen würde, könnte er jetzt schon viel älter sein.“

***

„Viele Kinder sind deshalb so verzogen, weil man Großmütter nicht übers Knie legen kann.“

Adele Sandrock

Als ich jünger war, hasste ich es, auf Hochzeiten zu gehen. Tanten und großmütterliche Bekannte kamen zu mir, piekten mir in die Seite, lachten und sagten: „Du bist der Nächste!“ Sie haben mit dem Mist aufgehört, als ich anfing, auf Beerdigungen das Gleiche mit ihnen zu machen.

***

Die 17-jährige Tamara sagt zu ihrer Freundin: „Großvater hatte ganz recht, als er sagte, ich soll nicht in den Nachtklub gehen, weil es da Dinge gebe, die ich nicht sehen sollte!“ Erkundigt sich die Freundin neugierig: „Und was hast du da gesehen?“ – „Meinen Großvater!“

***

Ein junger Mann erklärt vollmundig: „Wenn ich einmal heirate, dann werde ich meine Schwiegermutter gleich einmal für ein Jahr auf Urlaub schicken!“ Ein älterer Mann antwortet: „Diese Idee gefällt mir! Haben Sie Lust, eine meiner Töchter zu heiraten?“

Oma entschlüsselt Geheimbotschaften

Die Zeiten, da Omas Hände zitterten, wenn sie zum Handy griff, sind vorbei. Sie hat im Seniorenklub Nachhilfe genommen. Seither sagt sie „Du“ zu dem Ding und zu allen seinen Tasten. Während sie anfangs das Gerät wie eine Pillendose behandelte und gleich wieder ins Schubfach steckte, nutzt sie es heute zu jeder Stunde als elektronischen Lassowerfer. Sie ist den Erfindern und Betreibern des Mobilfunks überaus dankbar, dass sie – als permanent Aufsichthabende der Sippe – jedermann an jedem Ort jederzeit damit einfangen kann. So hatte sie den jüngsten Enkel, Bastian, unter Beachtung der Nebengeräusche in seinem Handy, schon zweimal aus einem Horrorfilm herausgeholt, was Bastian aber nicht so witzig fand. Drum war der auch richtig froh, als Oma eines Tages sagte: „Hör mal, Basti, ich musste mein Handy zur Durchsicht bringen. Das Ding hat 'ne Macke. Das gibt immer nach fünf Minuten seinen Geist auf. Kannst du mir bis Freitag mal dein Handy hier lassen? Als Leihgebühr gibt's Kinogeld." Bastian war einverstanden. Nicht nur, um Oma aus der Klemme zu helfen, auch, um sich endlich wieder, unkontrolliert von Omas Lassowerfer, einen supergeilen Horrorfilm mit Mega-Action reinzuziehen.

Was der Knabe nicht bedachte, war, dass Oma nun Gelegenheit hatte, mitzukriegen, welche anderen Lassos da gelegentlich um Bastis Kopf schwirrten. Nicht dass Oma neugierig war, aber als während ihres Mittagsschlafes mehrfach ein unüberhörbares „Viep-Viep!" den Eingang einer E-Mail ankündigte, griff sie schließlich zu Bastians Leih-Handy, um nachzusehen, ob da in der Mailbox vielleicht etwas für sie angekommen war. Da sprangen ihr dann tatsächlich einige Nachrichten entgegen. Doch die schienen von einem anderen Stern zu sein:

„He, Panda, lass meine Bierdeckel endlich rüberwachsen! Tini."

„Hi, Basti! Hatte Date mit deiner Tussi in unserer Location. Wurde voll zugefönt, bis zum Switschen. Ciao!"

Im Speicher für die Ausgangspost ging es noch rätselhafter zu.

„Basti an Babsi: W-W-P?"

„Babsi an Basti: N-O-K!"

Oma starrte entgeistert auf die Wörter und Zeichen. Was sollte das alles heißen? Mit wem hatte der Junge da Umgang? War er womöglich in die Fänge einer geheimen Sekte geraten? Sie wollte sich unbedingt Klarheit verschaffen und ging in den Seniorenklub, um die Profis aus dem Internet-Zirkel zu fragen.

Sie hatte Glück. Der Gustav erkundete mit Rita gerade am Computer den Stellenmarkt für Ritas Tochter. Zu dritt begann nun ein Quizspiel zur Entschlüsselung der geheimen Botschaften. „Na, Bierdeckel ist doch Klartext", sagte Gustav. „Dein Enkel sammelt wahrscheinlich die Dinger und die Doppelten werden ausgetauscht. Das is'n harmloser Spaß." Oma protestierte: „Der trinkt kein Bier und sammelt auch keine Deckel!" „Nee, nee", meinte Rita. „Da steht, dass einer beim Frisör zugefönt wurde." Oma schüttelte den Kopf: „An Bastians Stoppeln ist nichts zu fönen!" Doch Rita bohrte weiter: „Was heißt denn ‚switschen'?" „Vielleicht ist ‚zwitschern' gemeint. Das kommt aus der Ganovensprache und meint ‚singen'. Also eine Aussage machen, andere verpfeifen." Nun wurde Oma nervös: „Andere verpfeifen? Unter Folter mit Fön?" Gustav beschwichtigte sie: „Das ist wahrscheinlich ein Tippfehler und soll schwitzen heißen. Ist doch logisch, wenn er unterm Fön sitzt." Doch Oma war so einfach nicht abzuschütteln: „Was sagt euch denn die Abkürzung W-W-P?" Rita kraulte sich am Kopf und rief: „Auch ein Tippfehler! Alle Internetadressen fangen nämlich mit WWW an." Doch nun schüttelte Gustav den Kopf: „Das könnte die Abkürzung von ‚Wald- und Wiesen-Party' sein. Die Jungchen lassen doch gerne mal die Sau raus." Als hätte Rita auf dieses Stichwort gewartet, warf sie ein: „Ich hab neulich in einer Drogenfibel von einem Rauschgift mit dem Namen ‚Wilde Wolke Pakistans' gelesen!" Oma war entsetzt: „Das hätte ich gemerkt, wenn ihn so etwas interessiert. Vielleicht heißt das einfach: Warte weiter auf Post? Bloß: Was heißt dann N-O-K mit Ausrufezeichen?" Rita kicherte. „Nie offenes Kuvert!" „Quatsch", knurrte Gustav. „Das heißt doch ganz klar: Nationales Olympisches Komitee! Vielleicht übt der Junge heimlich für die nächste Olympiade?" Oma stöhnte: „Fragt sich bloß, in welcher Disziplin?" „Na, frag ihn doch einfach", riet Gustav. „Mach ich auch", sagte Oma.

Als Bastian nach der Schule an Omas Mittagstisch saß, hatte Oma sein Handy auf den leeren Teller gelegt. „Gibt's denn heute gar kein Essen?", fragte Bastian. „Doch", sagte Oma. „Aber erst gibt's Auskunft! Ich bin da zufällig in deine Mailbox gekommen. Da stehen so sonderbare Sachen drin …" „Wieso sonderbar? Ich simse mit meinen Kumpels." „Was heißt simsen?" „Na, SMS verschicken, elektronische Briefchen." „Sind die Kumpel im Olympischen Komitee? Und warum haben die nicht eingegriffen, als du mit der ‚Wilden Wolke aus Pakistan' zugefönt wurdest?" „Welches Komitee? Welche Wolke?", fragte Bastian verdaddert. Oma schaltete das Gerät ein, holte die sonderbaren Geheimbotschaften heran und ließ sich von Bastian Wort für Wort erklären, was dahinter steckte.

Als sie dann mit dem Jungen erleichtert gegessen hatte, ging sie noch einmal in den Seniorenklub, griff sich den Gustav und wetterte: „Hör mal, Gustav! Du machst hier auf Superhirn bei der elektronischen Kommunikation, dabei hast du überhaupt keine Ahnung, was bei der Jugend im Handy abläuft. Wenn sie von ‚Bierdeckel‘ reden, meinen sie ihre CDs und nicht Pilsner. ‚Zugeföntʻ heißt vollgequatscht. Und ‚switschen‘ heißt abhauen. Das ‚W-W-P‘ ist nicht Ritas ‚Wilde Wolke aus Pakistan‘, sondern die kesse Anfrage: ‚Wollen wir poppen?‘ Das Wort ‚poppen‘ war mir auch neu, aber die Enkel meinen dasselbe, was bei unseren Eltern noch ‚sich lieben‘ hieß. Das Kürzel ‚N-O-K‘ heißt deshalb nicht, dass sie nun eine olympische Disziplin daraus gemacht haben, sondern das schlaue Mädchen antwortet: ‚Nicht ohne Kondom!‘ Siehste, und wir Doofis dachten, dass da irgendeine Schweinerei im Gange ist!“

Wenn die Oma mit dem Enkel ins Gespräch kommt oder: Die schrille Gurke – Schriftwechsel zwischen zwei Generationen

Liebe Omi,
aus Italy schick ich dir ’ne Message, damit du schnallst, dass ich gut drauf bin. Wir sind mit dem Ofen erst bis Pisa gebrettert, wo sie diesen affengeilen Tower haben und haben uns eine Mafia-Torte reingezogen. Am ersten Abend haben wir heavy abgebaggert, aber jetzt sind die Vibrations gut. Wir kübeln reichlich Wein rein, sind aber gut drauf und checken den Trip gut ab. Mach dir keine Sorgen, liebe Omi. Wir heizen jetzt noch durch die Pampa nach Rom; das soll ja galaktisch sein; lauter Antik-Schrott da – das wird der Royal Flash. So long, liebe Omi. Wenn du genug Power hast, schick doch mal Schotter blau gebündelt, postlagernd Rom, rüber. Ich muss sehen, dass ich in die Hufe komme.
Kisses Harry

Mein lieber Harald,
vielen Dank für deinen schönen Brief aus Pisa. Deine Omi freut sich immer, wenn sie etwas von dir hört. Aber Harald, schreib doch auch einmal, was du so machst und wie es dir geht, denn davon schreibst du gar nichts. Ich mache mir doch Sorgen. Kommst du denn mit dem Geld klar, oder soll die Omi dir noch 20 Mark schicken? Ich gehe heute Tante Leni besuchen und gebe ihr deinen Brief zu lesen. Sie freut sich sicher darüber. Erhol dich nur gut, lieber Harald, und schreib mal wieder.
Immer deine Omi.

P.S. Habe ich dich richtig verstanden? Ihr fahrt nach Rom? Ach bitte, mein Junge, grüße doch den Heiligen Vater von mir, wenn du ihn siehst. Er wohnt ja dort.

Liebe Omi,
danke für den Schotter; du bist wirklich eine schrille Gurke. Omi – schreibe heute nur ganz kurz, wollen noch auf die Disko-Piste gehen. Habe die Freaks hier gefragt: Der Typ, den ich von dir grüßen soll, wohnt in 'ner abgeschotteten WG. Man muss schon elende Connections haben, um da dran zu kommen – und darauf habe ich echt null Bock. – Rom ist tierisch!
Love Harry
P.S. Was macht deine Thrombose?

Mein lieber Harald,
danke für die schöne Postkarte aus Rom. Mit meiner Thrombose ist es schon viel besser geworden. Die neue Salbe von Dr. Möbels hilft doch gut. Hast du den Heiligen Vater schon gesehen? Du schreibst gar nichts davon. Ich hoffe es geht dir gut. Geh doch mal in den Petersdom, da hält sich der Heilige Vater oft auf. Es wäre zu schön, wenn du ihn einmal sehen könntest.
Immer deine Omi

P.S. Übrigens, ich wollte dir eigentlich noch 20 Mark in den Brief mit hineinlegen, aber leider hatte ich das Kuvert schon zugeklebt.

Hey Omi,
bin in den Peters-Schuppen gemoved. Affenstark! Habe den Freak, den du kennst, gesehen. Trägt ja tierische Klamotten! Der ist voll auf dem Jesus-Trip und hat in dieser Peters-Disko 'ne irre Show abgezogen – Wahnsinns-Sound! Kam leider nicht näher an ihn heran. Ich flipp ja aus, was du für coole Zampanos kennst, Omi. Der Riesentyp weiß echt, was Tango ist. Schätze, dass ich in Deutschland jetzt verschärft zuschlagen werde, um auch so einen Super-Job zu kriegen.
Take it all easy!
Love Harry

Wer sich mit den Sprachgewohnheiten der jungen Generation nicht so genau auskennt, für den hier ein paar Erläuterungen:

Mafiatorte	Pizza
message	Nachricht
tower	Turm
heavy abgebaggert	sehr müde
vibrations	Gefühle
checken	planen
royal flash	Volltreffer
power	Kraft
Schotter	Geld
freaks	Freunde
WG	Wohngemeinschaft
connections	Verbindungen
gemoved	bewegt
sound	Schall
Take it all easy	Nimm es immer leicht

Knapp bi Kass

Junge Lüd hebbt keen Fiduz an oole Tieden, se kennt nich Führkooh un nich Kalv. Hüt is de Letzte. Hüt kümmt bi Opa Besök an. Is jo Ultimo. Dor froogt de groote Enkelsöhn, op Opas Rente all ankomen is. He weer, seggt he, grood eben mol en lütt beten knapp bi Kass. Un denn kiekt de Sleef so unschüllig as'n Kunfemand. Opas Rente is dor. Opa is nich klamm. Un en Knickerbüdel is he ok nich. Ober he lett sick nix wiesmoken. De Enkel kriggt en poor feine Geldschiens – wenn he vörweg erst in'n Goorn den Rasen meiht. De Enkel meiht bedibbert den Rasen. Ober ümmer bloß to Ultimo. He kann nich verknuusen, dat Opa em dorto rankriggt, hier rümtokleien. He höllt dat mit Goethes Faust: „Von Zeit zu Zeit seh' ich den Alten gern – und hüte mich, mit ihm zu brechen."

Günther Petersen

***

Ein junger Mann fragt seinen alten reichen Onkel, wie er zu so viel Geld gekommen sei. Der Alte räuspert sich röchelnd, spielt mit einem Knopfloch in seiner Weste und sagt: „Nun, mein Sohn, das war im Jahre 1948. Ich hatte alles verloren und nur noch einen Pfennig in meiner Tasche. Von diesem Pfennig kaufte ich mir einen Apfel und am Ende des Tages verkaufte ich den Apfel für zehn Pfennig. Am nächsten Morgen investierte ich die zehn Pfennig in zwei Äpfel. Den ganzen Tag polierte ich sie und um fünf Uhr verkaufte ich sie für 20 Pfennig. Das machte ich einen ganzen Monat so, und am Ende hatte ich ein Vermögen von 1,37 DM. Nach einem Jahr war ich dann bei der beträchtlichen Summe von 34,12 DM. Dann starb der Vater meiner Mutter und hinterließ mir zwei Millionen Mark …"

***

Was heißt neulich – neulich ist eigentlich bereits zwei Jahre her. Doch der Reihe nach … Als meine geliebte Oma noch unter uns weilte, saß sie zum Schluss im Rollstuhl. Den benötigte sie allerdings nur für eine schicke sommerliche Spazierfahrt mit ihrer Enkelin, also mit mir. Und als ich sie so schob, fiel mir auf, dass wenig Luft in der Bereifung war. Was lag da näher, als mitsamt der Oma und dem Rollstuhl zur Tanke aufzubrechen, um das Problem zu beseitigen. – Nun war das nicht so ein olles altes Ding zum Herumtragen, nein, richtig digitalisiert: An der Tankstelle angekommen, machte ich mich vertraut, setzte den modernen Schlauch auf das Ventil und ließ automatisch pumpen. Dummerweise hatte ich nicht beachtet, dass in der Voreinstellung 2,0 bar angegeben wurde. Und so kam es, wie es kommen musste! Das Ding pumpte in Sekundenschnelle so viel Luft in die Räder, dass meine geliebte Oma schon leicht nach rechts abfallen wollte. Beherzt ließ ich Luft ab, und die Oma befand sich wieder in der Geraden! – Mein Ömchen, damals schon dement, bemerkte es aber dennoch und wunderte sich mit dem Ausspruch: „Nu, was ist denn hier los?“ Das war wirklich sehr, sehr komisch und super süß. Passiert ist ihr natürlich nichts! Nach dem Schock sind wir beide dann erst einmal in aller Seelenruhe in den Wald gerollt.

***

Eine Frau spazierte die Straße entlang, und ihr fiel ein alter Mann auf, der in einem Schaukelstuhl vor einem Hause saß und lächelte. Sie ging zu ihm hin: „Hallo, entschuldigen Sie, wenn ich störe, aber Sie sehen so zufrieden aus. Was ist Ihr Rezept für ein langes und glückliches Leben?“ – „Nun, ich rauche drei Päckchen Zigaretten am Tag, trinke zwei Flaschen Whisky pro Woche, esse fettig und mache nie Sport.“ – „Das ist bemerkenswert, wie alt sind Sie denn jetzt?“ – „Ach, ich bin jetzt 26.“

***

Kommt ein Staubsaugervertreter in einer sehr ländlichen Gegend auf einen Bauernhof, klingelt, die Bäuerin macht auf, und der gute Mann schüttet ihr ’nen Beutel Dreck auf den Teppich und meint dann: „Guten Tag, junges Fräulein (die gute Frau ist 58), mein

Name ist Klöbner, ich vertrete die Firma SAUGBOLD. Ich verspreche Ihnen, wenn unser SLUCKFIX diesen Dreck nicht in 2 Minuten aufgesaugt hat, esse ich den Staub selbst!" Sagt die Bäuerin: „Na, denn man viel Spaß, wir ham hier nämlich kein' Strom!"

***

Neulich in einem kleinen Betrieb. „Glauben Sie an ein Leben nach dem Tode?", fragt der Chef seinen Angestellten. „Ja, natürlich." „Aha, dann ist ja alles in Ordnung", kommt es zurück, „denn kurz nachdem Sie gestern zum Begräbnis Ihrer Großmutter gingen, kam die alte Dame vorbei, um Sie zu besuchen ..."

***

Am Schwarzen Brett des Betriebes: „Alle Betriebsangehörigen, die zum 80. Geburtstag der Großmutter, zur silbernen Hochzeit der Tante oder ähnliches möchten, werden gebeten, sich spätestens einen Tag vor dem Länderspiel im Personalbüro zu melden ..."

***

Zu Mark Twain kam einmal ein 17-Jähriger und erklärte: „Ich verstehe mich mit meinem Vater nicht mehr. Jeden Tag Streit. Er ist so rückständig, hat keinen Sinn für moderne Ideen. Was soll ich machen? Ich laufe aus dem Haus!" Mark Twain antwortete: „Junger Freund, ich kann Sie gut verstehen. Als ich 17 Jahre alt war, war mein Vater genauso ungebildet. Es war kein Aushalten. Aber haben Sie Geduld mit so alten Leuten; sie entwickeln sich langsamer. Nach zehn Jahren, als ich 27 war, hatte er so viel dazugelernt, dass man sich schon ganz vernünftig mit ihm unterhalten konnte. Und was soll ich Ihnen sagen? Heute, wo ich 37 bin – ob Sie es glauben oder nicht –, wenn ich keinen Rat weiß, dann frage ich meinen alten Vater. So können die sich ändern!"

De fromme Wunsch

Dor stoh ik nu wat nadenkern an de Weeg vun mien Enkel. He is jüst dree Daag old un sleppt ruhig un deep in sien Kissen. Ik kiek em an, mien Hart ward groot un ik fraag mi: Wosük ward he sik dörch dat Leben sloog'n? Ward he sik sien eegen Wege söken oder blots in den groten Pulk mitmaschier'n? Ward he sik sien eegen Gedankenwelt opbuen, sülbst denken oder blots över dat snacken, wat de Dag so hergifft? Ward he ok mol gegen den Wind anseil'n, um för sik sülbst graad to stohn, oder ward he sik ümmer un ümmer wedder as een Stück Drievholt in den groten Stroom mitdrieben laten.

Fragen över Fragen, op de ik keen Antwort weet. Un doch, de Tied, se leppt. De Jung ward dat Lopen lehrn un rasch in dat Leben rinnwassen.

Uns Welt is aver ruuch un tücksch. Irrlichter glimmt överall. De junge Mensch süht de golden Appeln an'n blauen Heven un gläuvt, dat he blots tolang'n mutt. Alleen de golden Appeln laat sik nich griepen. Dorna to hangeln, is wegschmeten Tied. Ward he dat begriepen?

Lege un gode Tofälle ward sien Leben stüern. Alls wat he deit un nich deit, hett sien Folgen. Jedeen Doon treckt een anner Doon na sik – to'n Goden, to'n Slechten.

Wi all sünd Knechte vun den Charakter, de uns in de Weeg leggt worrn is. Gode un slechte Eegenschaften regeert uns. Dor mööt wi mit leben. Schall uns Doon aver Wert un Bestand hebb'n, is dat nödig, dat wi uns alle Dag sülbst ertrecken doot. Ward he dat insehn?

In em pulst ok mien Bloot, een Deel vun mi ward in em wiederleben. Ach, kunn ik em doch all mien Weten un all dat, wat mi de grisen Alldaag un de Johrn lehrt hebbt, mit op den Weg geben, as weer't de Muddermelk, de em stark maakt.

Man denn krieg ik dat Grübeln un stickum melld Fiete sik in mi to Wort. Fiete, dat mööt jüm weten, is dat annere Ik in mi, dat mol opstinat, mol nadenkern den Alldag beluert, un he fraagt: „Weets du, wat du di dor wünschen deist? Hest du Dröömbüddel al mol doröver nadacht, wo veel Last all dien Weten för een jungen Menschen weer, de erst in dat Leben rinnwassen schall? Du hest den gräsigen Krieg, dat sinnlose Morden un Doodsloog'n beleevt. Du weets vun de Lögen, den Bedrug un all de Undöög in de Welt. As ole Mann kannst du dormit leben, wiel du de bittere Wohrheit blots dropenwies schluckt hest. De Johrn hebbt di formt. Du büst mööd, büst afstumpt un gliekgültig worrn. Wat aver schall ut een jungen Menschen warrn, de op een Siet vull vun Kraft in dat Leben drängt, an dat Gode gläuvt, na Vörbiller söächt un op de anner Siet all dien Weten in't Gepäck hett. Mutt so een jungen Mensch denn nich dörchdreihn un blind um sik sloog'n, bit he sik sülbst an den Rand vun uns Gesellschaft manövereert hett. Dor denk mol över na."

Ik stoh wat bedrüppelt dor, mien Gedanken goht tokehr. Ik wehr mi. Ik wünsch doch blots dat Beste för mien Enkel. Ik will doch blots mien Weten an em wiedergeben un mutt op Letzt doch insehn: Fiete hett recht. Kloke Wöör un fromme Wünsche hölpt keen jungen Menschen, um em op den rechten Kurs in de Tokunft to stüern. Vörbild ween, den jungen Menschen vörleben, wat Recht is, dat is dat Eenzige wat du em op den Weg in dat Leben mitgeben kannst. Oder, wat seggt jüm dorto? *Heinz Rehn*

Ich war zehn, da war mein Alter
höchstens gut genug zum Lästern:
als ein völlig durchgeknallter
Typ und hoffnungslos von gestern.
Schlimmer war's noch, als ich zwanzig.
Vater hatte echt 'ne Meise.
Was er sagte: blöd und ranzig.
Kurz, ein Fall von frühem Greise.
Ich war dreißig, als mein Vater
langsam zur Besinnung kam,
machte weniger Theater,
war im Geist nicht mehr so lahm.
Und zehn Jahre später dann:
Seht mir nur den alten Schweden,

ist doch ein ganz guter Mann,
manchmal kann man mit ihm reden.
Heute hat er echt gemacht sich,
eine blendende Erscheinung.
Ich bin sechzig, er ist achtzig:
Endlich sind wir einer Meinung.

Benno Burkhardt

„Die Alten"

Wenn man jung ist und modern,
möchte man natürlich gern
alles neu und umgestalten,
doch, wer meckert dann? Die Alten!

Will dynamische Ideen
endlich man verwirklicht sehen,
zieh'n sie sorgenvolle Falten;
ja, so sind sie, unsere Alten!

Krieg und Elend, Hungersnot;
manchen Freundes frühen Tod;
doch sie haben durchgehalten,
ja, das haben sie, die Alten!

Was sie unter Müh und Plagen
neu erbaut in ihren Tagen,
wollen sie jetzt gern erhalten:
Habt Verständnis für die Alten!

Bändigt eure jungen Triebe,
zeigt den Alten eure Liebe,
lasst euch Zeit mit dem Entfalten,
kümmert euch um eure Alten!

Wozu jagen, warum hetzen?
Nach den ewigen Gesetzen
ist die Zeit nicht aufzuhalten.
Plötzlich seid ihr dann die Alten!

Und in euren alten Tagen
hört ihr eure Kinder klagen;
ach, es ist nicht auszuhalten,
immer meckern diese Alten!

Ja, des Lebens Karussell
dreht sich leider viel zu schnell;
drum sollten sie zusammenhalten,
all die Jungen und die Alten!

Theodor Storm 1817–1888

X. Wir sind nett – aber wir können auch anders!

Drängel-Oma

Montagmittag ist keine gute Zeit, um einkaufen zu gehen. Wie nicht anders zu erwarten, ist der Laden voll mit älteren Semestern, die im Weg herumstehen und sich über ihre Krankheiten unterhalten. Auch die Bitte „Darf ich mal bitte durch?“ sollte laut und deutlich vorgetragen werden, um überhaupt die Sensitivitätsschwelle der Hörgeräte zu überschreiten.

Umso mehr wundert es mich, zu welchen Energieschüben so manche ältere Dame in der Lage ist. So ergab es sich, dass mal wieder nur eine Kasse geöffnet war und die Schlange sich bis weit in den Laden hineinschlängelte. Wenigstens standen die Kunden nicht in zwei Gängen für ein und dieselbe Kasse an – das Reißverschlussverfahren funktioniert nämlich in Supermärkten nicht, da die meisten Einkaufswagenfahrer keinen Führerschein besitzen. Ein Bild sagt mehr als tausend Worte, also möchte ich die Situation mit einer kleinen Skizze verdeutlichen:

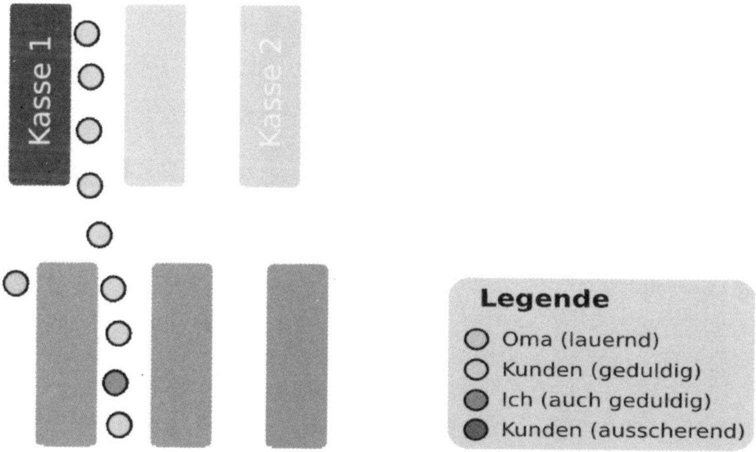

Die Oma (lauernd) hatte ich zwar noch nicht bemerkt, doch sollte sie im weiteren Verlauf der Geschehnisse die Hauptrolle spielen.

Nun gut, sobald mehr als fünf Kunden an einer Kasse warten, ertönen schon reflexartig die genervten Forderungen durch den Laden, eine weitere Kasse zu öffnen. Diesem Wunsch kamen die Mitarbeiter tatsächlich nach, sodass ein Teil der Kunden aus der Schlange ausscherte, um einen aussichtsreichen Platz ~~an der Sonne~~ an Kasse 2 zu ergattern:

Diesen Moment nutzte die Oma (lauernd), um ihren perfiden Plan instantan in die Tat umzusetzen: Bevor ich – gemächlich meinen Einkaufswagen Richtung Kasse 1 schiebend – zum Vordermann aufgeschlossen hatte, sprang sie, bewaffnet mit einem Hackenporsche, ihre Einkäufe in einem Karton auf dem Arm tragend, flink wie ein junges Reh aus ihrem Hinterhalt und platzierte sich, ohne mich auch nur eines Blickes zu würdigen, zwischen mir und meinem Vordermann:

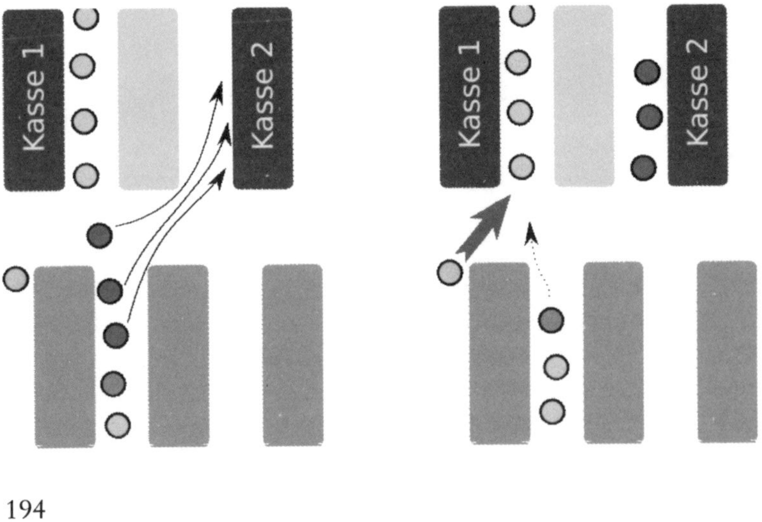

Lisa-Maria Graf

Nachdem ich die Geschehnisse gedanklich nachvollzogen hatte, wagte ich es, die Dame freundlich zu fragen, ob sie sich nicht wie alle anderen Kunden auch ans Ende der Schlange stellen wolle. Doch wie hatte ich mich nur getäuscht! Vor mir stand ein altes, gebrechliches Mütterchen, das nur ein undeutliches „Die paar Teile …“ zwischen seinen Dritten herauspressen konnte, bevor es schnaufend seine Einkäufe auf dem Band platzierte und mitleiderregend auf seinen Handwagen gestützt auf den Kassiervorgang wartete.

Da ich es nicht eilig hatte und heute noch keine gute Tat vollbracht hatte, ließ ich es also dabei bewenden, gewährte der Dame den Vortritt, und doch lässt mich das Gefühl nicht los, gewaltig über den Tisch gezogen worden zu sein …

André Sabellek

Irren ist menschlich ...

Eine ältere Frau hatte gerade ihren Einkauf beendet. Als sie zum Auto zurückkam, fand sie vier Männer darin. Sie ließ ihre Einkaufstaschen fallen, zog eine Pistole und schrie, dass sie in der Lage sei, sie zu benutzen und auch nicht zögern würde, es zu tun. Dann befahl sie ihnen, aus dem Auto zu steigen. Die vier Männer ließen sich das nicht zweimal sagen, sondern stiegen aus und rannten um ihr Leben. Die Frau lud ihre Taschen in den Kofferraum und setzte sich auf den Fahrersitz.

Dann gab es ein kleines Problem. Ihr Schlüssel passte nicht in das Zündschloss. Ihr Wagen, genau das gleiche Modell, war vier oder fünf Plätze weiter geparkt. Sie lud ihre Taschen in ihr eigenes Auto, fuhr zur Polizei und erzählte dem diensthabenden Polizeibeamten ihre Geschichte. Der Beamte platzte fast vor Lachen und zeigte auf das andere Ende des Schalters, wo vier bleiche Männer von der Autoentführung durch eine verrückte ältere Frau berichteten. – Eine Strafanzeige wurde nicht erhoben.

Forsche Urgroßmutter nimmt Handwerker als Geiseln

Britische Zeitungen berichteten von einem besonderen Ereignis im nordenglischen Rotherham, das sich unmittelbar vor dem Weihnachtsfest ereignete.

In frisch renovierten Räumlichkeiten wollte Josie Medlock mit ihrer Familie Weihnachten feiern. Aber es kam anders. Die Handwerker erklärten der Frau, dass die Arbeiten bis zu diesem Termin nicht fertig würden. Die 59-jährige Witwe hatte vor, für ihre zwei Töchter, 15 Enkelkinder und zwei Urenkel ein Weihnachtsmahl zu kochen. Nun änderte sie ihre Pläne. Entschieden machte sich die energische Frau ans Werk, verbarrikadierte die Wohnungstür und erklärte den verdutzten Männern, sie erst dann wieder in die Freiheit zu entlassen, wenn alle Arbeiten abgeschlossen seien.

Die Handwerker riefen in ihrer Not per Handy bei der Polizei an, die mit einem Mauerbrecher erschien. Das beeindruckte Josie Medlock keineswegs. Durch den Schlitz des Briefkastens rief sie den Beamten zu, dass sie den Handwerkern nichts antun werde. Es ginge ihr ums Prinzip.

Erfolg hatten schließlich Schlichter, die die Stadtverwaltung zu dem Ort des Geschehens schickte. Auf deren Versprechen hin, ein neues Handwerkerteam zur Verfügung zu stellen, das die Arbeiten bis Weihnachten beende, entließ die resolute Frau ihre Gefangenen in die Freiheit.

Beschwipste Großmutter verliert Enkelkind im Wald

Es passierte in Tschechien, bei Brumov in Mähren. Dort hat sich eine Großmutter im Wald derart einen „hinter die Binde gekippt", dass sie ihr Enkelkind verlor, mit dem sie unterwegs war. Nach einer Auseinandersetzung mit ihrem Ehemann habe die alte Frau mit Filip (2 Jahre) einen Spaziergang unternommen, „um sich zu beruhigen", wie die Zeitung „Pravo" berichtete.

Als die Oma und ihr Enkel nicht zurückkamen, machten sich etwa 40 Feuerwehrmänner und Polizisten auf die Suche. Um Mitternacht entdeckten sie im Unterholz die alkoholisierte Frau. Etwa drei Stunden später fand ein Polizeibeamter dann rund zwei Kilometer entfernt das im Gebüsch schlafende kleine Kind. Dieses war wohlauf, im Gegensatz zur Oma: Sie plagten am nächsten Tag Kopfschmerzen und Schuldgefühle, schrieb das Blatt.

Vergebliche Mühe

Eine 92-Jährige ist in Bad Homburg beim Ladendiebstahl erwischt worden – sie wollte eine Anti-Falten-Creme mitgehen lassen. Ein Angestellter des Drogeriemarkts habe die alte Dame angesprochen, als die Diebstahlwarnanlage angeschlagen hatte, berichtete die Polizei. Die Suche im Einkaufsbeutel der Seniorin förderte dann die Creme im Wert von knapp 16 Euro zutage.

Die alte Dame und der Notar

Die Französin Jeanne Calment verstarb im August 1997 im Alter von 122 Jahren in Arles. Die kleine Stadt zählte damals 16 weitere Mitbürger und Mitbürgerinnen, die die Hundert bereits überschritten hatten. Die alte Dame hatte im Alter von 80 Jahren beschlossen, ihre Stadtwohnung aufzugeben. Ihr pfiffiger Notar unterbreitete ihr den Vorschlag, dass er diese Wohnung selbst übernehmen würde, wenn sie mit einer Leibrente einverstanden wäre ... Sie ahnen, was nun kommt ...? Der vermeintliche Schachzug des Notars, mit nur wenigen Monats- oder Jahreszahlungen bei einer so betagten Dame einen Reibach zu machen, ging voll ins Auge. Der Kollege musste bis zu seinem Ableben (er starb Weihnachten 1995 im Alter von 77 Jahren, als Jeanne Calment bereits 120 Jahre alt war) insgesamt 250.000 Mark an Leibrente abdrücken – die teuerste Altbauwohnung, die in Arles je verkauft wurde ...

Harald ruft an! (Der „Enkeltrick“)

Eines Nachmittags 14 Uhr schellt bei mir das Telefon. Ich melde mich. „Hier ist A“, lautet die undeutlich gesprochene Antwort. „Wer ist dort?“ – „A ...“ – „Harald, bist du das?“ – „Ja ...“ Husten. – „Was ist los, ich kann dich kaum verstehen?“ – „Ich bin stark erkältet.“

Harald ist mein Neffe aus Holland und erzählt mir am Telefon von seinem Problem. Jetzt sitzt er bei der Polizei in Mülheim. Beim Umsteigen nach Duisburg ist er in Mülheim bestohlen worden. Alles Geld und die Papiere sind weg, armer Harald. Er will 2000 Euro von mir haben! Für das Geld will er zusammen mit einem Freund nach Duisburg fahren, um ein gebrauchtes Auto zu kaufen, das er im Internet gefunden hat.

Er bittet mich, das Geld von der Bank zu holen. Sein Freund würde es in einer Stunde bei mir abholen. Er wolle inzwischen in der Kartei der Polizei weiter nach dem Dieb suchen. Komische Sache, Harald ist in Mülheim, um sich in Duisburg mit einem Freund ein Auto zu kaufen? Harald ist doch gar nicht in Deutschland? Also Anruf in Holland. Wie schon befürchtet, der Neffe ist in Holland, selbst am Telefon, und will kein Auto in Duisburg kaufen.

Ich verständigte sofort die Polizei und bat, sie möchten in der nächsten Stunde zu mir kommen.

– Zur Bank, so getan, als hätte ich Geld abgehoben, mich ständig umgesehen, ob ich beobachtet würde, konnte aber niemand entdecken. Wieder nach Hause, den inzwischen eingetroffenen Polizisten mit in meine Wohnung genommen. Alles in allem hat es 1 ½ Stunden gedauert. –

Kaum in der Wohnung, klingelt das Telefon: – Husten! – „Ja wo warst du denn so lange, ich brauche doch das Geld.“ – „Dein Freund kann jetzt kommen, ich habe das Geld hier.“ 15 Minuten später erscheint ein junger Mann: „Ich bin der Freund von Harald und soll das Geld holen, Harald kommt auch gleich. Wo haben Sie denn das Geld?“ Als dann die Wohnzimmertür aufging und ein Mann in der Tür stand, wollte der angebliche Freund wegrennen, aber die Wohnungstür hatte ich versperrt, das Fenster geschlossen, und so endete seine Suche nach 2000 Euro nun wirklich auf dem Revier.

Eva Stoldt

***

Rechtsanwälte sollten niemals einer Südstaatengroßmutter eine Frage stellen, wenn sie nicht auf ungewöhnliche Antworten vorbereitet sind. In einem Gericht einer kleinen Stadt in den Südstaaten der USA rief der Anwalt des Klägers die erste Zeugin in den Zeugenstand. Eine ältere, großmütterliche Frau. Er ging auf sie zu und fragte sie: „Mrs. Jones, kennen Sie mich?“ Sie antwortete: „Ja, ich kenne Sie, Mr. Williams. Ich kenne Sie, seit sie ein kleiner Junge waren, und offen gesagt, Sie haben mich sehr enttäuscht. Sie lügen, Sie betrügen ihre Frau, Sie manipulieren die Leute und reden schlecht über sie hinter deren Rücken. Sie glauben, Sie sind ein bedeutender Mann, dabei haben Sie gerade mal so viel Verstand, um ein paar Blatt Papier zu bewegen. Ja, ich kenne Sie.“ Der Rechtsanwalt war sprachlos und wusste nicht, was er tun sollte, ging ein paar Schritte im Gerichtssaal hin und her und fragte die Zeugin dann: „Mrs. Jones, kennen Sie den Anwalt der Verteidigung?“ Sie antwortete: „Ja, ich kenne Mr. Bradley, seit er ein junger Mann war. Er ist faul, tut immer fromm, dabei hat er ein Alkoholproblem. Er kann mit niemandem einen normalen Umgang pflegen, und seine Anwalts-Kanzlei ist die schlechteste in der ganzen Provinz. Nicht zu vergessen, er betrügt seine Frau mit drei anderen Frauen, eine davon ist Ihre. Ja, ich kenne ihn.“ Daraufhin rief der Richter die beiden Anwälte zu sich an den Richtertisch und sagte leise zu ihnen: „Wenn einer von euch beiden Idioten die Frau jetzt fragt, ob sie mich kennt, schicke ich euch beide auf den elektrischen Stuhl!“

***

Ein alter Farmer in North Carolina hat auf seinem Grundstück einen kleinen Teich mit Obstbäumen drum herum und einem Picknickplatz daneben. Eines Tages geht er zum Obstpflücken mit einem Kübel zum Teich. Als er näher kommt, hört er Lachen und Plantschen, und ihm wird bewusst, dass eine Gruppe junger Frauen gerade beim Nacktbaden ist. Er macht sich bemerkbar, und die Frauen springen kreischend in das tiefere Wasser. Eine ruft herüber: „Wir kommen nicht heraus, bis Sie weg sind!“ Der Farmer sagt zu ihnen: „Ich bin nicht hergekommen, um euch nackt rumlaufen zu sehen oder um euch aus meinem Teich zu vertreiben.“ Er hält den Kübel hoch: „Ich will nur den Alligator füttern.“ Moral von der Geschichte: Alte Männer mögen vielleicht langsam gehen, denken aber immer noch schnell!

Wie man die Polizei ruft, wenn man alt ist und sich nicht mehr so richtig bewegen kann: George Philipps, ein älterer Herr aus Meridian im US-Bundesstaat Mississippi, war gerade auf dem Weg ins Bett, als seine Frau ihn darauf aufmerksam machte, dass sie vom Schlafzimmerfenster aus sehen konnte, dass er das Licht im Gartenschuppen angelassen hatte. George öffnete die Gartentür, um das Licht im Schuppen auszuschalten, sah dann aber, dass im Schuppen Einbrecher dabei waren, die Gartengeräte zu stehlen. Er rief die Polizei an, die ihn fragte, ob jemand bei ihm im Haus wäre. Er sagte: „Nein, aber da sind Einbrecher im Gartenschuppen, und sie sind gerade dabei, mich zu bestehlen." Der Polizist sagte: „Alle Einsatzwagen sind gerade beschäftigt. Schließen Sie Ihre Türen ab, wir schicken dann jemanden vorbei, sobald jemand verfügbar ist." George sagte: „Okay." Er legte auf und zählte bis 30. Dann rief er wieder bei der Polizei an. „Hallo, ich habe eben gerade bei Ihnen angerufen, weil Einbrecher Sachen aus meinem Schuppen stehlen. Sie brauchen sich jetzt nicht mehr darum zu kümmern, denn ich habe sie eben erschossen." Und er legte auf. Keine fünf Minuten später trafen 6 Einsatzwagen der Polizei, ein Hubschrauber, ein Rettungssanitäter und ein Krankenwagen am Haus der Philipps ein und erwischten die Einbrecher auf frischer Tat. Einer der Polizisten sagte zu George: „Sie haben doch gesagt, Sie hätten sie erschossen!" George antwortete: „Sie haben doch gesagt, es wäre niemand verfügbar!" Eine wahre Geschichte – man soll bloß nicht glauben, mit alten Menschen könnte man es ja so machen …

XI. „Früh getraut hat nie gereut" oder doch: „Bald getraut hat oft gereut"?

Opa und sein Freund erinnern sich daran, wie sie ihre Frauen kennengelernt haben. Der Freund beginnt: „Meine lernte ich im Zugabteil kennen. Sie hatte ihre Fahrkarte verlegt und wirkte in ihrer Ratlosigkeit so bezaubernd. Ich glaube, bei uns war es Liebe auf den ersten Blick." – „Also, so romantisch ging es bei uns nicht zu", führt Opa das Gespräch weiter, „ich wollte mir gerade eine Zigarette anstecken, da kam sie auch schon von hinten, schlug mir einen Stock über den Schädel, warf mich zu Boden und stürzte sich auf mich." – „Du liebe Zeit! Ist die so gefährlich?" Sein Freund ist entgeistert. „So schlimm ist's nun auch wieder nicht", belehrt ihn Opa, „sie konnte nichts dafür, das arme Ding stand zum ersten Mal auf Skiern!"

***

Der kleine Franzi zum Opa: „Opa, stimmt das, dass du die Oma erst drei Wochen vor der Hochzeit kennengelernt hast?" – „Nein, Franzi, das stimmt nicht. Ich habe sie erst drei Wochen nach der Hochzeit kennengelernt."

Das Wetter als Schönheitsfehler am Hochzeitstag:

Plötzlich verflog die Traurigkeit

Eigentlich war es eine geradezu glanzvolle Hochzeit, wenn es den Schönheitsfehler eines ausgesprochen wüsten, regnerischen Tages nicht gegeben hätte, der gleich einem Wermutstropfen den „süßen Kelch des Neuanfangs" zu bedrohen schien.

Der erste Akt, die standesamtliche Trauung, war gerade vollzogen, die kirchliche Feier stand im Anschluss bevor. Das Brautpaar befand sich samt seinen Hochzeitsgästen noch im Trausaal des Standesamtes in einem Ort unserer Gegend, dessen Namen wir als Unwichtigkeit unterschlagen wollen. Die zauberhafte Braut, im rauschenden, weiten, weißen Brautkleid, strahlte glücklich, und bei ihrem eleganten, im Smoking mit „Vatermörder" betont seriös gekleideten Bräutigam war unzweifelhaft berechtigter Stolz auf seine hübsche Angetraute zu erkennen. Die umfangreiche Hochzeitsgesellschaft wirkte festlich gestimmt, alles schien an diesem Tag zu stimmen, den Idealvorstellungen geradezu zu entsprechen, wenn da dieses Sauwetter nicht gewesen wäre.

Soeben hatte der Standesbeamte mit warmen Worten professionell die Braut und die Bräutigam-Mutter in feuchte Rührung versetzt – und er gratulierte zum Abschluss. Als er dabei der Braut-Mutter warm die Hand schüttelte, steigerte sich deren Rührung immer mehr. Hatte seine Traurede bei ihr so tiefe Gefühlsspuren hinterlassen?, schoss es dem Beamten durch den Kopf – und er verspürte so etwas wie rhetorischen Stolz in seiner Brust, während sich besagte Brautmutter schnäuzte und die Augen auswischte. *„Ein wirklich schönes Paar, Frau X!"*, sagte der Standesbeamte tröstend. Doch damit brach ein Damm, und es sprudelte aus der mit mütterlichen Gefühlen überladenen Frau nur so heraus. Alles ließ schnell erkennen, dass der Grund ihrer Tränen das herrschende trübe und unfreundliche Regenwetter war, in dessen Waschküchenatmosphäre sogar das weiße Brautkleid ihrer schönen und frisch angetrauten Tochter völlig kontrastlos unterging. *„Schrecklich!"*, empfand sie und bemerkte schnupfend mit unverkennbar schwäbischem Akzent:

> *„Ha noi, so e Sauwetter, des hot mai Tochter net verdient, do hett an ihrem Hochzeitstag doch au e bissele d Sonn scheine könne! Oder?"*

Doch wer nun meint, in einer solchen Situation gäbe es auf eine derart fatalistische Frage keine adäquate Antwort, der sieht sich getäuscht, denn die Tröstung übernahm ebenso plötzlich wie souverän der als Trauzeuge wirkende „Götti" der Braut, zugleich Bruder der ach so traurigen Mutter. Die umwerfend tröstenden

Feststellungen des waschechten Schwaben schlugen wie ein Hammer ein, als er mit markigen Worten zu seiner noch immer tränenwischenden Schwester und Brautmutter schneidend bemerkte, dass *„heiligs Blechle, nur ein Daggel“* das aktuelle Hochzeitswetter als ein Symbol für eine geschlossene Ehe ansehen könne. Das beweise seine eigene Erfahrung. Denn als er vor dreißig Jahren geheiratet habe, *„woisch es no, Marile?“*, habe die Sonne nur so gestrahlt, *„und trotzdem“*, stellte er nüchtern resümierend fest, *„trotz all dem Sonneschein bin ii in de Dreck nei dapped!“* Peng! Der Einschlag dieses hanebüchenen Vergleichs war so gewaltig, dass das dadurch ausgelöste Gelächter einer wahren Eruption glich, die jede Spur einer Traurigkeit augenblicklich beiseitefegte. Nur eine Person konnte die Mundwinkel lediglich zu einem quälenden Lächeln verziehen: Die Frau des wackeren Schwaben. Doch was hätte sie auch anderes tun können, als über den unverschämten Spruch ihres freimütigen Gatten ebenfalls zu lachen. Denn gegen derartige „Fakten“ ist ja bekanntlich kein Kraut gewachsen, schon gar nicht an einer Hochzeit. – Glück und Segen dem Brautpaar!

(H. R.)

***

Es war der Tag der goldenen Hochzeit. Das Paar war den ganzen Tag über mit den vielen Verwandten und Freunden und Honoratioren, die vorbeikamen, um zu gratulieren, auf Trab gehalten worden. Der Amtsvorsteher hatte neben einem Präsentkorb eine Urkunde des Ministerpräsidenten mitgebracht, die er feierlich verlas. Der Bürgermeister trug ebenfalls einen Geschenkkorb herein, dazu auch eine Urkunde der Kommunalgemeinde, deren Inhalt er vortrug, um dem goldenen Brautpaar dann noch ganz persönliche Worte zu sagen. Der Pastor schloss sich an. Er hatte gleich zwei Urkunden mitgebracht: eine vom Bischof und eine vom Propst. In ergreifenden Worten würdigte er die außerordentlich lange Zeit, die das goldene Brautpaar gemeinsam erlebt hatte, dankte Gott für den reichen Segen dieser Jahre und erbat ihn für die noch kommenden. Es war ein langer und aufregender Tag für die beiden alten Menschen. So waren beide froh, als sie gegen Abend allein vor dem Haus sitzen und der untergehenden Sonne zusehen konnten, um sich von dem anstrengenden Tag zu erholen. Der alte Mann blickte seine Frau liebevoll an und sagte: „Agatha, ich bin stolz auf dich!“ „Was hast du gesagt?“, fragte die alte Dame. „Du weißt doch, ich höre schlecht. Sprich lauter.“ „Ich sagte: Ich bin stolz auf dich.“ „Macht nichts“, erwiderte sie mit einer abfälligen Handbewegung, „ich habe dich auch satt!“

***

Hannes Discher un sien Fru keem slecht mit’nanner ut. Se leeg immer to Bett un speel krank. Hannes stünn morrns fröh up un arbeit bet in de Nacht in sien Warksteed. He kunn doon, wat he wull, sien Fru harr immer wat to quesen. So levten se denn tosam, bet sien Fru hoch in de Achtigen weer, dor hüng se sik up – an ehr Bettkant. Ik güng röver na den armen Hannes. De Weg is nümmer nich licht, un ik geev em de Hand un sä: „Hannes, du hest dien Fru verlorn, du weest ja, wat ik di seggen will, du weest, wat ik meen, Hannes!“ „Ja“, un dat keem swar ut sien Bost, „ik weet, Ernst, ik weet ... föftig Johr to laat!“

Eduard Edert

***

Der alte Propst erzählt: Ich hatte bei einer diamantenen Hochzeit eindringlich von der großen Güte Gottes gesprochen, der dieses Paar sechzig Jahre lang behütet habe. Als ich nachher beim Essen noch einmal das Glas zu Ehren des Paares erhob, bemerkte ich einen verstörten Ausdruck im Gesicht des Ehemannes – und in die plötzlich entstehende Stille tönten die Worte: „Is allens schön un goot, Herr Paster, aber sössti Johr, dat is’n lange Tied; un wenn man sik sössti Johr Dag för Dag gegenöver sitt, Herr Paster, se glövt nich, wat se een toletzt towerrer (zuwider) wart.“

Eduard Edert

Ein altes Ehepaar wird von einem Reporter gefragt: „Sie sind jetzt 60 Jahre verheiratet. Wie kommt es, dass Sie die ganzen Jahre eine so harmonische Ehe führten?“ Der Ehemann nimmt zart die Hand seiner Frau und sagt sanft: „Es begann alles auf unserer Hochzeitsreise! Wir waren mit Maultieren zu den Niagara-Wasserfällen unterwegs, als das Tier meiner Frau stolperte! In letzter Sekunde schaffte es meine Frau, sich noch auf dem Tier zu halten, ohne in den Abgrund zu stürzen, und sie murmelte: „Das war das erste Mal.“ Einige Kilometer später strauchelte das Tier ein zweites Mal, meine Frau konnte den Sturz in die Tiefe auch dieses Mal wieder in letzter Sekunde verhindern und murmelte: „Das war das zweite Mal.“ Es kam, wie es kommen musste, das Tier strauchelte ein drittes Mal. Wieder konnte meine Frau nur mit größter Mühe den Sturz in die Tiefe verhindern. Dieses Mal sagte sie laut: „Das war das dritte Mal“, stieg von ihrem Maultier, zog einen Revolver aus ihrem Rucksack und erschoss das Tier! Wie ich meinen Unmut und meinen Einwand über ihr Verhalten dem Tier gegenüber kund tat, schaute mich meine Frau nur an und murmelte leise: „Das war das erste Mal ...“

***

Ein altes Ehepaar steht kurz vor dem 50. Hochzeitstag! Die ganze Familie staunt, dass die beiden es überhaupt so weit geschafft haben. Denn: Sie haben sich all die 50 Jahre NUR gestritten! Jeden Tag, jede Woche, jedes Jahr. Sie haben sich über alles und jeden gestritten. Die Kinder des Paares überlegen sich nun gemeinsam, was sie ihren Eltern schenken könnten. Schwierig, schwierig – sie sollen sich ja auch nicht gleich wieder über das Geschenk streiten. Schließlich kommt ihnen eine Idee: „Warum schenken wir unseren Eltern nicht einen Termin bei einem TOP-Eheberater?“ Gesagt, getan, so haben sie’s gemacht und alles arrangiert. Als der große Tag kam und sie den Eltern den Gutschein überreicht haben, haben sich die beiden natürlich nur gestritten: Ob sie das Geschenk annehmen sollen, ob sie überhaupt gehen sollen, ob sie mit dem Auto fahren sollen oder mit dem Bus, was sie anziehen sollen usw. usw. Noch als sie vor der Tür des Eheberaters standen, haben sie sich angekeift. Während des Gesprächs stellt der Berater einige kurze Routinefragen, das Ehepaar streitet sich bei jeder Frage über die Antwort. Schließlich überlegt der Eheberater kurz und sagt: „Ich tue jetzt etwas, was ich in meiner ganzen Berufslaufbahn noch nie getan habe." Er steht auf, geht um seinen Schreibtisch herum zu dem Ehepaar. Und er nimmt die kleine alte Dame fest in die Arme und küsst sie sehr, sehr lange – auf den Mund! Dann wendet er sich dem Mann zu und sagt: „Das ist es, was Ihre Frau dreimal pro Woche braucht!" Der Mann kratzt sich am Kopf, grübelt und sagt: „O. k., Doktor. Ist es recht, wenn ich sie Ihnen dann am Montag, Mittwoch und Freitag vorbeibringe?"

***

„Sag mal, nach fünfzig Jahren Ehe, was reizt dich noch an deiner Frau?" – „Jedes Wort – einfach jedes."

***

Ehepaar Müller feiert goldene Hochzeit. Auch der Bürgermeister ist eingeladen. Während des Nachmittags fragt dieser Herrn Müller: „Sagen Sie mal, Sie sind jetzt 50 lange Jahre verheiratet, haben Sie in der ganzen Zeit nicht einmal an Scheidung gedacht?" – „Aber nein, Herr Bürgermeister, an Scheidung niemals – jedoch sehr oft an Mord!"

***

Ein älteres schwäbisches Ehepaar steht zu später Abendstunde auf dem Balkon. Da sehen sie, wie unten im Gebüsch der Nachbarsjunge ein junges Mädchen umwirbt. Da sagt die Frau: „Dr Eugen, so a näddr Kerle. Wenn dr bloß koi Dommheit macht. Karle, pfeif 'm doch omal." Sagt der Gatte Karle: „Des fällt mir net em Traum ei; bei mir hot au koinr pfiffa!"

Zwei Engländer spielen Golf. Ein Trauerzug kommt vorbei, und der eine nimmt die Golfmütze ab, verharrt regungslos. „Eine nette Geste von dir“, sagt der andere darauf. „Was heißt hier nette Geste? In ein paar Tagen wären wir fünfzig Jahre verheiratet gewesen.“

***

Ein sehr sparsamer Mann möchte die Sterbeanzeige für seine verstorbene Frau in der Zeitung veröffentlichen lassen. Als er gefragt wird, wie die Anzeige aussehen soll, sagt er nur: „Sarah ist tot.“ Als der Verleger erfuhr, dass das alles sein sollte, was man nach 35 Jahren Ehe seiner toten Frau mitgibt, machte er den Mann darauf aufmerksam, dass drei Wörter in der Anzeige genauso viel kosten wie sieben Wörter. Daraufhin sagte der Mann plötzlich: „Dann schreiben Sie: Sarah ist tot und Volkswagen zu verkaufen!“

***

Der Ehemann fragt den Weinhändler: „Welchen Wein können Sie mir für unsere goldene Hochzeit empfehlen?“ Darauf antwortet der: „Kommt darauf an. Wollen Sie feiern oder vergessen?“

***

Auf einer goldenen Hochzeit sagte der Bräutigam: „Ich bin mein Leben lang nie krank gewesen! Bei unserer Hochzeit haben wir uns gesagt: ‚Wenn einer Streit anfängt, geht der andere vor die Tür!‘ – Ich war in meinem Leben viel an der frischen Luft.“

Goldene Hochzeit

Grüne Hochzeit

***

Warum sagen so viele Männer zu ihren Frauen „Schatzi“? Weil sie sich nicht zwischen Schaf und Ziege entscheiden können.

Da war einmal ein altes Ehepaar. Immer beim Frühstück nahm der Mann den Anschnitt vom Brot. Eigentlich mochte er den Anschnitt nicht besonders, aber er dachte, er wolle seiner Frau das bessere Stück überlassen. Nach 40 Jahren Ehe fasste er sich endlich Mut und sagte: „Meine Liebe, heute möchte ich einmal nicht den Anschnitt essen. Nimm du ihn, ich habe das andere Stück Brot lieber." Die Frau sah ihn erstaunt an, dann lächelte sie und sagte: „Ehrlich? Und ich dachte all die Jahre, dass du den Anschnitt lieber magst. Ich habe ihn nämlich viel lieber als das andere Stück!"

Opas Liste

Eingangsszene: *Paul sitzt auf dem Bühnenboden mit dem Gesicht zum Publikum und telefoniert. In der Hand hält er eine Liste.*

Paul: Hallo Opa, hier ist Paul! Wir freuen uns alle schon sehr auf euren 50-jährigen Hochzeitstag am Sonntag! *(lachend)* Ihr seid gespannt, was wir uns für euch ausgedacht haben? Deshalb rufe ich ja an. Ich soll nämlich herausfinden, ob unsere Ideen in die richtige Richtung gehen ... Aber natürlich haben wir uns Gedanken gemacht! *(entrüstet)* Monatelang!! *(kleine Pause)* Gut, ich lese dir unsere vorläufige Liste einmal vor.

Paul nimmt eine bequeme Sitzposition ein und legt die Liste vor sich auf den Boden. In der freien Hand hält er einen Stift.

Paul: *(ablesend)* 1. Eine elektrische Schaffell-Heizdecke für zwei Personen. 2. Eine Bus-Tagestour nach Dresden zum Weihnachtsmarkt. 3. Zwei Gutscheine für Massagen. 4. Ein Einkaufsgutschein im Reformhaus. 5. Rutschfeste Badewannenmatten und ein Haltegriff. 6. Lammfellgefütterte Winterstiefel und 7. ein halbjähriges Zeitschriftenabo für die *Seniorenpost … (betont) …* mit diversen Gutschriftencoupons! *(kleine Pause)* Gute Ideen, nicht wahr! *(zufrieden nickend)* Das fanden wir auch! *(leicht überrascht)* Ein paar kleine Änderungen? Gut, ich notiere.

Paul hört zu, gibt in regelmäßigen Abständen kleine „Hm“-Laute von sich und notiert emsig auf seiner Liste.

Paul: *(den Stift zu Boden legend und die Liste aufhebend)* Fertig! Ich lese dir alles noch einmal vor, falls ich etwas falsch verstanden habe. *(ablesend)* 1. Statt Schaffell-Heizdecke lieber Seidenbettwäsche. 2. Kein Weihnachtsmarkt in Dresden, sondern lieber etwas später der Karneval in Venedig. 3. Die Gutscheine können bleiben, aber volles Wellness-Angebot den ganzen Tag lang. 4. Einkaufsgutscheine lieber in einer Sportboutique und 5. statt der Badezimmeraccessoires besser gleich ein zweites Badezimmer. 6. Die Winterstiefel nur von *Prada* und 7. die Zeitschriftenidee ist toll, aber ein Feinschmeckermagazin mit ein paar zusätzlichen Restaurantgutscheinen wäre passender! Alles klar! Ich gebe die kleinen Änderungen gleich an meine Eltern weiter, und wir sehen uns dann alle am Sonntag!

Paul steht schwungvoll auf, steckt Liste und Stift in seine Hosentasche und schlendert pfeifend ins Off.

Antje Dohrn

***

Eine 80-jährige Frau steht wegen Ladendiebstahls vor Gericht. Der Richter fragt sie, was sie gestohlen hat. „Eine Dose Pfirsiche“, lautet die schüchterne Antwort der Angeklagten. Auf die Frage des Richters, warum sie die Dose gestohlen habe, antwortet die Frau, dass sie hungrig gewesen sei. Anschließend will der

Richter wissen, wie viele Pfirsiche in der Dose waren. Die Angeklagte antwortet: „Sechs Stück." – „Gut", sagt der Richter, „dann werde ich Sie zu sechs Tagen Gefängnis verurteilen." Bevor der Richter den Urteilsspruch verkünden kann, meldet sich der Ehemann der Angeklagten mit der Frage zu Wort, ob er auch etwas sagen dürfte. „Worum geht es?", fragt der Richter. „Sie hat auch eine große Dose Erbsen geklaut!"

***

Ein Mann lag seit längerem im Koma, aus dem er ab und zu erwachte. Seine Ehefrau war Tag und Nacht an seinem Bett. Eines Tages, als er wieder einmal bei Bewusstsein war, deutete er ihr, näher zu kommen. Er flüsterte: „In all den schlimmen Zeiten warst du stets an meiner Seite. Als ich entlassen wurde, warst du für mich da. Als dann mein Geschäft pleiteging, hast du mich unterstützt. Als wir das Haus verloren haben, hieltest du zu mir. Als es dann mit meiner Gesundheit abwärtsging, warst du stets in meiner Nähe. Weißt du was?" Ihre Augen füllten sich mit Tränen der Rührung. „Was denn, mein Liebling?", hauchte sie. „Ich glaube, du bringst mir Pech!"

***

Ein alter Bauer ist gestorben. Der Pfarrer besucht die Witwe und fragt: „Wann soll die Beerdigung sein?" – „Heute in einer Woche", sagt die Witwe sehr bestimmt. „Aber liebe Frau", sagt der Pfarrer verdutzt, „warum wollen Sie so lange warten?" – „Über fünfzig Jahre war ich mit ihm verheiratet", gibt die Witwe zur Antwort, „und jeden Sonntag in dieser Zeit war mein Mann außer Haus: im Kegelklub, im Gesangverein, bei den Schützen, beim Kirchenchor, ich weiß gar nicht, wo sonst noch überall. Diesen Sonntag aber bleibt er mir im Haus!"

Karl-Horst Möhl

Nach langen Ehejahren fragt er sie: „Sag, Liebes, in der Zeit, die wir zusammen sind, hast du mich jemals betrogen?“ Sie: „Musst du mich in so einem schönen Moment Derartiges fragen?“ Er: „Ja, ich will es unbedingt wissen. Hast du?“ Sie: „Wenn es unbedingt sein muss: Ja, ich habe. Ich habe dich dreimal betrogen.“ Er: „Wie konnte es nur dazu gekommen?“ Sie: „Nun ja, du erinnerst dich bestimmt an damals, als wir unbedingt diesen Kredit aufnehmen mussten, um unser Haus behalten zu können. Keine Bank wollte ihn dir damals geben. Da kam doch plötzlich der Direktor persönlich zu uns nach Hause und hatte unterschrieben, ohne eine Frage zu stellen. Das war das erste Mal, dass ich dich betrogen habe.“ Er schluckt: „Oh Schatz, dann hast du es also für uns getan? Wie sehr musst du mich lieben! Und das zweite Mal, wann war das?“ Sie: „Du hattest diesen Herzanfall und warst schwer krank. Die Operation war so teuer und keiner wollte sie bezahlen. Bis dieser Chirurg kam und sie umsonst für dich getätigt hat. Das war das zweite Mal.“ Er: „Dann hast du es also wieder nur für mich getan? Wie groß muss deine Liebe für mich sein, dass du bereit bist, so etwas zu tun. Und das dritte Mal?“ Sie: „Na ja, du wolltest doch damals Präsident des Golfklubs werden – aber es fehlten dir noch siebzehn Stimmen …“

Eine Frau wacht mitten in der Nacht auf und stellt fest, dass ihr Ehemann nicht im Bett ist. Sie zieht sich ihren Morgenmantel an und verlässt das Schlafzimmer. Sie findet ihn am Küchentisch vor einer Tasse Kaffee sitzen, tief in Gedanken versunken ... er starrt nur gegen die Wand. Sie kann beobachten, wie ihm eine Träne aus den Augen rinnt und er einen kräftigen Schluck von seinem Kaffee nimmt. „Was ist los, Liebling? Warum sitzt du um diese Uhrzeit in der Küche?", fragt sie ihn. „Erinnerst du dich daran, wie wir vor 50 Jahren unser erstes Rendezvous hatten? Du warst gerade erst 16!", fragt er sie. „Aber ja!", erwidert sie. „Erinnerst du dich auch daran, dass uns dein Vater dabei erwischt hat, als wir uns gerade in meinem Auto auf dem Rücksitz geliebt haben?" – „Ja, ich erinnere mich gut, das werde ich nie vergessen!" „Erinnerst du dich auch, dass er mir sein Gewehr unter die Nase gehalten und gesagt hat: ‚Entweder du heiratest meine Tochter, oder du wanderst für die nächsten 50 Jahre ins Gefängnis!'?" – „Oh ja", sagt sie. Er wischt sich eine weitere Träne von der Wange und sagt: „Weißt du ... heute wäre ich entlassen worden!"

***

Ein älteres Ehepaar feiert das 25-jährige Hochzeitsjubiläum und gleichzeitig den 60. Geburtstag. Zur Feier des Tages erscheint eine Fee und sagt ihnen, dass jeder einen Wunsch frei habe, weil sie so gut und treu gewesen wären. Die Frau wünscht sich nach einigem Nachdenken eine Reise um die Welt. Die Fee winkt mit ihrem Zauberstab, und schon hat die Frau das Ticket in der Hand. Der Mann denkt etwas länger nach, druckst herum, macht eine Pause und sagt dann scheu: „Na ja, ich persönlich würde mir gerne eine Frau wünschen, die 30 Jahre jünger ist als ich." – „Kein Problem", sagt die Fee, winkt mit ihrem Zauberstab – und schon ist er 90!

Der Ehekrieg

Sketch für 2 Personen: Oma und Opa

Oma: Komm einmal her, du alter Tropf,
an deiner Jacke fehlt ein Knopf.
Ich weiß nicht, wie du das immer machst,
dass du laufend die Knöpfe abkrachst.
Opa: Fängst du schon wieder zu meckern an?
Ist an deinem Mundwerk nichts anderes dran,
als dauernd zu schelten und zu schimpfen?
Oma: Du brauchst gerade noch die Nase rümpfen,
ausgerechnet du!
Bei dir hat man ja keine Ruh,
dauernd stellst du was an,
und so was ist ein erwachsener Mann?!
Opa: Jetzt sei bitte einen Moment still,
weil ich auch was sagen will.
Du mit deinem ewigen Flicken, Putzen und Abstauben
wirst mir meinen letzten Nerv noch rauben.
Du bringst mich vorzeitig ins Grab hinein
ich könnte noch viel rüstiger sein,
ohne dein albernes Gekeife.
Oma: Meinst du etwa, ich tanz nach deiner Pfeife?
Das wirst du bei mir nicht erleben.
Opa: Das ist das Elend eben.
Welcher Friede würde bei uns herrschen,
könntest du dich ein bisschen beherrschen.
Oma: Das würde dir so passen.
Ich soll mir von dir etwas sagen lassen.
Das wäre das erste Mal in meinem Leben.
Opa: Aber ich soll wohl nachgeben,
das kommt nicht in die Tüte –
das wäre – ach du meine Güte …

Oma: 45 Jahr' sind wir jetzt ein Paar,
wie ich das überlebt hab, fürwahr,
das weiß ich nicht, bei diesem Tyrannen.
Opa: Oho, weißt du noch, wie wir begannen,
damals als wir noch hübsch und jung,
lebensfreudig, frisch und sehr in Schwung?
Ich bin wenigstens noch hübsch, oder nicht?
Aber dir schaut nur noch das „und" aus dem Gesicht!
Oma: Tust du schon wieder hetzen?
Dir sollte man den Kopf zwischen die Ohren setzen.
Weißt du noch, als wir uns das erste Mal
gegenüberstanden?
Wie die Stimme uns versagte und die Knie wankten.
Damals wurde ich noch rot bis an die Ohren.
Und du hast mir damals Treue geschworen.
Opa: Ja, das sind die Jugendsünden,
ein ganzes Leben lang sie ihre Strafe finden.
Wie hat mich das alles schon geschlaucht.
Oma: Und was hast du mir damals ins Ohr gehaucht?
Am liebsten hättest du mich ganz und gar
aufgefressen vor Liebe mit Haut und Haar.
Opa: Warum habe ich das nicht getan?
Aber das ist eben der Liebe Wahn,
sie sei die Herrlichkeit auf Erden.
Oma: Wie soll das bloß noch mit uns werden?
Dieser 45-jährige Krieg, der hält uns munter.
Opa: Aber unter den Tisch kriegst du mich nicht runter.
Oma: Trotzdem behaupte ich noch:
Das letzte Wort behalte ich doch!

XII. Die Vielfalt der Zweisamkeit im Alter

Eine kleine Geschichte, die sich vor einigen Jahren im Institut für Sozialarbeit in Frankfurt ereignet hat. Das Institut hatte ein neues Angebot für ältere Bürgerinnen und Bürger auf dem Programm stehen. Es gab ein erstes Treffen und dazu kamen etwa zwei Dutzend Frauen im Alter von etwa 60 bis 80 Jahren und ein Mann. Dann gab es eine Begrüßungsrunde. Nun wollte die Gruppenleiterin wissen, mit welchen Erwartungen die Teilnehmerinnen und der Teilnehmer gekommen seien. Es äußerten sich einige Frauen, und die Gruppenleiterin hat noch einmal direkt den Mann angesprochen und sich nach seinen Interessen erkundigt. Der hat sich geräuspert und gesagt: „Ich habe gedacht, ich könnte hier vielleicht eine ältere Dame kennenlernen, aber hier sind nur junge Dinger." Er hat für diese Bemerkung schallendes Gelächter geerntet, aber er hatte eigentlich recht. Denn der Mann war 97 Jahre alt und damit deutlich älter als alle anderen in dieser Runde.

***

Gusti, 79, und Walter, 82, sind schon viele Jahre im Seniorenheim zu Hause. Nun entscheiden sie sich, zu heiraten. Wie sie so ganz begeistert die Hochzeitsvorbereitungen diskutieren, kommen sie an einer Apotheke vorbei. Walter schlägt vor, doch kurz hineinzuschauen. Er fragt den Apotheker: „Sind Sie der Chef hier?" Der Apotheker antwortet: „Ja, das bin ich, und womit kann ich helfen?" Walter: „Wir wollen heiraten, haben Sie Herzmittel?" Der Apotheker: „Selbstverständlich!" Walter: „Auch Medizin für den Kreislauf?" Apotheker: „Eine sehr große Auswahl!" Walter: „Mittel gegen Rheuma und Gicht?" Apotheker: „Da sind wir Spezialisten!" Walter: „Was gegen Gedächtnisschwund und Parkinson?" Apotheker: „Ja, sehr wirksame Mittel!" Walter: „Und wie steht es mit Vitaminen und Schlaftabletten?" Apotheker: „Führen wir natürlich auch!" Walter: „Und haben Sie auch Inkontinenzwindeln?“ Apotheker: „Ja, in allen Größen!“ Walter: „Auch Rollstühle und Gehhilfen?“ Apotheker: „Alle Modelle und Preislagen!“ Walter zu Gusti: „Was meinst du, Liebste, ist das nicht der perfekte Laden für unsere Hochzeitsliste?“

Der Schatz der Liebe

Ein altes Ehepaar geht zu Bett. Die Kissen werden aufgeschüttelt, der Wecker aufgezogen und in Sichtweite gestellt. Liebevoll schaut der Mann zu seiner Frau hinüber, streichelt ihr faltiges Gesicht und meint: „Mehr als fünfzig Jahre schlafen wir nun gemeinsam ein und sind glücklich miteinander. Glaube mir, Frau, nicht für eine Million gäbe ich dich her!“

„Ja, das weiß ich, Mann, aber du bist auch nicht zu haben, auch nicht für eine Million!“ Zwei Menschen nach einem langen Leben und voll Wertschätzung füreinander. Sie sagen sich: „Nun schlafe gut!“ Er gibt ihr noch einen Kuss und flüstert: „Hast du auch die Haustür gut abgeschlossen? Hier liegen schließlich zwei Millionen!“

***

Nach dreißig Jahren gemeinsamen Fernsehens sagte ein Mann zu seiner Frau: „Lass uns heute Abend etwas wirklich Aufregendes unternehmen!“ Sofort tauchten vor ihrem Auge Visionen von einer Nacht in der Stadt auf. „Fantastisch“, sagte sie, „was wollen wir machen?“ – „Wir könnten einmal die Sessel tauschen.“

***

Das Haus brennt lichterloh. Das Ehepaar kann sich in letzter Minute gerade noch retten. Draußen strahlt sie ihn an: „Ich bin so glücklich, Emil – das ist seit 19 Jahren das erste Mal, dass wir zusammen ausgehen!“

So war es früher

2 Liegen, Bettzeug, 1 Decke, 2 Kissen, 2 Bademäntel, 1 Nachttopf. Jeder: Bademantel. Opa: Stock, Kerze, Puschen, Nachthemd, Wollstrümpfe, Zipfelmütze. Oma: Nachthaube, Schinkenbüddel, Nachthemd, Puschen

Oma und Opa kommen eingehakt ins Schlafzimmer (mit Kerze „Darmolleuchter"), ziehen sich aus: Opa den Morgenmantel, Oma den „Schinkenbüddel" (= Ünnerbüx) und Morgenmantel; beide gehen zu Bett.

Oma: Bin ik meud *(reckt sich)*
Opa: Gute Nacht!
Oma: Schatz!
Opa: Jaaa?
Oma: Weit's noch, fröher hest du mi ok immer todeckt!
Opa: Ja. *(Steht auf und deckt sie zu, stopft mit dem Stock die Decke zurecht, geht wieder zu Bett.)*
Oma: Schatzi, fröher hest du mi ok immer de Hoor mal striegelt. *(Sie nimmt die Haube ab.)*
Opa: *(Streicht über ihre Haare.)*
Oma: Danke, Schatzi!
Opa: *(Geht wieder ins Bett.)*
Oma: Schatzi, weit's noch, fröher hest du mi immer mol een Söten geben!
Opa: *(Kniet sich vor sie hin, gibt ihr einen Kuss.)*
Oma: Danke, Schatzi!
Opa: Nacht!
Oma: Schatzi weit's du noch, fröher hest du mi ok ümmer mol ant Ohr knabbert. *(Macht ihr linkes Ohr frei.)*
Opa: *(Steht auf und geht weg.)*
Oma: Schatzi, wo wullt du denn jetzt hin?
Opa: De Teen *(Zähne)* holen!

Oma: *(Haut auf die Bettdecke.)*
Opa: *(Kommt zurück, zeigt die Zähne und knabbert an Omas Ohr, geht zu Bett.)*
Oma: Schatzi, fröher hest du mi ok immer mol leeft (geliebt)!
Opa: *(Steht auf, geht wieder weg.)*
Oma: Wo wullt du denn nu all wedder hin?
Opa: Ik hol min Notizbook und kiek mol no, wat fröher alls ween is!

Der Arztbesuch

Oma: Herr Doktor, mit meinem Opa, das kann ich Ihnen sagen, das ist vielleicht ein Kreuz. Was der mir zu schaffen macht! Und dann die Schmerzen! Herr Doktor, ich bin manchmal ganz krank von den Schmerzen, die mein Mann hat.
Arzt: So, was fehlt ihm denn?
Opa: Na, also ich …
Oma: *(Ihm das Wort abschneidend)* Alles, Herr Doktor, alles und nichts. Es ist eben so das allgemeine Allgemeinbefinden.
Arzt: Wo haben Sie denn Ihre Schmerzen?
Opa: Ja, also ich …
Oma: Mal da und mal da, Herr Doktor. Das müssen die Nerven sein. Und dann sieht er auch immer so schlecht aus, und sein Stuhlgang gefällt mir gar nicht!
Arzt: Zeigen Sie mir mal Ihre Zunge!
Oma: *(kommandogewohnt)* Zeig mal die Zunge, los!
Opa: Aaaaah!
Arzt: Tja …
Oma: Sehen Sie, das sage ich auch. Manchmal meine ich, er hat's auf der Lunge, dann bin ich aber wieder mehr für ein Herzleiden.
Arzt: Geben Sie mir mal Ihren Puls!
Oma: Gib mal deinen Puls! Die Temperatur ist ganz normal, messen tu ich sie viermal am Tag, rektal natürlich. Und am

vielen Salz kann's auch nicht liegen. Seit meine Nachbarin gemeint hat, es könne an den Nieren liegen, gebe ich ihm nur noch salzlose Kost. Und das Blut muss auch in Ordnung sein. Jeden Tag lasse ich ihn zwei bis drei Liter Blutreinigungstee trinken.

Arzt: Haben Sie Atembeschwerden?

Opa: Ja, also ich …

Oma: Ob du Atembeschwerden hast? Nee, Atembeschwerden hat er keine. Es ist nur der Blutdruck. Aber den lasse ich ihn schon wegschwitzen. Jeden Morgen und Abend bekommt er eine kalte Ganzpackung.

Arzt: Machen Sie mal Kniebeugen!

Oma: Mach Kniebeugen, dalli! *(Opa beginnt Kniebeugen zu machen)* Zähl die Kniebeugen, und nicht gemogelt! Ja sehn Sie, Herr Doktor, das Schlimmste ist, dass er nicht mehr so lustig ist, mein Mann. *(Opa zählt im Hintergrund und macht immer schlechtere Kniebeugen)* Wissen Sie, ich bin so eine sonnige Frohnatur, und mein Mann lacht nicht mehr. Nicht so lappig die Kniebeugen! Tief runter! Ich frage mich, warum lacht mein Mann nicht mehr?

Arzt: Der hat ja auch weiß Gott nichts mehr zu lachen!

Oma: Sehen Sie, das ist es ja gerade. Das Leben ist heute so trübe, und dabei mache ich es ihm doch so schön zu Hause. Alles fein sauber, kein Stäubchen liegt rum. Und einen prima Teppich und ein Sofa mit piekfeinen Kissen! Natürlich darf er nicht über den Teppich latschen. Und neulich setzt der Mensch sich doch – sehen Sie, so konfus ist er – aufs Sofa drauf, aufs seidene Kissen! Wo doch das Sofa und die Kissen gar nicht zum Draufsetzen sind! Na, da ist mir doch glatt meine Hand ausgerutscht! *(Gramvoll)* Tja, und er lacht nicht!

Opa: *(Zählt lauter)* 54, 55, 56 …

Arzt: Um Gottes Willen, Sie machen ja immer noch Kniebeugen! Hören Sie auf!

Oma: Aufhören!

Arzt: *(Fühlt den Puls)* Nach 56 Kniebeugen so ein Puls! Sie sind vollkommen gesund!

Oma: Gesund? Nun schlägt's aber dreizehn! Was ich befürchtet hatte! Da rackert man sich ab Jahr für Jahr, mit 'nem kranken Mann und dann ist er gesund? Gelogen hast du! Aufs Glatteis hast du mich geführt mit deiner ewigen Krankheit und deinem doofen Gesicht und deinem entgleisten Gesichtszug! Also gesund bist du? Was sagst du jetzt? Siehste, gar nichts sagst du! Sonst immer die große Gusche haben! Aber jetzt bist du klein und hässlich. Also ist das nun amtlich, dass meinem Opa nichts fehlt?

Arzt: Er leidet allerdings an einem beträchtlichen …

Oma: *(Erleichtert)* So? Na, das ist ja wenigstens etwas! Können Sie ihm denn nicht irgendetwas verschreiben, Herr Doktor? Wie wäre es denn mit Eispackungen? Erst den Körper in siedendes Wasser getaucht und dann in Eis? Oder soll ich ihn eine Rizinuskur machen lassen?

Arzt: Na, ich verschreib ihm was gegen … *(Gibt dem Opa ein Rezept)*

Oma: Na also, lies doch selber!

Opa: *(Grinst)* Das ist genau das Richtige!

Oma: Was haben Sie ihm denn verschrieben, Herr Doktor?

Opa: Eine andere Frau!

Im Sonntagsgottesdienst in der Kirche. Der Pfarrer hält gerade seine Predigt, als es plötzlich zu blitzen, zu donnern und zu krachen beginnt und der Satan mitten in der Kirche steht. Die Leute drängen sich alle zum Altar. Satan macht einen Schritt auf die Leute zu, und alle suchen das Weite. Die Kirche ist leer, nur ein einziger, etwas älterer Mann sitzt nach wie vor ruhig in seiner Kirchenbank. Der Satan wundert sich und geht auf den Mann zu und fragt ihn: „Sag mal, weißt du eigentlich, wer ich bin?" Der Mann schaut ihn nur an. „Ich bin's der Satan, der Teufel, der Leibhaftige … sag, hast du keine Angst vor mir?" Darauf erwidert der Mann ganz ruhig: „Wieso sollte ich Angst vor dir haben? Ich bin doch seit 28 Jahren mit deiner Schwester verheiratet!"

***

Eine ältere Dame wird gefragt, warum sie nicht geheiratet hat. Ihre Antwort: „Ich habe einen Hund, der bellt, einen Papagei, der flucht, einen Kamin, der raucht und eine Katze, die streunt. Warum sollte ich heiraten?"

„Ich freue mich wirklich nicht auf Heinrichs Ruhestand. Weniger Geld – mehr Heinrich."

Festgefahren

„Sie sehen gut aus, so richtig erholt – waren Sie beide verreist?", fragte Frau Gerda ihre Bekannte, als sie sich auf dem Markt trafen. Frau Hilde schmunzelte. „Nicht wir, sondern ich war ein paar Tage weg. Meine Schwester brauchte mich", fügte sie hinzu. „Und Ihr Mann?" „Ach, der hat zu Hause allein herumgewurstelt."

Was sie bei diesem Zusammentreffen nicht verraten hatte, war die Erfahrung, dass die Tage der Trennung für ihr Eheglück wahre Wunder bewirkt hatten.

Mit ihrem Bruno war es vor ihrer Reise kaum noch auszuhalten gewesen. Er war eigentlich von Natur aus ein Gemütsmensch, doch neuerdings hatte sie ihm nichts mehr recht machen können. Was sie auch anfasste, war verkehrt, machte sie in seinen Augen falsch. Sie gingen sich buchstäblich auf die Nerven. Als er einmal mit dem Eifer eines Detektives eine Schale Erdbeeren, die sie vom Markt heimgebracht hatte, unter die Lupe nahm, wobei er tatsächlich eine verdorbene Frucht fand, die er zum Anlass nahm, an ihren hausfraulichen Qualitäten zu zweifeln, war sie mit Karacho hochgegangen. Früher hatte sie solche Problemchen mit Humor gelöst. Doch nun reagierte sie heftig, heftiger, als sie selbst wollte. Zu diesem Zeitpunkt traf das Telegramm ihrer Schwester ein: „Bitte, komme sofort! Bin erkrankt. Ruth."

Als Frau Hilde dann bei der Schwester ankam, befand die sich bereits auf dem Wege der Besserung.

Doch nun geschah das Wunder. Wenn sie an ihren Bruno dachte, trat nicht mehr das, was sie an ihm störte, in den Vordergrund, sondern mehr das Gute, das sie beide seit Jahrzehnten verband. Ihm schien es genauso zu ergehen. Allein gelassen mit dem Haushalt und mit seinem Fernsehapparat sehnte er sich nach dem Gesprächspartner, der sich seine Kommentare anhörte. Jedenfalls schrieb er ihr einen richtigen Liebesbrief. „Komm bitte so bald wie möglich zurück, ich brauche dich!", stand da unter anderem schwarz auf weiß. Und sie las es gern.

Ihr Empfang war dann auch dementsprechend. Vielleicht, dachte Frau Hilde, vielleicht hat das Sprichwort gar nicht so unrecht, das meint: „Wie Wasser schmeckt, das erfährt der Brunnenbesitzer nie; das weiß nur der, der oft durch Wüsten geht." Vielleicht haben auch Eheleute von Zeit zu Zeit einen solchen „Wüstengang" nötig.

Jedenfalls, was Bruno und sie selbst betraf, so konnten sie feststellen, dass die Tage der Trennung für beide ein gutes Bindemittel geworden waren.

Ilse Schweitzer

Immer gegen elf

Man wird älter. Aber zum Glück ist das nicht nur Verlust! Mit den Jahren, da die Erinnerung in den Vordergrund rückt, ändert sich auch die Lebensschau. Der Gesichtskreis wird zwar kleiner, man kommt seltener unter Menschen, dafür aber hat man Zeit.

Da kannst du machen, was du willst: Manchen Männern ist das einfach nicht abzugewöhnen. Am Sonntagvormittag, so gegen elf, stehen sie plötzlich dort, wo man sie sonst die ganze Woche nie zu sehen bekommt. In der Küche nämlich. Und im Weg herum. Ganz ohne Grund, bloß so. Die Hände in den Hosentaschen. Und die blanke Neugier im Gesicht.

Habe ich gesagt „Sonntagvormittag"? Ach, das war einmal! Der Herr ist Rentner, jetzt steht er täglich – immer so gegen elf!

Was er hier will? Ooch – eigentlich gar nichts. Bloß mal reinschauen halt.

Und genau das tut er dann auch. Vorsichtig hebt er den Deckel von einem Topf.

„Mhm – also Reis gibt's heut. Prima. Aber, sag mal, Mutti, muss der nicht vom Herd? Der schaut doch schon ziemlich gatschig aus, oder?"

Kluge Haus- und Ehefrauen überhören so etwas. Solche mit einem weniger robusten Nervenkostüm reißen ihm den Deckel aus der Hand, knallen ihn auf den Topf (den Deckel) und funkeln ihn (den Mann) so grantig an, dass er eigentlich wissen müsste, wie viel es geschlagen hat. Aber ein Ehemann hat meistens eine ziemlich dicke Haut. Weshalb er auch ohne Angst und Zögern den nächsten Deckel hebt.

„Da schau her – Gulasch! – Aber, Täubchen, sag mal – setzt das nicht schon ein bissel unten an?“

Und schon rührt er rum in dem Topf, was man schon gar nicht leiden kann! Er rührt und rührt und „rettet“ das Gulasch vor dem Anbrennen. Und nicht nur das. Er fischt sich mit dem Kochlöffel eine Kostprobe heraus, probiert, leicht schmatzend, ob auch mit den Gewürzen alles in Ordnung ist.

„Mhm … ganz gut – nur … Findest du nicht? – Irgendetwas … irgendetwas fehlt noch, ’ne Spur Senf vielleicht, Mutti?“

Wenn die Mutti mit den Nerven nicht sehr auf der Höhe ist, dann explodiert sie spätestens jetzt. Mit Blutdruck 180 und mit der Phonzahl eines Mopeds wird sie ihm ins Gesicht fauchen, er solle doch gefälligst gleich selber das ganze Mittagessen kochen, wenn er alles besser weiß. Und das ist natürlich in jedem Fall ganz falsch! Denn entweder ist er dann beleidigt. Oder aber – was fast noch schlimmer wäre –, er tut’s tatsächlich. Nein, kluge Haus- und Ehefrauen mit robustem Gemüt lassen sich nicht zu solchen Ausbrüchen hinreißen. Wenn’s ihnen zu viel wird, dann fragen sie ihn ganz sanft: „Sag mal, Papi, die Rollen am Teewagen, die eiern doch immer noch – bitte, kannst du nicht mal die Schrauben nachziehen?“

Oder: „Fred, der neue Handtuchhalter, sei doch so gut und düble ihn überm Waschtisch ein. Du machst sowas so akkurat.“

Der Erfolg ist verblüffend. Der Herr Pensionär hat plötzlich was vor.

„Du, Lore – der Hund! Warst du denn überhaupt mit dem Hund schon unten?“

„Du, da fällt mir ein, das Fachblatt von Otto, ich muss es ihm spätestens morgen wiederbringen und hab noch keinen Blick reingetan. Dübeln tu ich dann morgen.“

Oder – und das ist der günstigste Fall:

„Ade, Maus – der Kiosk macht ja zu über Mittag, ich brauche noch dringend Zigaretten“ – und schwupp ist er aus der Küche –

aber nicht schnell genug, als dass *sie* ihm nicht noch den Mülleimer in die Hand drücken könnte, „und gell, dann bring auch gleich vom Pfleiderer ein halb Pfund Topfen mit, losen, der wird heut frisch geliefert."

Weitere Aufträge verhindert er durch „Ade, bis gleich!"

Helmut Seitz

XIII. Der alte Mensch und sein Seelenheil

Ein Mann geht zur Beichte, und als er mit seinem Sündenregister fertig ist, fragt ihn der Pfarrer, was er von Beruf sei. „Ich bin Artist!“, sagt der Mann. „Und was machen Sie da?“, fragt der Pfarrer. „Das lässt sich schwer erklären, das kann ich Ihnen nur zeigen.“ Und der Mann geht hinaus aus dem Beichtstuhl und schlägt einen Doppelsalto. Nach dem Artisten kommt eine ältere Frau, die nur mit Mühe laufen kann, in den Beichtstuhl und sagt gleich am Anfang: „Gell, Herr Pfarrer, mir legen Sie nicht so eine harte Buße auf wie dem vor mir!“

***

Ik weet noch, as Oma neegentig Johr old wur. O sä se, dat se noch gern mal to Kark wull, um to beichten. Se harr sik mit Paster Drews veraffred un sä: „Ik heff dor nie öwer snackt, Herr Paster, aver ik mutt dat mal loswarn.“ – „Na“, antwurt de Paster, „wat weer denn los, Oma Hansen? – So slimm kann dat doch nich ween sien.“ Oma fummelt en beten opgeregt an ehr Daschendook, aver denn gev se sik en Stoot un sä: „Ik heff Ehebruch dreven, Herr Paster.“ – „Aver Oma“, sä de Paster, „dat mut doch al en halv Johrhunnert her ween.“ – „Ja, dat schon“, sä Oma, „aver ik snack so gern daröver!“

***

Opa Luigi aus Neapel wird schon 95 und möchte noch einmal beichten. Der Priester kommt, um ihm die Beichte abzunehmen. „Während des Zweiten Weltkrieges, vor über 60 Jahren, kam eine Frau in mein Haus und bat mich, sie vor den Deutschen zu verstecken“, beichtet Opa Luigi. „Du hast damit eine wundervolle und mutige Tat getan!“, sagt der Priester „Ja, aber es ist halt so, ich war damals schwach und verlangte von ihr, sich erkenntlich zu zeigen“, antwortet Opa. „Na ja“, sagt der Priester, „ihr wart beide in großer Gefahr. Gott in seiner Weisheit wird Gut und Schlecht abwägen und dir vergeben.“ – „Danke“, sagt Luigi erleichtert, „aber noch eine Frage, soll ich ihr schon sagen, dass der Krieg vorbei ist?“

***

Da is amal a alta Einleger zum Herrn Pfarrer beichten kumma. Moant de Herr Pfarrer: „Nun, mit den Sünden wird's wohl nicht so arg sein bei Euch in dem hohen Alter.“ Sagt da Einleger: „Da hab'n S' recht, Hochwürden Herr Pfarrer, mit dö Sünd'n, da schaut's bei mir leider schan schlecht aus. Aba drucka taut mi was, Herr Pfarrer, und da war i halt kemma, mei G'wiss'n a wenig erleichtern. Wiss'n S', Herr Pfarrer, wia i nu Überfarer g'west bin auf'n See, da bin i amal mit an fremd'n Herrn umag'fahr'n und den is 's Fahrgeld z'hoch g'west und da san ma streitat wor'n und i hab eahm mit'n Ruada oane auf'n Kopf aufituscht, dass a hintumi in See einig'fall'n is. Und weil's hiatzt bald schon a vierz'g Jahr' her is, dass i von eahm nix g'seg'n und g'hert hab, hab i halt a wengerl a Angst, es kunnt eahm am End do was passiert sein.“

***

Osterbeichte: „Zu was für an Herrn gengan denn Sie, Frau Meier? I geh zum Pater Hermann.“ – „Na, i geh zum Pater Kosimo. Wissen'S, der fragt oan scho nach so schöne Sünd'n, dass man sich glei dreißig Jahre jünger fühlt.“

***

Ehe die Gräfin de Groller mit 87 Jahren starb, legte sie ihre letzte Beichte ab. Die alte Dame war schon sehr schwach und erklärte dem Curé (Pfarrer) deshalb nur kurz: „Ehrwürdiger Vater, ich war einst jung und schön … das Übrige können Sie sich denken.“

XIV. Die Liebe im Alter: „Fast jeden Tag ...“

Eine ältere Dame geht zum Arzt und will sich die Pille verschreiben lassen. Der Arzt verwundert: „Wieso wollen Sie sich mit 80 Jahren noch die Pille verschreiben lassen?“ Die Frau: „Weil ich dann besser schlafen kann.“ – „Wie denn das?“ – „Indem ich jeden Morgen eine Pille in den Orangensaft meiner 15-jährigen Enkelin gebe.“

***

Eine feuchtfröhliche Gesellschaft älterer Herren erscheint gerade im Klubhaus, als einige flotte junge Golferinnen gehen wollen. „Hallo, schönes Fräulein“, versucht einer der Kavaliere anzubandeln, „wohin geht es denn so eilig?“ – „Nach Hause – unseren Omas Bescheid sagen, dass jetzt etwas Passendes für sie im Klubhaus ist.“

***

Die etwas späte, aber immer noch unbeschädigte Baronesse macht von der Riviera aus eine Kreuzfahrt im Mittelmeer. Natürlich reist die begüterte Dame in der ersten Klasse. Aus ihrem Tagebuch seien hier ein paar Eintragungen festgehalten:

- Montag, den 5. Mai: Am Kapitänstisch gesessen. Der Kapitän ist ein charmanter Plauderer!
- Dienstag, den 6. Mai: Auf der Brücke einen Drink mit dem Kapitän genommen!
- Mittwoch, den 7. Mai: Der Kapitän macht mir unsittliche Anträge. Pfui!
- Donnerstag, den 8. Mai: Der Kapitän bedrängt mich! Er droht, das Schiff auf ein Riff zu setzen, wenn ich ihn nicht erhöre. Bin verzweifelt. Was soll ich nur machen?

- Freitag, den 9. Mai: Heute Nacht habe ich vierhundertsechzig Passagieren und der Besatzung das Leben gerettet!

***

Zwei Opas sitzen auf einer Bank. Meint der eine: „Schon erstaunlich, was die Mädchen heute alles herzeigen.“ „Da hast du recht“, stimmt der andere zu. „Wenn wir früher so weit waren, wie wir heute gucken können, dann hatten wir es meistens schon geschafft …“

***

Sitzen zwei Senioren – beide frisch pensioniert – auf einer Parkbank. Geht eine junge Dame mit reichlich guten „Kurven“ vorbei. Sagt der eine: „Wenn ich die Dame so anschaue, möchte ich noch mal 20 sein.“ Fragt der andere: „Warum denn das?“ „Na, um sie zu vernaschen, ist doch klar!“ Antwortet sein Gegenüber: „Bist du blöd? Für 10 Minuten Spaß willste noch mal 40 Jahre arbeiten, um auf die Rente zu warten?“

***

Zwei alte Herren unterhalten sich: „Du Karl, wie hast du es eigentlich geschafft, eine so hübsche junge Frau zu heiraten? Du bist immerhin schon 75, sie ist 23!“ – „Ganz einfach, ich habe ihr gesagt, ich bin 85!“

***

Ein steinalter Mann hat gerade eine bildhübsche und junge Frau geheiratet. Beide finden sich zum Flittern in einem Hotel ein. Das Personal grinst in sich hinein und lästert: „Guck dir den Opa an, der kommt morgen früh sicher total geschafft zum Frühstück …“ Am nächsten Morgen kommt der alte Herr fröhlich pfeifend herunter, während seine Gattin auf dem Zahnfleisch kriecht. Nach zwei Wochen Flittern, am Tag der Abreise, traut sich das Personal, die Frau zu fragen: „Sagen Sie, Sie waren zwei Wochen lang immer erledigt, wir dachten das eigentlich eher von Ihrem Mann?“ – „Ach“, klagt sie, „als ich ihn geheiratet habe, hat er gesagt, er hätte 30 Jahre gespart. Und ich dachte, er meint GELD!“

***

Feldmarschall Wrangel war bis ins hohe Alter hinein ein Verehrer des schönen Geschlechts. Als er, schon über die Achtzig, eines Tages mit einem Adjutanten in Berlin spazieren ging, kreuzte ein auffallend hübsches Mädchen seinen Weg. Papa Wrangel sah der reizenden Erscheinung lange nach. Dann wandte er sich seufzend an seinen Adjutanten: „Dat is so ein Fall, mein Sohn, bei dem man erst siebzig sein möchte!“

***

Treffen sich zwei Achtzigjährige: „Na, wie geht's denn so?“ „Fantastisch, ich hab eine neue Freundin!“ „Sag bloß.“ „Sie ist dreiundzwanzig, nächste Woche fahren wir zusammen in Urlaub.“ „Hui, dann wünsche ich viel Vergnügen, erzählst du mir dann, wie's war?“ – Zurück aus dem Urlaub: „Na, wie war's?“ „Fantastisch! Essen, Konzerte, Theater, es war traumhaft.“ „Ja, und wie war's mit der Liebe?“ „Fast jeden Tag!“ „Fast jeden Tag???“ „Ja – fast am Montag, fast am Dienstag, fast am Mittwoch ...!“

***

Klingelt ein schnieker Schornsteinfeger an einer Haustür im Dorf. Eine alte Oma in einem langen schwarzen Kleid öffnet ihm. Sie mustert den Schornsteinfeger mit aufblitzenden Augen von oben bis unten. Dann zieht sie etwas ihren Ausschnitt herunter und zeigt auf einen auf ihrer Brust tätowierten Frosch. Sie sagt: „Wenn du errätst, was das für ein Tier ist, darfst du mit mir die

Nacht verbringen!“ Der Schornsteinfeger meint grinsend: *„Das ist ein Elefant!“* Darauf die Oma: „Na ja, das kann ich gerade noch gelten lassen.“

***

Ein alter Pensionsgast ist ständig hinter dem Zimmermädchen Bea her. Als er Bea mal wieder nachstellt, wird es ihr zu viel. Sie droht: „Wenn Sie nicht endlich aufhören, dann sage ich ja – und was machen Sie dann?“

***

Letztens ging Oma Hoppenstedt wieder mal alleine spazieren. Da kam sie in eine Gegend, und da ist sie noch nie gewesen. War ihr alles komisch, denn an der Straße standen links und rechts Frauen am Fußweg. Und die sahen alle komisch aus. Kam ihr auch alles komisch vor. Da sah sie einen Polizisten und winkte ihn zu sich her: „Herr Wachtmeister, Herr Wachtmeister, was sind denn das da alles für Frauen?“ Der wurde verlegen und druckste rum: „Ja, liebe Frau, ähm, liebe Frau, ähm, das sind, ähm, Prostituierte.“ Oma Hoppenstedt: „Ach, aha! Prostituierte! So! Also, wenn da man keine Nutten bei sind!“

***

Arzt: „Gute Frau, Sie sind jetzt 92, Ihr Freund 21, da kann jeder Sexualkontakt zum Tode führen!“ Worauf die alte Dame meint: „Na ja, dann stirbt er halt!“

***

Ein älteres Paar kommt zum Arzt und bittet ihn, doch zu beobachten, was sie für Probleme beim Sex hätten. Kopfschüttelnd willigt der Sexualkundler ein, die beiden „dabei“ zu begutachten. Man legt sich auf die Couch, und es dauert zwar lange, gelingt aber zur vollen Zufriedenheit des Pärchens. „Na sehen Sie, es hat doch prima geklappt! Ich bekomme 50 Euro!" Vierzehn Tage später erscheint das Pärchen wieder, lässt sich beobachten und zahlt 50 Euro. Als sie zwei Wochen später wieder beim Arzt ankommen, fragt der verwundert: „Warum sind Sie denn schon wieder da? Es funktioniert doch bei Ihnen wunderbar!" „Ach wissen Sie, Herr Doktor, das ist so: Wir sind beide verheiratet. In ihrer Wohnung können wir uns nicht treffen und in meiner schon gar nicht. Das billigste Motel verlangt 100 Euro und bei Ihnen können wir es für 50 Euro haben und bekommen noch 46 Euro von der Krankenkasse zurück!"

***

Drei alte Damen residierten an der Kaffeetafel. Die eine ist 75 und sagt quietschfidel: „Hach, ich sehe immer noch aus wie 65!" Die zweite nickt und meint: „Ich bin schon 85 und fühle mich immer noch wie 75!" Und die dritte sagt darauf weise und voll Stolz: „Ich bin 95 und immer noch Jungfrau! Toi, toi, toi …"

***

Sagt die alte Dame: „Ich hatte nur eine große Liebe in meinem Leben … Matrosen, Matrosen, Matrosen!"

***

Eine ältere Dame bespricht mit einem Steinmetz die Inschrift ihres Grabsteins. „Bitte schreiben Sie Folgendes auf den Grabstein: unschuldig geboren – unschuldig gelebt – unschuldig gestorben." – „Das wird aber teuer, Gnädigste", gibt der Steinmetz zu bedenken. „Wie wäre es mit: ‚ungeöffnet zurück'?"

Einer älteren Dame erscheint eine gute Fee und sagt: „Du hast drei Wünsche frei.“ Das Mütterchen überlegt kurz und wünscht sich dann ein schönes Haus mit einem großen Garten. Der Wunsch geht in Erfüllung, und sie wird mutiger. „Als nächstes wäre ich gerne wieder eine junge Frau.“ Gesagt – getan, der Wunsch wird erfüllt! „Und dann wünsche ich mir noch, dass mein alter fetter Kater ein begehrenswerter junger Mann wird, der mich liebt.“ Auch dieser Wunsch erfüllt sich, und die Fee zieht weiter. Der junge Mann hingegen sitzt auf der Gartenbank und grinst die Frau an. Diese – höchst irritiert – fragt ihn, was denn wäre. Da antwortet er: „Na, tut's dir jetzt Leid, dass du mich damals hast kastrieren lassen?“

***

Sven ist pleite. Seine Frau hat ihn verlassen, seine Geliebte auch. Er steigt auf den höchsten Turm der Stadt. Als er springen will, sagt plötzlich eine alte Frau hinter ihm: „Lass das! Wenn du bei mir nächtigst, werde ich dir morgen drei Wünsche erfüllen.“ Als Sven am nächsten Morgen seine drei Wünsche äußern will, fragt sie: „Wie alt bist du?“ – „47 Jahre.“ – „Und da glaubst du noch an Feen?“

***

Dem schon etwas betagten Lord McParrton wurde jeden Morgen von seinem Butler Harvey das Frühstück in sein Schlafgemach gebracht. Nachdem Harvey die Schlafzimmertür leise geschlossen und das Tablett abgestellt hatte, räusperte er sich sehr diskret. Woraufhin Seine Lordschaft erwachte und seinen Butler leicht distinguiert anschaute: „Guten Morgen, Harvey ...“ „Guten Morgen, Mylord ...“ Lord Mc Parrton dämmerte, dass an diesem Morgen etwas nicht stimmte, denn Harvey betrachtete ihn hochachtungsvoll-abschätzend. „Nun, Harvey, was haben wir auf dem Herzen?“ Der Butler errötete und stotterte leicht, als er antwortete: „... Mit Verlaub, Mylord ... er – äh – er, äh – hm, also –

ER steht … – Darf ich Lady Mary …!?“ Schneller, als man es dem Lord zugetraut hätte, war er aus dem Bett gekommen und brummte jetzt außer Atem: „Nix da, Harvey. Lassen wir meine Gattin aus dem Spiel. Meine Sachen – schnell – wir wollen ihn in die Stadt schmuggeln …“

***

Ein alter Seebär, der einen Hafen erreicht hat, möchte sich gerne vergnügen und begibt sich kurzerhand in ein Bordell. Als er von einer der Mitarbeiterinnen gefragt wird: „Nu, Kleiner, was kann ich für dich tun?“, sagt der Seemann: „Ho! Ich bin ein alter Seemann und brauch Wasser dabei!“ Sie sagt: „Kein Problem“, steigt in die Badewanne. Er wieder: „Na ja, Wellen aber auch!“ Sie sitzt in der Badewanne und schlägt mit den Armen: Wellen, Wellen, Wellen. – Dann fragt sie: „Können wir jetzt anfangen?“ Er: „Na ja, aber Blitz und Donner auch … und Wind darf nicht fehlen!“ Sie raus aus der Wanne, hin zum Lichtschalter, Licht ein, Licht aus, hin zur Türe, Türe auf, Türe zu, rennt zum Fenster, Fenster auf, Fenster zu … rein ins Wasser und wieder Wellen, Wellen, Wellen. Völlig außer Atem und fix und fertig mit der Welt fragt sie dann: „UND, KÖNNEN WIR JETZT ENDLICH ANFANGEN?“ Darauf der alte Seebär: „Nö! Bei dem Schietwetter hab ich keine Lust mehr!“

***

„Na, Süßer, wie wär's denn mit uns beiden?“, spricht die junge Dame den über 70-jährigen Kapitän a. D. auf der Reeperbahn an. Spontan zückt der alte Herr die Brieftasche: „Hier, mein Engel, haben Sie 50 Euro – für das Vertrauen, das Sie noch in mich setzen.“

Der alte Baron ist mit Sohn und Großsohn in Paris, um die Erträge einer besonders guten Ernte unter die Leute zu bringen. Man erkundigt sich im Hotel beim Portier nach Möglichkeiten, den angebrochenen Nachmittag in charmanter Gesellschaft zu verbringen. Der Portier hat für jeden der drei Herren die richtige Adresse. Um 24 Uhr kommt der Enkel zurück ins Hotel. Er gibt dem Portier 20 Euro Trinkgeld und bedankt sich: „Also diese Weiber in Paris! Ein Temperament! War ein toller Abend!" Um 2 Uhr nachts kehrt der 45-jährige „junge Baron" heim und schwärmt: „Also diese Weiber in Paris! Ein Einfallsreichtum! Tolle Adresse!" Um 6 Uhr morgens erscheint endlich der alte Baron persönlich. Er gibt dem Portier 100 Euro Trinkgeld und seufzt glücklich: „Also, mein Lieberchen, das war ein heißer Tipp! Diese Weiber in Paris! Eine Geduld kann ich Ihnen sagen, eine unwahrscheinliche Geduld!"

***

Der Baron sitzt zu später Stunde in einer Dorpater Bar neben einer noch ganz knackigen Endfünfzigerin. Bei einigen Wodkas kommt man sich näher. Plötzlich fragt die Dame: „Sagen Sie, Herr Baron, was halten Sie von einem Abenteuer zu dritt mit Mutter und Tochter?" – „Gnädigste, was für eine Frage! Natürlich ist man als Kavalier bei so einem Angebot kein Spielverderber!" Man macht sich gemeinsam auf den Heimweg. Die Kutsche hält, und als die Dame die Tür öffnet, sieht man den Salon in verführerischem Dämmerlicht. Auf leisen Sohlen nähert sich die späte Dame der Treppe und ruft hinauf: „Oma! Schläfst du schon?"

***

Steigt ein Punker in die Straßenbahn ein. So ein richtiger mit steil stehendem prächtigem rot-grün-gelb-blauem Hahnenkamm auf dem Kopf. Gegenüber sitzt ein Opa und schaut sich den Punker an und schaut und schaut. Fragt der Punker: „Hey Opi, haste noch nie was Verrücktes gemacht?" Darauf der Opa: „Doch

doch, ich hab vor Jahren Sex mit einem Papagei gehabt, und ich überlege die ganze Zeit, ob du vielleicht mein Sohn bist."

***

Ein sehr alter Mann steigt mit seinem Gehstock in einen Bus, in dem kein Platz mehr frei ist. In der letzten Reihe sitzt ein Familienvater mit seinen vier Kindern. Der alte Mann klopft mit seinem Gehstock auffordernd ein paar Mal auf den Boden, worauf der Familienvater sagt: „Machen Sie doch ein Gummi-Ende an Ihren Stock, das Geklopfe ist ja total nervig." Darauf erwidert der Alte: „Hätten Sie das eine oder andere Mal ein Gummi benutzt, hätte ich jetzt einen Sitzplatz."

***

Zwei ältere Männer prahlen von ihren Taten während des Zweiten Weltkrieges. Der eine erzählt: „Unsere Kompanie hielt ganz Süddeutschland in Schach." Darauf der andere: „Ich holte mit meiner Mistgabel einen Flieger runter!" Darauf sein Kollege: „Vom Himmel?" – „Nein, von meiner Tochter!"

***

„Gnädigste, es stört Sie doch nicht, wenn ich so in aller Öffentlichkeit erzähle, wie ich im Laufe meines Lebens die Mädchen vernascht habe?" – „Aber nein", lächelt die Gastgeberin, „jeder Invalide erzählt gerne vom Krieg."

***

Auf einer Geburtstagsfeier diskutieren vier ältere Herren über die kürzliche Heirat einer stadtbekannten Dame, deren Vorleben, zurückhaltend formuliert, etwas unübersichtlich war. „Sie hat eine gute Partie gemacht", resümiert der erste, „obwohl sie ihrem Ehemann all ihre Affären gebeichtet haben soll." – „All ihre Affären? Welch eine Ehrlichkeit!", sagt der zweite. „Welch ein Mut!", sagt der dritte. Meint der vierte: „Welch ein Gedächtnis!"

***

In der Schweiz: Aufgeregt steht ein älterer Schächentaler auf dem Perron (Bahnsteig) in Flüelen, den Koffer in der einen und das Gebetbuch in der anderen Hand. „Na, Toni, wo soll's denn hingehen?", fragt einer den Wartenden. „Nach Zürich", strahlt der Alte, „saufen, spielen und jede Menge Frauen!" – „Und das Gebetbuch?" – „Ja, weißt, wenn's wirklich so lustig zugeht, wie die Leute immer sagen, dann bleib ich vielleicht über Sonntag!"

***

Ein älterer Professor erzählte zu Beginn seiner Vorlesungen immer einen vulgären, meist etwas frauenfeindlichen Witz. Mit der Zeit waren es die Studentinnen leid, die Sprüche des alten Herrn anzuhören. Sie beschlossen, den Hörsaal gemeinsam aus Protest zu verlassen, wenn der Professor das nächste Mal wieder so einen unter der Gürtellinie zum Besten geben sollte. Dieser vernahm allerdings vom Vorhaben der Studentinnen und begann die nächste Vorlesung wie folgt: „Meine Damen und Herren. Haben Sie schon vom akuten Mangel an Prostituierten in Indien gehört?" Sofort standen die Studentinnen auf und wollten den Saal verlassen. Darauf der Professor: „Ach, bleiben Sie doch sitzen, meine Damen. Der nächste Flug nach Neu-Delhi geht erst morgen."

***

Drei alte Frauen gehen ins Schwimmbad. Als die erste schwimmt, holt sie der Bademeister zu sich und fragt sie, warum sie so gut schwimmen könne. Die Frau antwortet, dass sie früher Klubmeisterin gewesen sei. Auch als die zweite alte Frau schwimmt, holt der Bademeister sie zu sich und fragt auch sie, warum sie so gut schwimmen könne. Die Frau antwortet, sie sei einmal Landesmeisterin gewesen. Als die dritte Frau schwimmt, ist der Bademeister sehr beeindruckt und sagt, sie sei die beste Schwimmerin, die er je gesehen habe. Daraufhin lacht die alte Frau und sagt: „Ich war ja früher auch Prostituierte in Venedig und habe fast nur Hausbesuche gemacht."

***

Als Katie erfuhr, dass ihr ältlicher Großvater gerade gestorben war, ging sie direkt zum Haus ihrer Großeltern, um ihre Großmutter zu trösten. Als sie fragte, wie ihr Opa gestorben sei, antwortete ihre Großmutter, dass er, während sie ihren Sonntagmorgen-Sex hatten, einen Herzanfall erlitt. Entsetzt erklärte Katie ihrer Oma, dass, wenn zwei Menschen, die fast 100 Jahre seien, noch miteinander schliefen, sie das Schicksal regelrecht herausforderten. „Oh nein, meine Liebe", antwortete die Oma. „Vor vielen Jahren, als uns unser voranschreitendes Alter klar wurde, fanden wir heraus, dass die beste Zeit, ‚es zu tun', dann war, wenn die Kirchenglocken zu läuten begannen. Es war genau der richtige Rhythmus. Nett und langsam und gleichmäßig. Nicht zu anstrengend, einfach ‚rein' beim Ding und ‚raus' beim Dong." Sie musste unterbrechen, wischte eine Träne weg und fuhr dann fort, „und wenn dieser verdammte Eiswagen mit seinem blöden Gebimmel nicht vorbeigefahren wäre, wäre er heute noch am Leben."

***

Das alte Ehepaar, Wilma und Fritz, ging mit seinem Hund im Wald spazieren. Auf einmal kam ein Förster hinter einem Baum hervor, legte an und erschoss den Hund, ohne mit der Wimper zu zucken. Erschrocken und in Panik über das Geschehene gingen die beiden Senioren nun wütend auf den Förster zu: „ Was soll das denn, sind Sie blind, Mann? Warum haben Sie unseren Waldi erschossen?" „Er hatte die Räude, die ist ansteckend!" „Die Räude? Woran haben Sie das denn erkannt?" „Ganz einfach; sehen Sie die tief hängenden Tränensäcke, die Schlabberohren und die baumelnde Rute … da musste ich so handeln …“ Wilma schaut ihren Mann nur an und flüstert: „Fritz, lauf weg, sonst erschießt er dich auch noch!“

***

Chef zur Sekretärin: Nächste Woche fliegen wir nach Frankreich.
Sekretärin zum Ehemann: Ich bin nächste Woche geschäftlich in Frankreich.
Ehemann zur Geliebten: Meine Frau ist nächste Woche nicht da, wir können uns treffen.
Geliebte zum Privatschüler: Ich kann dich nächste Woche nicht unterrichten.
Privatschüler zu seinem Opa: Mein Unterricht für nächste Woche ist abgesagt worden. Wollen wir einen Ausflug machen?
Opa zu seiner Sekretärin: Das mit Frankreich nächste Woche wird nichts, ich mach einen Ausflug mit meinem Enkel.
Sekretärin zum Ehemann: Die Reise ist abgesagt worden.
Ehemann zur Geliebten: Meine Frau verreist doch nicht.
Geliebte zum Privatschüler: Ich kann dich doch unterrichten. Zeitplan wie gehabt.
Privatschüler zum Opa: Die Lehrerin wird mich doch unterrichten, tut mir Leid.
Opa zur Sekretärin: Planänderung, wir fliegen doch nach Frankreich.

***

Ein Freund von mir war letzten Herbst auf Geschäftsreise in London. Eines Abends geht er in den nächstbesten Pub. Dort fällt ihm ein vornehm gekleideter Engländer auf. Mein Freund versucht, ihn in ein Gespräch zu verwickeln. Erster Versuch: „Darf ich Sie vielleicht zu einem Drink einladen?“ – „Nein“, sagt der Brite trocken, „trinke nicht. Hab’s mal probiert, war nichts für mich.“ Mein Freund lässt sich nicht entmutigen. Er bestellt seinen Drink und startet einen zweiten Versuch: „Darf ich Ihnen ein

Zigarillo anbieten?“ Darauf der Brite: „Nein. Rauche nicht. Hab’s mal probiert, war nichts für mich.“ Mein Freund steckt seine Davidoff an und unternimmt den dritten Versuch: „Hätten Sie denn Lust auf eine Runde Karten?“ Darauf der Brite: „Nein, spiele nicht. Hab’s mal probiert, war nichts für mich.“ Doch dann fügt er hinzu: „Aber mein Sohn kommt gleich. Vielleicht spielt der ja mit.“ Mein Freund lehnt sich zurück, sieht den Engländer lange an und sagt dann: „Lassen Sie mich raten, Sir: Ihr einziger Sohn …?!“

XV. „... und Oma schwimmt im Geld!"

Brief an den lieben Gott

Im Dorf lebte eine alte Frau,
für die war das Leben immer nur grau.
Mit ihrem Einkommen war es schlecht bestellt,
mit einem Wort, sie hatte kein Geld.

Sie überlegte angestrengt hin und her,
woher denn Geld zu kriegen wär,
ihr kam ein Gedanke – oh sapperlot,
sie schrieb einen Brief an den lieben Gott:.

„Lieber Herrgott, ich bin alt und arm,
das Geld ist zu wenig, ich bitt um Erbarmen,
drum schick mir schnellstens hundert Mark,
sonst müsst ich hungern, und das wär doch arg.

Eine andre Hilfe weiß ich mir nicht mehr,
denn ohne Moneten ist's doch verdammt schwer,
aber bitte beeil dich mit dem Geld,
sonst ist's nicht mehr schön auf dieser Welt."

Der Brief wird frankiert, in den Kasten gesteckt,
der Postbote ihn dann morgens entdeckt.
Er liest die Adresse, was soll er nun machen,
„An den lieben Gott", das ist ja zum Lachen.

Er denkt: Spaß muss sein,
der kommt ins Fach für's Finanzamt rein,
am nächsten Tag dort angekommen,
vom Beamten in Empfang genommen.

Wenn Sie nun glauben, er wirft weg den Brief,
oh, so ist das nicht, da liegen Sie schief.
Er liest die Adresse und denkt gleich daran,
wie man der armen Frau wohl helfen kann.

Ja, glauben Sie mir, es ist kein Scherz,
es gibt auch beim Finanzamt mal jemand mit Herz.
Ihm kommt der Gedanke, und das ist fein,
das könnte für die Frau eine Hilfe sein.

Er fängt gleich an, durch die Büros zu wandern,
und sammelt recht fleißig, von einem zum andern.
Doch leider war der Erlös etwas karg,
statt hundert bekam er nur siebzig Mark.

Aber diese wurden dann unverwandt
an die arme Frau gleich abgesandt.
Die Frau freut sich. Sie kann es kaum ermessen,
dass der Herrgott sie hat nicht vergessen.

Sie schreibt schnell einen Dankesbrief,
in Eile sie zum Postamt lief.
In ihrem Schreiben hieß es: „Lieber Herrgott,
von Herzen dank ich dir für die 70 Mark.

Doch solltest du mal wieder an mich denken,
und so gütig mir ein paar Märklein schenken,
dann möchte ich dich nur um eines bitten,
das Geld nicht übers Finanzamt zu schicken.
Denn die Lumpen haben mir ungelogen
von den hundert Mark dreißig abgezogen."

Finanzkrise

Nee, Minsken un Froolü, wat weern dat fröher doch anner Tieden. Daar geev dat för de Dütsch Mark reell wat to kopen. Togegeven, man muss ok Geld hebben, dat weer na de Währungsreform in Juni 1948 nich so eenfach. Aver so na un na kemen de Lü dör hör flietig Arbeid to wat Geld. Un wu de Dütsken nu eenmaal sünd, wordt een Deel daarvan up't Spaarbook bi de Bank inbetahlt. För slechter Tieden, heet dat daarmaals, aver harrn de Lü nich eerst slecht Tieden achter sük? Egaal, de Lü sparen sük wat man't Muul of, se wullen doch ok eenmaal wat beter ween as de Nahber tegenan. Een neei Rad viellicht, een neei Kluft un för de Froo een fein Sömmerkleed. Dat weern doch „Ziele", up de man updaal sparen dee. Ok wenn't lang düren kunn, de Lü leten sük nich daarvan ofbringen to sparen.

De Banken un Sparkassen mussen sük ok wat infallen laten. Bloot van Sparinlagen kunnen se ja ok nich bestahn. Se mussen doch ok Geld verdenen, un so makten se Reklam för „Kleinkredite". De lüttjen Kredite sullen de Hannel ankurbeln. Fahrröd, Tüg, Oven, Kökengeschirr, Betten, Uhren worden faken mit disse lüttjen Kredite finanziert. Raten van fiev Mark in't Maant, dat weer kiene Seltenheid. Selten geev dat Utfallen. In de fievtiger Jahren, as al mehr verdeent wurr un ok bold jedereen Arbeid harr, kemen de eerst grötter Anschaffungen hento. An't Huus wurdt umboot, een neei Stuuv wurdt köfft un dat eerst Auto keem up'n Hoff. Dat so nömt „Wirschaftswunner" nehm sien Anfang.

Een halv Jahrhunnert wieder: 2007/2008. Över Amerika flüggt de Pleitegeier. De Lü daar könt hör Hüs nich mehr hollen. De fett Jahren sünd vörbi, immer mehr Schulden maken geiht nich mehr. Un de Banken? De hebbt nu to doon, dat se hör Geld wedder binanner kriegt. Zwangsversteigerungen! Veel schlimmer is dat, dat de Banken hör Förderungen wiederverköfft hebbt in de wiede Welt un de Papieren nu nix mehr wert sünd. Enn van Leed: De Lü verleert veel Geld, Geld, dat mennigeen möhsaam tosomenkratzt hett. De Konsum litt daarünner bannig, weltwied. Autos wurden nich mehr so as fröher verköfft. Neei Autos könt bloot noch mit

Priesofschlag een neei Besitzer kriegen, un de Pries för Gebruuktfahrtüg sünd kräftig na ünnen fallen. De Hülpropen van de Banken un de Autoindustrie an de Staat sünd hört wurden. Uns Regierung hett Hülp toseggt, üm dat Slimmst to verhinnern.

29. 12. 2008: Willi hett een Termin bi sien Bank. Sien „Berader" holl hüm de Dör open: „Darf ich Ihnen einen Kaffee einschenken?" Willi harr een mulmig Gefühl, wat nu woll kummt. „Een Tass kann't woll lieden." De Bankberader vertellt hüm van de Weltwirtschaftskrise, Willi harr daar ok al wat van hört. Un he harr Sörg üm sien Geld, dat he vör twalv Maant anleggt harr. Twintigdusend Euro harr de Berader hüm anboden in Zertifikate to sess Prozent. Amerikaansk Papieren, hunnert Prozent seker. Weer daarvan noch wat to redden?

„Wiedersehn", see Willi, as he de Bank verlaten dee. Kien „Danke", kien Blick üm hüm herüm. He wull bloot na Huus. De „Berader" harr hüm jüst vertellt, dat de Papieren noch daar, aver nix mehr wert weern. He reep Willi noch achteran: „Die Hoffnung müssen Sie nicht aufgeben, wir tun unser Bestes für Sie." Hoopnung! Daar wull Willi nu nix van weten. He harr to doon, sien Auto ohn Mallör up't Straat na Huus to stüren. Wu sull he dat sien Froo Käthe verklaren? Käthe weer doch al gliek daargegen ween, Geld in „Zertifikate" antoleggen. Aver nee, Willi harr dat up de Zinsen ofsehn, sess Prozent weern doch mehr as bloot twee Prozent!

„Na, Willi, du süchst so bedrüppelt ut, hett de Mann van de Bank di vertellt, dat uns Geld weg is? Ik hebb doch van Anfang an seggt, laat uns dat Geld man up uns Spaarbook behollen. Du wullst dat ja nich un hest di dörsett mit dien Dickkopp. Twintigdusend Euro verloren, nee man nee!" Willi see nix, he seet in sien Ohrensessel un holl sien Hannen vör'd Gesicht. Wat sull he nu ok seggen, Käthe harr ja recht. Un Käthe holl nich up to futern: „Van nu of maak ik de Finanzen, sparen, sparen, sparen. Toeerst kannst du dien neei Auto vergeten. Daar fahrt wi so lang mit, bit dat utnanner fallt. Un de Urlaubsreis na Spanien kannst ok ofschrieven. Dien Kegeln un Skatspeleree musst du strieken. Un, un …"

„Ja, ja“, see Willi, mehr in Ünnerverstand kreeg he dat bloot noch mit. As he sien Hannen van sien Ogen wegnehmen dee, daar seeg he Käthe nich mehr. Aver in de Köken weer Käthe immer noch an schellen. Dat wordt dunkel un Willi seet immer noch in sien Ohrensessel. He stund up un gung in de Köken. Käthe seet an'd Disk, vör sük een Tass Tee un Knippkoken. „Nu sett di man eerst maal hen, Willi“, see se, „drink man eerst maal Tee. Wi moot nu tosomen versöken, de Schaa to minimeren. Hauptsaak is, dat wi gesund sünd und ok blieven doot.“ Harr Willi recht hört? „Drink man eerst maal Tee.“ Ach ja, Käthe, se weer doch so ene hartenleevste Froo. Finanzkrise hen, Finanzkrise her, Käthe harr nu dat Seggen över dat Geld. Bloot schaa is'd ja, dat dat „Unwoord“ van 2008 „Notleidende Banken“ wurden is. Harrn de Lü nich ok dat Woord „Notleidender Willi“ utsöken kunnt?

Rudi Rabe

RENTNERPERSPEKTIVE …

Ein Mensch, gesund und jung an Jahren,
will später was vom Leben haben.
So legt bescheiden er zurück
vom kargen Lohn doch manches Stück.

Der Mensch wurde älter und erkannte,
dass das, was auf der hohen Kante
er Jahr für Jahr zurückgehalten,
nicht reicht, sein Alter zu gestalten.

Der Mensch entscheidet sich erneut
mehr zu verdienen und das freut
nicht ihn allein, auch Vater Staat,
denn der gab ihm den guten Rat,
noch längst nicht sich zur Ruh zu setzen.

Der Mensch ist alt und ausgeschieden
aus dem Beruf, dem ihm so lieben.
Nun kommt der Staat zu guter Letzt,
will von der Rente noch den Rest.
Von jenem Rest, der ihm geblieben
aus fünfzig Jahren Arbeitsleben.

Der Mensch verbittert sich jetzt fragt,
was hab ich falsch gemacht, und sagt
dem Staat, dem lebenslang er diente,
dass er, der Mensch, das nicht verdiene.

Er habe über fünfzig Jahr'
hausgehalten und gespart.
Der Staat jedoch in Saus und Braus
gelebt, gelogen und verbraucht.
Was er, der Rentner angeschafft,
hat der Sozialstaat weggerafft.

Drum die Moral von der Geschicht,
glaub dem Sozialstaat lieber nicht,
wenn der die Renten sicher heißt.
Sei sicher, dass er das nicht weiß.
Und wenn er auch die Wahrheit spricht,
der Mensch, er findet kein Gericht,
das ihm ein Urteil günstig fällt
und er zurückerhält sein Geld.

Viel besser wär's vielleicht gewesen,
der Mensch, er hätte in seinem Leben
wie auch der Staat in Saus und Braus gelebt –
und steht er dann vor dem Aus,
die Hand beim Amte für Soziales
gehalten hätte hin für Bares …

Wolfgang Kownatka

Thomas Plaßmann

Zwei Rentner sitzen auf einer Bank. Da sagt der eine. „Mir juckt die Hand, wir kriegen mehr Rente." – „Nee", meint der andere, „mir juckt der Hintern, die bescheißen uns wieder."

***

Eine ältere Dame geht zu einer Bank, um ein Sparbuch zu eröffnen und 500 Euro einzuzahlen. Sie fragt: „Ist mein Geld bei Ihnen auch wirklich sicher?" Bankangestellter: „Aber sicher!" Die ältere Dame ist allerdings etwas skeptisch und fragt daher weiter: „Was passiert, wenn Ihre Bank pleitegeht?" Bankangestellter: „Dann haftet die Landeszentralbank!" Ältere Dame: „Und was passiert, wenn die auch pleitegeht?" Bankangestellter: „Dann kommt die Bundesbank auf!" Die ältere Dame fragt allerdings noch einmal nach: „Und was passiert, wenn auch die Bundesbank pleitegeht?" Bankangestellter: „Dann tritt die Bundesregierung zurück, und das sollte Ihnen 500 Euro nun wirklich wert sein!"

Eine alte Dame hebt am Bankschalter ihr ganzes Geld ab. Nach zehn Minuten zahlt sie alles wieder ein. „Warum haben Sie das Geld überhaupt abgehoben?", will der Kassierer wissen. „Man wird doch wohl mal nachzählen dürfen!"

***

Der alte Mann besuchte nach vielen Jahren wieder einmal die Stadt, um sich im Kino einen Film anzuschauen. Als er an der Kasse seine Eintrittskarte für 15 Mark erstand, bemerkte er zu der Kartenverkäuferin: „Das letzte Mal, als ich hier ins Kino ging, kostete die Karte nur 3 Mark!" Die Verkäuferin grinste und sagte: „Dann, mein Herr, werden Sie viel Spaß im Kino haben. Wir haben jetzt Tonfilme!"

***

Brüstet sich Max vor seiner Lehrerin: „Wir sind eine sehr sportliche Familie. Mein Vater ringt um seinen Job. Meine Mutter boxt sich im Haushalt durch, und Oma schwimmt nur so im Geld."

***

Eine sehr geschmackvoll gekleidete ältere Dame betrat die Geschäftsräume einer Zürcher Bank und bat um einen Kredit über 5000 Franken. Sie müsse eine zweiwöchige Flugreise nach Amerika antreten. Nach kurzer Prüfung erhielt sie die Antwort: „Kein Problem, aber eine Kreditsicherheit würden wir schon gern sehen." Darauf zückte die Dame den Schlüssel ihres Rolls-Royce-Cabriolets und übergab auch den Fahrzeugausweis mit den Worten, dass der Wagen vor der Tür stehe. Der Mitarbeiter der Bank akzeptierte staunend die Sicherheit, immerhin ist der Wagen rund eine Viertelmillion wert. Die Dame verließ mit 5000 Franken die Bank. Wenig später fuhr ein Mitarbeiter den Wagen vorsichtig in die hauseigene Tiefgarage. Zwei Wochen später erscheint die Kundin wieder und zahlt den Kredit plus 23,60 Franken an Zinsen zurück. Der Kreditsachbearbeiter spricht sie an: „Meine Dame, wir freuen uns, dass Sie wohlbehalten aus den Staaten zurück sind und unser gemeinsames Geschäft so reibungslos abgelaufen ist. Aber ein bisschen irritiert sind wir schon: Unsere Kreditabteilung hat bei der Nachbearbeitung festgestellt, dass Sie Multimillionärin sind! Und dabei verwirrt uns, dass Sie sich von einer Bank 5000 Franken borgen." Die elegante Dame antwortet: „Junger Mann, Sie müssen noch viel lernen: Stellen Sie sich vor, Sie müssten zwei Wochen in die Staaten. Wo könnten Sie hier in Zürich für nur 23,60 Franken Ihren Wagen zwei Wochen parken und ihn obendrein unversehrt wiederbekommen?"

XVI. Der menschliche Kontakt – Lebenselixier für Alt und Jung

„Was du nicht willst, dass man dir tue ..."

Es war einmal ein steinalter Mann, dem waren die Augen trüb geworden, die Ohren taub, die Knie zitterten ihm. Wenn er nun bei Tische saß und den Löffel kaum halten konnte, schüttete er Suppe auf das Tischtuch, und es floss auch etwas wieder aus dem Mund. Sein Sohn und dessen Frau ekelten sich davor, und deswegen musste sich der Großvater endlich hinter den Ofen in die Ecke setzen, und sie gaben ihm sein Essen in ein irdenes Schüsselchen und dazu nicht einmal satt; da sah er betrübt nach dem Tisch, und die Augen wurden ihm nass. Einmal auch konnten seine zittrigen Hände das Schüsselchen nicht festhalten, es fiel zur Erde und zerbrach. Die junge Frau schalt, er sagte aber nichts und seufzte nur. Da kaufte sie ihm ein hölzernes Schüsselchen für ein paar Heller, daraus musste er nun essen. Wie sie da so sitzen, so trägt der kleine Enkel von vier Jahren auf der Erde kleine Brettlein zusammen. „Was machst du da?", fragte der Vater. „Ich mache ein Tröglein", antwortete das Kind, „daraus sollen Vater und Mutter essen, wenn ich groß bin." Da sahen sich Mann und Frau eine Weile an, fingen endlich an zu weinen, holten allsofort den alten Großvater an den Tisch und ließen ihn von nun an immer mitessen, sagten auch nichts, wenn er ein wenig verschüttete.

Gebrüder Grimm

Kein Platz für Opa

„Ich kenne einen Buben, der braune Haare hat und keinen Spinat mag“, sagt der Großvater. Oliver lässt den Löffel sinken und sagt: „Ich kenne einen Mann, der sieht aus wie ein Löwe und schnarcht wie ein Löwe.“ Der Großvater lacht, fasst nach Olivers Teller und stellt den Spinat weg. Froh rutscht Oliver vom Stuhl. Sie gehen in sein Zimmer. Auf einer Platte ist die Eisenbahn aufgebaut. Es gibt Gleise mit Weichen, einen Tunnel und eine Brücke. Bei einer Straßenkreuzung ist eine Bahnschranke. Im Bahnhof stehen zwei Züge. „Ich nehme den blauen Zug“, sagt Oliver. Der Großvater fährt mit dem roten Zug. Sie spielen eine Stunde lang. „Wann machst du deine Hausaufgaben?“, fragt der Großvater. Oliver setzt sich an den Tisch. Der Großvater liest in seinem Zimmer die Zeitung. Später zeigt Oliver dem Großvater die Aufgaben. Der Großvater lobt ihn. Dann gehen sie in den Stadtpark. Es liegt Schnee. Der Teich ist zugefroren. Viele Kinder schlittern darauf herum. Auch Oliver rutscht mit. Er fällt hin. Seine Kleider sind nass. „Macht nichts, das trocknet wieder“, sagt der Großvater. Sie füttern die Vögel und gehen heim. Zu Hause schauen sie die Kinderstunde im Fernsehen an. Oliver fragt viel. Der Großvater weiß viel. So geht es Tag für Tag. Seit Oliver denken kann, ist der Großvater bei ihm. Die Eltern sind den ganzen Tag im Geschäft. Sie haben für ihn keine Zeit. Eines Tages nimmt der Großvater Oliver in einen fremden Stadtteil mit. „Gefällt es dir hier?“, fragt er. Oliver sieht Rasenflächen, und hier stehen niedrige Häuser. Es gibt Bäume und Wege. Auf den Wegen stehen ein paar alte Männer und Frauen. „Wo ist der Spielplatz?“, fragt Oliver. „Hier brauchen sie keinen. Hier wohnen alte Leute. Das ist ein Altersheim“, sagt der Großvater. „Gefällt es dir hier?“, fragt Oliver. „Ja, schon. Bloß die Kinder fehlen mir“, sagt der Großvater. Am Abend kommt die Mutter zu Oliver ins Zimmer. Sie setzt sich an sein Bett und sagt: „Oliver, noch vor Weihnachten bekommst du einen Bruder oder eine Schwester. Was möchtest du lieber?“ Oliver freut sich sehr. Er sagt: „Vielleicht ist es ein Bruder. Der kann dann mit uns Eisenbahn spielen.“ Die Mutter muss noch viel erklären,

bis Oliver alles weiß. Dann schlüpft er wie jeden Abend ins Zimmer zum Großvater. „Ich weiß es schon lange“, sagt der Großvater. Oliver ist gekränkt. Der Großvater beruhigt ihn. Er sagt: „Ich muss es doch wissen. Dein Geschwisterchen braucht dann mein Zimmer. Ich ziehe in das Altersheim. Du kennst es, und du hast dann einen Bruder zum Spielen.“ Oliver reißt die Augen auf. Er sagt: „So weit weg? Und willst du denn?“ „Ich will nicht, aber das Kind braucht Platz. Ich werde dich oft besuchen“, sagt der Großvater. Oliver rennt in sein Zimmer. Er schlüpft ins Bett, kriecht unter die Decke und weint. Jetzt mag er keinen Bruder mehr. Am nächsten Tag ist er in der Schule unaufmerksam. Er wird gemahnt. Zu Mittag hat er keinen Hunger. Seine Aufgaben schreibt er schlecht, und Eisenbahn spielen will er auch nicht. Der Großvater geht weg. „Ich bleibe nur zwei Stunden fort“, sagt er. Oliver ist allein. Er steht vor seiner Eisenbahnanlage. Dann fällt es ihm ein. Rasch holt er eine Zange und einen Schraubenzieher. Die blaue und die rote Lok stellt er auf den Tisch, die Waggons legt er in den Kasten. Den Tunnel und das Bahnhofsgebäude stellt er auf den Kasten. Er baut die Gleise und die Bahnschranke ab und legt alles in die Schachtel. Die Platte schiebt er mit Mühe unter sein Bett. Schnell trägt er das Werkzeug auf seinen Platz. Es wird Abend. Oliver schlüpft ins Bett. Die Mutter kommt, ihm gute Nacht sagen. Sie sieht den leeren Platz und wundert sich sehr. Oliver sagt schnell: „Jetzt ist genug Platz für das Gitterbett. Wenn Opa auszieht, will ich keinen Bruder, kein Weihnachten und gar nichts." Er dreht sich zur Wand und versteckt sein Gesicht. Später hört er im Wohnzimmer die Eltern und den Großvater reden – noch sehr lange reden. Zehn Tage später! Oliver kommt aus der Schule. In seinem Zimmer steht das Gitterbett, und Opa bereitet in der Küche das Essen. „Spinat?", fragt Oliver zur Tür hinein. „Aber nein! Heute wird gefeiert", sagt Opa und lacht.

Elfriede Becker

Muttertag ist jeden Tag

Die alte, schwer kranke Frau besuche ich regelmäßig, um ihr die Kommunion zu bringen. Das erste Mal, als ich sie in ihrem Bett gesehen habe, wollte ich sie grad bemitleiden, als sie mich anstrahlte: „Herr Pfarrer, mir geht's ja so gut! Ich danke meinem Herrgott für jeden Tag, den ich erleben darf!" Sie hat mir verraten, was der Grund für ihre Lebensfreude ist – trotz ihrer schweren Krankheit: Sie wohnt bei ihrer Tochter und ihrem Mann und wird von beiden liebevoll gepflegt. Die Tochter hat sogar ihren Beruf an den Nagel gehängt, um mehr Zeit zu haben für die kranke Mutter. Und so bekommt sie nicht nur was zum Essen und sauberes Bettzeug; jeden Tag liest ihr die Tochter aus der Zeitung vor und hört sich ihre Geschichten von früher an. Und wenn die Enkel und Urenkel mal zu Besuch kommen, so hat die alte Frau erzählt, „dann ha'm wir a Mordsgaudi miteinander." Nach dem Gespräch hat mich die Tochter zur Tür begleitet. „Bewundernswert, was Sie da leisten!", habe ich gesagt. „Wissen Sie", hat die Frau geantwortet, „als wir klein waren, waren unsere Eltern immer für uns da. Und jetzt, wo die Eltern alt sind, machen wir's halt umgekehrt." Die alte, kranke Frau – glücklich ist sie im Haus ihrer Tochter. Für sie ist jeden Tag Muttertag.

Matthias Blaha, Pfarrer in Ingolstadt

Meine Mutter

Ich klopfe an und warte nicht erst die Aufforderung zum Eintreten ab, denn ich weiß, dass meine Mutter – inzwischen 93-jährig – mein Klopfen nicht mehr hören kann; sie ist in höchstem Grade schwerhörig.

Da sehe ich sie nun also in ihrem Sessel sitzen, in dunkelblauer hochgeschlossener Bluse und grauem Überrock – eine Kombination, die sie gern trägt, und die auch recht kleidsam ist. Diese Tatsache ist aber keine Frage des Alters; meine Mutter hat zeitlebens eng am Hals anschließende dunkle Kleidung getragen, da sie stets der Meinung war, dass weite Ausschnitte und helle Farben ihren sowieso schon blassen Teint noch farbloser erscheinen lassen würden.

Ich trete näher. Sie hat ein Buch auf dem Schoß liegen und sitzt weit vornüber geneigt. Die Brille allein scheint beim Lesen nicht mehr auszureichen; Mutter hat eine Lupe zu Hilfe genommen. Trotzdem sinkt der Kopf tiefer und tiefer. Es ist nicht abzustreiten, dass die Sehkraft in letzter Zeit erheblich nachgelassen hat.

Jetzt hebt meine Mutter den Kopf, als spüre sie, dass sie nicht mehr allein im Zimmer ist. Freudiges Erschrecken huscht über ihr schmales, faltiges Gesicht, und mit der mir bekannten ruhigen Stimme sagt sie: „Ach du bist es, Kind!" „Kind" sagt sie noch immer, dabei bin ich selber doch schon 60, aber für eine Mutter bleibt man ja immer das „Kind".

Ich gehe auf sie zu. Ich habe den Eindruck, dass die Gestalt dort im Sessel von Mal zu Mal kleiner wird. Leicht streiche ich über das dünne graue Haar. Der einstmals dunkelbraune üppige Nackenknoten ist inzwischen auf wohl knapp ein Zehntel seiner einstigen Größe geschrumpft, und nur noch mühsam finden die Haarnadeln darin Halt.

Nun sitze ich ihr gegenüber und blicke ihr ins Gesicht. Die graugrünen Augen sind trübe, sie tränen viel, und die Lider sind ständig leicht gerötet. Trotzdem liegt so viel Ausstrahlung in diesen alten Augen: Liebe, Güte und Verständnis – und in diesem Augenblick auch noch Freude über mein Kommen.

Es wird erzählt. Ich spreche sehr laut und langsam, und Mutter heftet ihren Blick auf meine Lippen, so versteht sie mich recht gut. Trotzdem muss ich manches einige Male wiederholen, und ich muss gestehen, dass meine Stimme beim dritten oder vierten Male doch schon manchmal etwas gereizt klingt. Dann lächelt meine Mutter, als wolle sie sagen, dass sie meine Ungeduld gut verstehen kann, und streichelt meine Wange. Es sind knochige Hände, die da streicheln, Hände, denen man ansieht, dass sie hart haben zupacken müssen, dass ihnen nichts geschenkt worden ist im Laufe von 93 Jahren. Trotzdem haben sie es nicht verlernt, den anderen liebevoll und behutsam zu berühren.

93 Jahre. Es ist ein langer Weg, den meine Mutter inzwischen zurückgelegt hat, und humorvoll stellte sie an ihrem letzten Geburtstag fest, dass sie nun doch wohl schon etwas mehr als die Hälfte des Weges hinter sich habe. Es war ein Weg mit viel Freude und Glück, aber auch mit viel, viel Leid. Doch dieses Leid hat es nicht geschafft, sie zu verbittern.

Vor mir sitzt ein Mensch, der Zufriedenheit ausstrahlt und – Dankbarkeit. Dankbarkeit dafür, dass es ihr vergönnt ist, noch Mittelpunkt einer großen Familie sein zu dürfen und dass Kinder, Enkel und Urenkel sie lieben und verehren. Sie fühlt sich nicht überflüssig – nein keineswegs! Seit der überstandenen schweren Krankheit vor sechs Jahren sei es ihr deutlich bewusst geworden – so sagt sie –, dass sie hier auf Erden noch eine Aufgabe zu erfüllen habe, nämlich für alle ihre Lieben zu beten. Ihr großes Gottvertrauen gibt ihr Ruhe und Gelassenheit.

Der Tod bedeutet nichts Schreckliches für sie. Sie ist jede Stunde bereit, ihr Leben in Gottes Hand zurückzugeben. Ist sie nicht zu beneiden?

Brunhild Schuckart

Gebet für andere – Frau Bachmann

Sie gehören zwei Generationen an und haben denselben Beruf: Christian Berndt, Pastor in Müden an der Örtze, spricht mit seinem Vater Gottfried Berndt, Pastor im Ruhestand.

Christian Berndt: Na, mein lieber Vater. Nun bist du bereits ein halbes Jahr Pastor im Ruhestand. Langweilst du dich schon?

Gottfried Berndt: Nein, der Ruhestand hat viele schöne Seiten. Mal freie Wochenenden zum Beispiel. Aber manches ist auch hart.

Christian Berndt: Zum Beispiel?

Gottfried Berndt: Das Gefühl – nicht mehr richtig dabei zu sein. Man wird weniger nach seiner Meinung gefragt. Und ich bekomme kaum noch mit, was bei Kirchens so läuft.

Christian Berndt: Aber so ganz außen vor bist du auch nicht, oder?

Gottfried Berndt: Nein, ganz nicht. Ich habe mir ja auch andere Aufgaben gesucht – ehrenamtliche Tätigkeiten. Und Gottesdienstvertretungen. Das tue ich gern. Trotzdem bleibt das unbestimmte Gefühl: Wie lange werde ich wohl noch gebraucht? Irgendwann schwinden ja auch meine Kräfte.

Christian Berndt: Dann will ich ausnahmsweise mal dir eine Geschichte erzählen. Von einem Besuch bei Oma Illemie. Sie wohnt auf einem alten Hof. Eine lange Einfahrt muss man hochfahren, um zum Haupthaus zu kommen. Ein paar Baumstümpfe erinnern noch an stolze Eichen, die im Sommer durch eine Windhose umgeworfen wurden. Oma Illemie hat nach dem Sturm geweint. Fast ihr ganzes Leben lang hat sie unter diesen Eichen verbracht. Die Eichen spendeten Schatten nach harter Feldarbeit – sie schützten vor den Stürmen des Lebens.

Gottfried Berndt: Jetzt fängst du an zu predigen!

Christian Berndt: Tschuldige. Was ich sagen wollte: Ich besuche also die alte Dame im Haupthaus in ihrer kleinen Wohnung. Sie im roten Sessel, den Stock an den Couchtisch gelehnt. Bald 90 Jahre ist sie alt. Aber in den Augen immer noch dieses Funkeln! Überall im Zimmer Fotos in Bilderrahmen. An den Wänden – auf den Anrichten – auf dem Tischchen. Sie zählt stolz auf: 5 Kinder, 11 Enkel und inzwischen 15 Urenkel – und dazu noch all deren Partner.

Gottfried Berndt: Auf ganz so viele komme ich nicht – aber noch ist ja nicht aller Tage Abend!

Christian Berndt: Die Familie ist ihr ganzer Stolz. Sie erzählt mir Geschichten zu den Menschen, die uns aus den Bilderrahmen heraus anlächeln. Bei mancher Anekdote lacht sie hell auf und klopft sich auf den Oberschenkel. Bei anderen Erzählungen ziehen sich tiefe Sorgenfalten durch ihr Gesicht. Sie nimmt Anteil am Leben ihrer Lieben. –

Gottfried Berndt: Ich glaube, das ist so! Je älter man wird, desto wichtiger werden die nächsten Generationen.

Christian Berndt: Genau das hat Oma Illemie auch gesagt – nur mit anderen Worten. Und dann: „Was soll ich sonst tun, Herr Pastor, so klapprig wie ich bin“, sagt sie und stößt einmal mit ihrem Stock auf den Fußboden. „Aber einmal am Tag, da kann ich etwas tun. Und zwar für alle!“

Gottfried Berndt: Ich kann mir schon denken, was …

Christian Berndt: Einmal am Tag betet die hochbetagte Mutter, Großmutter und Urgroßmutter all ihre Lieben durch. Alle Kinder, Enkel und Urenkel vertraut sie Gott an!

Gottfried Berndt: Und die Großfamilie lächelt wahrscheinlich über die alte Dame …

Christian Berndt: Ja, aber wenn's hart auf hart geht, dann verlassen sich alle darauf, dass Oma im Sessel sitzt und die Hände faltet.

***

Die Bewohnerin eines Altenheimes hat Besuch von ihren Angehörigen. Und wie so oft hat die alte Dame den sehr berechtigten Eindruck, dass sie viel zu selten besucht wird. Deshalb überrascht sie ihre Kinder und Enkel mit der Ankündigung: „Ich möchte ei-

Lebensanzeige

Mein Großvater

Karl-Anton Weber

feiert heute seinen 87. Geburtstag.

Seit Jahren ist er durch eine sehr schwere Krankheit Tag und Nacht ans Bett gefesselt. Er, der ehemals so beliebt und hochgeachtet war, fristet sein Leben nun in großer Einsamkeit.

Wenn wir Angehörigen statt dieses vielleicht sonderbaren Aufrufes die traurige Nachricht von dem in Gott erfolgten Ableben unseres verehrten Karl-Anton Weber hätten hier abdrucken lassen, wäre des geäußerten Bedauerns kein Ende gewesen. Sein Leichenzug hätte sich durch die Anzahl von Trauernden, durch Ehrengeleit, Pracht der Blumen und die Feierlichkeit der Nachrufe zu einer Massenkundgebung seltener Wertschätzung eines Mitbürgers ausgeweitet.

Ich erlaube mir vorzuschlagen, dass man von dieser einem Toten zu spät dargebrachten Ehrung absehen möge, dafür aber die wenigen Wochen, die dem Kranken und Einsamen noch zu erleben verbleiben, durch abwechselnde Besuche und gelegentliche Ansichtskarten, die ihn sicher erfreuen würden, auf das Glücklichste zu verschönen.

Im Namen der Angehörigen:

Felix Weber

nes Tages nicht auf dem Friedhof beerdigt werden, sondern direkt neben dem Aldi-Parkplatz!" Die Kinder sind entsetzt: „Aber Mama, so etwas darfst du doch nicht sagen. Erstens stirbst du noch lange nicht. Und wenn, dann bekommst du ein schönes Grab auf unserem Friedhof." Doch sie lässt sich nicht beirren: „Ich weiß schon noch, was ich sage. Mein letzter Wunsch ist es, direkt neben dem Aldi-Parkplatz beerdigt zu werden. Dann kann ich sicher sein, dass ihr wenigstens zweimal in der Woche mein Grab besucht – dann nämlich, wenn es die neuen Sonderangebote gibt!"

Krankenbesöök

Ik weer noch gor nich so lang in de niee Gemeende. Aver to en poor Lüüd harr ik al en gode Kontakt. Besunders to en Mann, de in de Chor an mien Siet sitten dee. En Dag sä he to mi: „Du schullst man mol nah mien Nahber kieken. De is schwoor krank. Un wenn he doot blifft un du hesst em gor nich kennt, denn weetst du ok nich, wat du an sien Graff seggen schallst." Un denn sä he noch, dat he mi bi de Kranke ankünnigen wull, dormit he keen Schreck kriggt. Un so verbleeben wi denn.

In de Twüschentied güng mien Sängerfründ to sien schwoorkranke Nahber un künnigt mi bi em an. De weer woll erst mol gor nich begeistert un froogt em: „Wo över schall ik denn mit en Paster schnacken? Dor weet ik jo gor nix vun." „Dat will ik di seggen", meent he, „mit de kannst schnacken. To'n Bispeel over Peer." Un dat vertellt he mi denn ok.

So mookt ik mi denn op'n Weg. As ik bi de Patient in de Stuuv rinkeem, keek he mi an un sä: „Hebbt se Langewiel oder töövt se op Kundschap?" „Gor nix vun beiden", sä ik. „Ik wull blots mol mit se schnacken un hören, wo dat geiht." „Schlecht", sä he. Un denn hebbt wi schnackt, lange Tied, över allens mögliche, över Gott un de Welt. Blots nich över Peer.

Hans Edlef Paulsen, Pastor

XVII. Eigenes Heim, Seniorenresidenz oder Traumschiff „AIDA“?

„Wir alle sind zum Aufleben
und nicht zum Aufheben
auf der Welt.“

Erwin Böhm

Der letzte Wunsch

1. Szene

Drei Damen sitzen im Altersheim. Eine strickt, eine stapelt Bauklötze, eine tut nichts. Es herrscht gähnende Langeweile.

Frieda: Gleich kommt's. *Alle legen die Sachen weg und lauschen dem Schlagen der Uhr.*
Bertha: Das war schön, gell? *Alle nicken.*
Käthe: Bald ist Frühling.
Frieda: Ja, ja. Dann kommt der Sommer.
Bertha: Und dann wird's Herbst.
Käthe: So ist das Leben!
Frieda: Auf Regen folgt Sonne.
Bertha: Ich glaub, es regnet bald. Ich spür's an meinen Füßen.

Frau Hammerstein kommt.

Hammerstein: Da habt ihr die Zeitung. Ihr braucht ja doch nur die Todesanzeigen, zieht eure Lätzchen an! In 10 Minuten gibts Happahappa.
Käthe: Guck mal, wer gestorben ist.

Frieda: Die Gusti hat's erwischt. Mit 87 Jahren.
Bertha: Das wundert mich nicht. Die hat doch nie geputzt.
Käthe: Glaubst du, dass der Herrgott da drauf schaut?
Bertha: Und ihrem Mann hat sie auch nie richtig gekocht.
Alle: Ja, ja!
Käthe: Wer wird wohl die Nächste sein?
Bertha: Ich bin die Älteste. Ich komm bald dran.
Frieda: Aber du hast nicht so ein schwaches Herz wie ich.
Käthe: Was soll ich da sagen? Mit meiner Leber und meinen Bandscheiben.
Bertha: Ich bin froh, wenn's vorbei ist. Da oben ist es bestimmt nicht so langweilig wie hier.
Frieda: Ich freu mich auch schon, wenn auf meiner Beerdigung die Musik spielt.
Bertha: Das hörst du doch gar nicht.
Frieda: Dann tu ich eben mein Hörgerät rein.
Käthe: Also ich will, dass der Pfarrer Knopf spricht.
Bertha: Ich wünsch mir das Lied: So gehet denn dahin.
Alle: Ach, wird das schön!
Frieda: Ja Bertha, warum ziehst du den Schal jetzt wieder aus?
Bertha: Ich brauche keinen. Wir dürfen ja doch nie raus.
Käthe: Es ist schon fast ein Jahr her, seit wir zuletzt draußen waren.
Frieda: Ob der Schorsch seinen Laden noch hat? Da hat mein Karli immer seine Buttermilch gekauft.
Bertha: Seit meine Tochter in Amerika ist, erfährt man gar nichts mehr.
Alle: Ja, ja!
Käthe: Jetzt gibt's gleich Essen.
Frieda: Gell, heute ist Mittwoch. Dann gibt's Eintopf.
Bertha: Meinem Frieder hab ich immer einen guten gekocht, aber das, was uns die Hammerstein vorsetzt! Pfui Teufel.
Käthe: Hast du ihn auch immer mit Speckstreifen und Zwiebeln gemacht?
Bertha: Ja, und dann mit Fleischbrühe abgelöscht.

Hammerstein: Essen fassen! So, jetzt legt mal den Krempel weg! Die Tante bringt Gutegute. Ihr habt ja die Lätzchen noch gar nicht an. Ihr sabbert doch so. Und schön den Teller leer essen, damit die Sonne wieder scheint. Ich muss noch für eine halbe Stunde weg. So lange dürft ihr noch aufbleiben. Aber dass ihr mir schön brav seid. Wenn ich komme, wird gleich Pipi gemacht, und dann geht's ab in die Heia. Verstanden?

Bertha: Das schmeckt ja wie eingeschlafene Füße.

Hammerstein: Hier wird nicht am Essen gemeckert. Esst, was auf den Tisch kommt! Ihr könnt froh sein, wenn ihr so gut versorgt werdet. Wir sind schließlich kein Luxushotel. Immer hat man Ärger mit diesen Weibern. *Rauscht hinaus.*

Käthe: Das ist eine Schreckschraube.

Frieda: Wenn die in den Himmel kommt, will ich nicht rauf.

Bertha: Das wird sich der Herrgott doch nicht antun.

Käthe: *Geht an die Tür.* Sie ist weg. Sollen wir den Fernseher anmachen?

Frieda: Bloß nicht! Wenn sie das merkt, gibt's drei Tage keinen Nachtisch.

Käthe: Wie soll sie das denn merken? Den Schlüssel zum Fernsehschrank hat sie vergessen.

Bertha: Ich würde ja schon gern mal reinschauen. *Käthe macht ihn an.*

Alle: Oh! Da schau an!

Frieda: Das ist doch der Eiffelturm. Ist der nicht in Paris?

Käthe: Ich glaub schon. Als ich damals meine Hochzeitsreise gemacht habe, war er jedenfalls noch dort.

Bertha: Stellt euch vor, in Paris habe ich meine erste Liebe kennengelernt. Pierre hat er geheißen, und so einen zackigen Schnauzbart hat er gehabt.

Frieda: Ihr werdet es nicht glauben, aber ich war auch schon in Paris. Das war schön. Mindestens 50 Jahre ist das schon her.

Käthe: Ich würde so gern noch einmal das Hotel sehen, wo wir gewohnt haben.

Bertha: *Kichert.* Und die Bank, wo mich mein Pierre geküsst hat.

Frieda: Das könnt ihr vergessen. Wir kommen nie mehr aus dem Bau raus.

Käthe: Du hast recht. Wir sitzen hier, bis wir abgerufen werden.

Alle: Ja, ja.

Plötzlich geht das Licht aus. Man hört Musik.

Bertha: Was ist jetzt los?

Käthe: Mir graust's.

Frieda: Sicher werden wir jetzt geholt.

Stimme: Um sich Wünsche zu erfüllen, ist es nie zu spät. Morgen kann die Welt untergehen, morgen kann euch der Schlag treffen, morgen kann alles vorbei sein. Ihr habt nicht mehr viel Zeit. Gott hat euch die Zeit nicht geschenkt, damit ihr sie sinnlos vergeudet. Darum handelt! Sofort!

Das Licht geht wieder an.

Käthe: Habt ihr das auch gehört?

Bertha: Was hat die Stimme gemeint mit „Handeln"?

Frieda: Wir sollen uns einen Wunsch erfüllen, glaub ich.

Käthe: Ob damit Paris gemeint ist?

Bertha: Aber unsere Zeit ist doch abgelaufen.

Käthe: Woher willst du das wissen? Das weiß nur der da oben. Vielleicht haben wir ja noch ein paar Jährchen?

Frieda: Oder ein paar Monate?

Bertha: Oder ein paar Wochen?

Käthe: Und wir verplempern unsere Zeit.

Frieda: Das ist eine Sünde!

Alle: Ja ja!

Käthe: Und wenn wir jetzt nach Paris fliegen würden?
Bertha: Fliegen wollte ich schon immer.
Frieda: Aber das kostet Geld.
Käthe: Die Hammerstein hat mir mein Sparbuch abgenommen. Sie wollte das Geld für mich anlegen, hat sie gesagt.
Bertha: Die glaubt wohl, da oben brauchen wir eine Aussteuer.

Alle kichern.

Frieda: Die Hammerstein würde uns nie fortlassen.
Käthe: Aber die Stimme hat gesagt, wir sollen handeln.
Bertha: Wenn wir die Hammerstein um die Ecke bringen?
Frieda: Oh nein! Denk dran, dass wir bald da oben sind.
Käthe: Ich hab da eine Idee. Kommt mal her!

Sie tuscheln aufgeregt.

2. Szene

Hammerstein: So, da bin ich wieder. Wart ihr auch schön brav? Waren wir schon auf dem Töpfchen?
Bertha: Ob Sie waren, weiß ich nicht. Ich war schon.
Hammerstein: Wie redest du mit mir. Wenn ihr nicht gehorcht, gibt's nachher keine Spieluhr.
Frieda: Du kannst dir deine Spieluhr an den Hut stecken.
Hammerstein: Ich muss doch sehr bitten!
Käthe: Setzen, aber ein bisschen plötzlich!
Hammerstein: Was?
Käthe: Setzen! Du hast uns lange genug traktiert, du Spinatwachtel.
Hammerstein: Also, das ist die Höhe! *Sie werfen ein Netz über sie und fesseln sie.* Was macht ihr da? Habt ihr den

Verstand verloren, ihr Tatterweiber? Was wollt ihr von mir?

Käthe: Zuerst mal unsere Sparbücher.

Hammerstein: Niemals.

Käthe: Frieda, hol die Stricknadeln!

Hammerstein: Aua, nein, hört auf! Aua! In der braunen Handtasche.

Käthe: Na also. Bereichern wolltest du dich, du Luder. An unserem Ersparten.

Hammerstein: Aber nein. Ich erkläre euch alles.

Käthe: Wie kleine Kinder hast du uns behandelt. Die kratzen sowieso bald ab, hast du gedacht. Die brauchen keine Unterhaltung mehr.

Hammerstein: Aber nein, das stimmt doch gar nicht!

Frieda: Du hältst jetzt deinen Mund. Jetzt reden wir. Wir sind zwar alt, aber nicht so verkalkt wie du denkst. Wir nehmen jetzt unser Geld und gehen. Leider musst du ein bisschen heia machen.

Hammerstein: Ihr seid verrückt! Ich will mich bessern! Hilfe!

Frieda betäubt sie von hinten. Sie fällt um.

Bertha: Wir wünschen gute Nacht. Und jetzt rufen wir ein Taxi.

3. Szene

Im Flugzeug

Käthe: Bin ich aufgeregt. Hoffentlich fällt das Vögelchen nicht runter!

Bertha: Wir sind schon über den Wolken.

Frieda: Du kannst ja gleich oben bleiben, im Himmel.

Bertha: Nein, jetzt will ich erst noch nach Paris.

Stimme: Wir bitten die verehrten Fluggäste, das Rauchen

einzustellen und sich anzuschnallen. Wir landen in wenigen Minuten in Paris.

Käthe: Jetzt wird's ernst. Was machen wir zuerst?

Frieda: Wir suchen uns ein Luxushotel, und dann gehen wir einkaufen.

Raum für eigene Improvisationen: Tanz, Lied, Szene beim Einkaufen. Sie kommen mit Tüten. Alle sind modisch angezogen.

Bertha: Käthe, ich könnte Junge kriegen, wenn ich dich mit dem Hut sehe.

Frieda: Bertha, du siehst vier Wochen jünger aus mit dem Fetzen.

Käthe: Die französischen Männer werden uns zu Füßen liegen.

Bertha: Da ist unser Bus. Jetzt kommt die Stadtrundfahrt.

Frieda: Und dann gehen wir ganz groß essen.

Improvisierte Szene: Im Restaurant

Stimme: Die drei verbrachten einige vergnügliche Wochen in Paris. Zuerst starb Bertha. Die anderen wurden Opfer eines Verkehrsunfalls. Alle drei waren bis zum Schluss zufrieden und fröhlich, denn sie hatten sich noch einen Traum erfüllt.

Katharina Bühler

Ich will nicht ins Altersheim

Wenn ich einmal in später Zukunft alt und klapprig bin, werde ich bestimmt nicht ins Altersheim gehen, sondern auf ein Kreuzfahrtschiff. Die Gründe dafür hat mir unsere Gesundheitsministerin Ulla Schmidt geliefert: „Die durchschnittlichen Kosten für ein Altersheim betragen 200 Euro pro Tag!"

Ich habe eine Reservierung für das Kreuzfahrtschiff „AIDA" geprüft und muss für eine Langzeitreise als Rentner 135 Euro pro

Tag zahlen. Nach Adam Riese bleiben mir dann noch 65 Euro pro Tag übrig. Die kann ich verwenden für:

1. Trinkgelder: 10 Euro pro Tag.
2. Ich habe mindestens 10 freie Mahlzeiten, wenn ich in eines der Bordrestaurants wackele oder mir sogar das Essen vom Room Service auf das Zimmer, also in die Kabine, bringen lasse. Das heißt in anderen Worten: Ich kann jeden Tag der Woche mein Frühstück im Bett einnehmen.
3. Die „Aida" hat drei Swimmingpools, einen Fitnessraum, freie Benutzung von Waschmaschinen und Trocknern und sogar jeden Abend Shows.
4. Es gibt auf dem Schiff kostenlos Zahnpasta, Rasierer, Seife und Shampoo.
5. Das Personal behandelt mich wie einen Kunden, nicht wie einen Patienten. Und für 5 Euro Trinkgeld extra pro Tag lesen mir die Stewards jeden Wunsch von den Augen ab.
6. Alle 8 bis 14 Tage lerne ich neue Leute kennen.
7. Fernseher defekt? Glühbirne kaputt? Die Bettmatratze ist zu hart oder zu weich? Kein Problem, das Personal wechselt es kostenlos und bedankt sich für mein Verständnis.
8. Frische Bettwäsche und Handtücher jeden Tag sind selbstverständlich, und ich muss nicht einmal danach fragen.
9. Wenn ich im Altersheim falle und mir eine Rippe breche, dann komme ich ins Krankenhaus und muss gemäß der neuen Krankenkassenreform täglich dick draufzahlen. Auf der „AIDA" bekomme ich für den Rest der Reise eine Suite und werde vom Bordarzt kostenlos verarztet.

Nun das Beste: Mit der „AIDA" kann ich nach Südamerika, Afrika, Australien, Asien ... wohin auch immer ich will. Darum sucht mich in Zukunft nicht in einem Altersheim, sondern irgendwo. Auf der „AIDA" spare ich jeden Tag 50 Euro und muss nicht einmal mehr für meine Beerdigung ansparen. Mein letzter Wunsch ist dann nur: Werft mich einfach über die Reling.

Das ist nämlich auch kostenlos.

***

Drei Frauen sitzen im Dämmerschein
an einem Fenster im Altersheim.
„Hätt ich doch damals einen Mann genommen,
vielleicht wären zwei, drei Kinder gekommen!"
So spricht die erste: „Ich wäre nicht allein,
und säß nicht am Fenster im Altersheim!"

Die zweite nimmt ein Bild von der Wand
und betrachtet es lange in ihrer Hand:
„Ach, wär doch der Krieg nicht gekommen
und hätt mir alle drei Buben genommen.
Den Albert, den Joseph und den Hein,
ich säße nicht am Fenster im Altersheim!"

Da spricht die dritte mit müdem Blick
und streicht eine weiße Strähne zurück:
„Mir schenkte der Herrgott der Kinder sieben,
und alle sind am Leben geblieben.
Vier Mädchen, drei Jungen nenne ich mein –
und ich sitze am Fenster im Altersheim!"

Da kam eine vierte froh heran:
„Na, Leute, was hat's euch denn angetan?
Wir sind doch hier ganz gut untergebracht!
Drum frisch auf! Mal herzlich gelacht!
Man braucht nicht so traurig sein,
sitzt man am Fenster im Altersheim!

Wenn die Beine noch mittun, dann heißt es wandern!
Tun sie es nicht, setzt sich einer zum andern!
Dann wird gespielt und geplaudert von Lust und Leid,
aus schöner und aus schwerer Lebenszeit!
Dann wird es euch leichter ums Herze sein –
sitzt ihr am Fenster im Altersheim!

Hier hat jeder sein Zimmer, sein Eigenheim,
es können auch Blinde und Taubstumme sein!
Es helfen Ärzte und Schwestern, Pfarrer und Küchen,
auch Fußpfleger und Frisöre lassen sich blicken!
Auf Wunsch kann man allein oder mit Hilfe baden,
oft wird zu Kuchen, Musik und Tanz geladen.
Man kann schon zufrieden und Gott dankbar sein –
darf man sitzen am Fenster im Altersheim!"

Wirklich geschehen:

* Anekdote aus der Zeit eines Zivildienstleistenden: Im Foyer des Altenheims stehen zwei alte Herren und ich vor einer Vitrine und betrachten die dort vom Bastelkreis ausgestellten selbst gemachten Handpuppen. Ich: „Sind die nicht hübsch?!" Erster Herr: „Äh, schon ... Besonders gelungen erscheint mir dort die olle, bucklige Hexe." Zweiter Herr: „Also da mangelt es hier im Haus nun wahrlich nicht an lebenden Modellen." Zufrieden kichernd schlurfen die beiden Greise in Richtung Speisesaal.
* Zwei alte Damen von sehr unterschiedlichem Temperament teilen sich in einem Pflegeheim ein Doppelzimmer (das ist lange her, heute gibt es nur noch Einzelzimmer). Die eine liest ständig in ihrem Andachtsbuch, die andere schimpft und „meckert" ständig herum. Die beiden Alten, so unterschiedlich sie auch sein mögen, sind mit der Zeit so etwas wie Freundinnen geworden, und die „stille Alte" erträgt das „Gemeckere" der anderen mit großer Gelassenheit. Doch eines Tages platzt der „stillen Alten" der Kragen: „Also, Wilhelmine, nun hör doch endlich mal auf, du weißt doch: Wir haben hier beide lebenslänglich!"
* Ein Arzt berichtet: Auch das Aushalten und Mitverfolgen des geistigen und körperlichen Abbaus von Menschen mit Demenz und die Begleitung der verzweifelten Angehörigen ist im Team besser zu bewältigen. Auf der anderen Seite gibt es immer wieder überraschende und erheiternde Begegnungen mit De-

menzkranken. Hierzu eine kleine Anekdote: Eine demenzkranke Patientin im Pflegeheim litt unter einem plötzlich aufgetretenen Ausschlag am ganzen Körper. Ich wurde vom Pflegepersonal gebeten, den Ausschlag anzuschauen. Als ich zur Patientin komme und sage, grüß Gott Frau P., ich würde mir gerne Ihren Ausschlag anschauen, schaut die Patientin mich freundlich an, nestelt in ihrer Tasche und sagt, den habe ich gerade nicht dabei, vielleicht können Sie später noch mal vorbeikommen. Solche Situationskomik entschädigt für manchen Frust und ist wohl auch ein Zeichen für ein vertrautes und gutes Milieu für Demenzkranke.

* Ihr Lieben, zur allgemeinen Erheiterung möchte ich euch mit folgender kurzen Anekdote erfreuen: Ich war heute im Altenheim, meine Oma besuchen. Sie ist 87 und leider seit ein paar Jahren „völlig durch den Wind", vergisst alles, sogar ihren eigenen Namen. Seit einem Jahr ist sie nun schon im Heim. Als ich heute dort ankam, kam sie mir in einem Marienkäferkostüm entgegen. Als ich sie auf ihre nette Verkleidung ansprach, meinte sie völlig entrüstet: „Wieso? Das habe ich doch jeden Tag an." Ich hab mich für's Lachen entschieden!
* Wie schon gesagt, der Alltag in der Klinik ist oft nicht nur anstrengend, sondern auch traurig, herausfordernd, erschütternd. Heute möchte ich aber mal ein paar Anekdoten vom Stapel lassen. Auch mit lustigen Situationen werden wir immer wieder konfrontiert. Da war zum Beispiel eine wirklich alte Dame (96, na ja, in Jopi-Jahren noch blutjung). Sie redete nicht mit uns, nicht mit ihren Kindern und Enkeln, sie habe seit Monaten nichts mehr gesagt, so die Angehörigen. Jedenfalls waren wir mit dem Chef (knackige 60) zur Visite. Er beugt sich über die schlafende Schönheit und ruft ihr (schwerhörig war sie außerdem) ins Ohr: „Guten Morgen!" Die Patientin schlägt die Augen auf, schnappt sich den Kittel vom Chef, zieht ihn etwas näher an sich heran und haucht gebieterisch: „Küss mich!"
* Fragt eine Pflegekraft den neuen Heimbewohner: „Wann haben Sie denn Geburtstag?" Sagt der: „Am 31. Juli." Darauf sie: „Und welches Jahr?" Gibt der Bewohner zurück: „Jedes Jahr."

* „Schwöschter, ig bi müed. Ig möcht itz Bett gah, aber ig weiß nid wo hi? Chani zu euch hei cho schlafe?“
* 07:30 Uhr:
  „Moin. Na, wollen Sie aufstehen?“
  „Wie spät ist es?“
  „Sieben Uhr dreißig.“
  „Nääääää, da will ich noch nicht aufstehen.“
  „Ja, müssen Sie wissen, dann komme ich später noch mal wieder.“
  „Was sagten Sie, wie spät haben wir es?“
  „Halb acht.“
  „Halb acht, hui, jetzt muss ich aber auch schnell hoch.“
* Als ich mit einer Kollegin eine Bewohnerin zur Toilette brachte – ich hatte damals eine etwas wilde Frisur – schüttelte sie den Kopf, verzog das Gesicht und fragte mich, was denn mein Mann zu dieser Frisur sage. Ich antwortete, ich habe keinen. Die alte Dame daraufhin: „Kein Wunder, dann wird es Zeit, dass der Kopf mal in Ordnung kommt.“ Ich dachte, ich müsse vor Lachen in die Kloschüssel fallen.
* Silvester: Ich habe Herrn H. mit in den Pausenraum genommen, um ihn besser im Blick zu haben, damit er nicht mit seinem Rollstuhl fällt. Habe Herrn H. ein Glas Saft eingeschenkt und ihm zugeprostet. Antwort: „Nee, danke! Ich trinke keinen Alkohol! Ich muss noch fahren!“ Löste seine Bremsen vom Rollstuhl und fuhr los …
* Herr G., ein hochbetagter Herr, dem man aufgrund seiner Demenz nicht mehr zutraute, seine Zahnprothese zu putzen, wurde von einer Pflegekraft gefragt: „Könnte ich bitte Ihre Zähne haben?“ Darauf Herr G. mit einem verschmitzten Lächeln: „Ja, freilich, die werden dir aber nicht passen.“
* Eine Anekdote möchte ich noch zufügen: Ich wollte einer dementen Frau abends die Zähne putzen. Auf die Aufforderung, die Zähne herauszunehmen, sah sie mich nur verwundert an. Ich fragte dann, ob ich das machen dürfte. Sie sagte: „Wenn es sein muss.“ Ich fummelte in ihrem Mund herum und musste peinlich berührt feststellen, dass diese 80-Jährige noch alle ei-

genen Zähne hatte, die auch noch gut erhalten waren. Ich gab ihr die Zahnbürste in die Hand, und nun konnte ich sehen, warum das so war.

* Eine Pflegeperson war bemüht, die Darmtätigkeit einer 90-jährigen Patientin mit chronischer Obstipation („Verstopfung“) in Schwung zu bringen. Trotz mehrmaliger oraler Laxanziengabe und einem kleinen Einlauf war kein Erfolg in Sicht. Die Schwester war schon der Verzweiflung nahe, da sagte Frau S.: „Der Morgenschiss kommt ganz gewiss, auch wenn es erst am Abend ist.“ (Ob dieser Spruch aus ihrer Feder stammt oder sie ihn irgendwo gehört hat, entzieht sich meiner Kenntnis, aber die Patientin hat der gestressten Kollegin damit den Wind aus den Segeln genommen und die Situation entspannt.)

Beim Friseur im Seniorenheim

* „Alter schützt vor Torheit nicht“, sagt eine unserer Mitarbeiterinnen stets, wenn sie an die 93-jährige Kundin denkt. Wegen ihres Alters nimmt diese den Zimmerservice in Anspruch. Als neulich unsere Mitarbeiterin fröhlich ins Zimmer trat und ebenso fröhlich die Kundin mit deren Namen begrüßte: „Einen wunderschönen Tag, Frau Kalterbaum“, erwiderte diese grimmig: „Ich heiße Else Stratmann und Kalterbaum heißt dieser Idiot, der mich damals geheiratet hat.“
* Irgendwann ist die Geduld zu Ende: M. K., eine Mitarbeiterin, die in Nordrhein-Westfalen in einem Altenheim arbeitet, erzählt, dass Frau U. eine unerklärliche Scheu vor der Trockenhaube hat. Sie setzt sich zwar darunter, aber – um sich selbst Mut zu machen und um die Prozedur durchzustehen – sagt sie alle 20 Sekunden: „Geduld ist alles – Geduld ist alles – Geduld ist alles.“Doch irgendwann – niemand wusste warum – sagte Frau U. mit überzogen lauter Stimme: „Die Geduld ist alle – die Geduld ist alle – die Geduld ist alle.“ Sofort und ohne zu

zögern wollte sie unter der Haube hervorkommen – sofort und gleich. Nur mit großer Überredungskunst konnte sie dann dazu bewegt werden, die wenigen Minuten unter der Haube doch noch durchzustehen. Seitdem bekommt sie nur noch einen Kurzhaarschnitt und das Problem ist zur Zufriedenheit aller Beteiligten gelöst.

* „Die 100-Mark-Story“ nennt eine andere Mitarbeiterin die folgende Geschichte: Nachdem sie dem netten Herrn M. die Haare zu seiner Zufriedenheit geschnitten hatte, wollte Sie wissen, ob er selbst zahle oder ob das über das Büro des Heimes erledigt würde. „Natürlich Selbstzahler“, sagte Herr M. stolz und hielt ihr einen 100-DM-Schein hin. Der Schein kam ihr merkwürdig vor. Sie drehte ihn um und sah eine blütenweiße Rückseite. Das anwesende Pflegepersonal klärte sie rasch auf: „Herr M. bevorzugt es, sein Geld zu verschenken. Deshalb geben wir ihm Spielgeld zum Verschenken.“ Der Geldschein wechselte also anstandslos den Besitzer. Herr M. bleibt natürlich weiterhin stolzer „Selbstzahler“ und freut sich, wenn er beim nächsten Friseurbesuch einen „Blauen“ verschenken kann. Das Pflegepersonal und unsere Mitarbeiterin spielen die 100-DM-Story natürlich gerne mit.
* Ein teurer Trick? Einen ganz gewitzten Trick setzt Frau P., die immerhin 85 Jahre alt ist, ein: Sie fällt regelmäßig zu Beginn des Friseurbesuches in Ohnmacht – einfach so. Natürlich sind alle in heller Aufregung – so auch beim letzten Mal. Eine gut eingeübte Prozedur setzte sich in Gang: Stabile Seitenlage – Pflegepersonal alarmieren – Notarzt rufen – Krankenwagen bestellen – Krankenhaus benachrichtigen. Das volle Programm wurde abgespult. Kurze Zeit später stand Frau P. wieder in der Tür: Bitte entschuldigen Sie die Unannehmlichkeiten, die Sie durch mich hatten. Würden Sie mich bitte jetzt weiterfrisieren? Und beim nächsten Mal, wenn ich in Ohnmacht falle, lassen Sie mich einfach liegen. Das mit dem Krankenwagen wird auf Dauer zu teuer.“

Eine allseits geschätzte Diakonisse verabschiedet sich von den Bewohnern des Pflegeheimes, in dem sie jahrelang Dienst getan hatte. Viele weinen. Um sie zu trösten, sagt die Schwester: „Ach, ich bin ganz sicher, meine Nachfolgerin wird es besser machen als ich.“ Daraufhin einer der Alten: „Das glaube ich nicht. Das hat Ihre Vorgängerin auch gesagt.“

Bananenrepublik-Altenheim-Deutschland

Bei einer Allergie gegen Humor wenden Sie sich bitte an Ihren Arzt oder Psychologen.

Altenheim
Getreues Abbild eines mittelamerikanischen Kleinstaates mit Elementen einer deutschen Endlos-Serie aus dem Fernsehen, nur dichter, rasanter und gefährlicher, eben Realität!

Der Heimleiter
Sieht alles, weiß alles … vergisst alles – besonders wenn es um Zusagen gegenüber Mitarbeitern geht. Umgibt sich gern mit der Aura des Allwissenden, daher auch die Bezeichnung „Lieber Gott des Altenheimes", obwohl er als Kaufmann (oder Sozialfuzzi oder „christliche Persönlichkeit") überhaupt keine Ahnung von Pflege hat. Vielleicht auch gerade deswegen …

Die Pflegedienstleitung
Sieht alles, weiß alles … vergisst nie etwas, besonders wenn Untergebene Widerworte gegeben haben. Hauptaufgabe: Krisenmanagement. Standard-Grußformel: „Wer war das?" Oberste Fachkraft, meistens kompetent, was aber niemandem auffällt, da sie es sich nicht leisten kann, schlauer zu sein als der Heimleiter.

Der Vorstandsvorsitzende des Trägers
Sieht nichts, weiß nichts … merkt sich aber alles, weil er auf Gerüchte und Verräter angewiesen ist. Kommt nur ins Heim, wenn Feiern anstehen (Alkohol!), hält dann unvermeidlicherweise eine Rede, in der er so tut, als hätte er den ganzen Etat des Hauses mit seinen eigenen Händen durch Kohlen-Schleppen bestritten. Setzt sich anschließend in seinen Dienstwagen (8 Zylinder, 300 PS) und fährt nach Hause (und träumt dort von seiner Jacht).

Die Stationsleitung
Undankbarster Job in einem Altenheim, für alles verantwortlich und von keiner Seite Hilfe. Wird beim kleinsten Fehler von der Heimleitung zur Schnecke gemacht; hat was geklappt, war es das Verdienst des/der Allmächtigen (siehe Heimleitung). Sieht es gar nicht ein, den Helden zu spielen, und gibt folgerichtig den Druck nach unten weiter.

Die stellvertretende Stationsleitung
Wie die Enkel von Willy Brandt: warten ewig auf ihre Chance, und wenn sie da ist, vermurksen sie es. Meistens eine examinierte Kraft, die ab und zu wichtig tun darf und dafür von ihren Kollegen und Kolleginnen geschnitten wird.

Examinierte Kräfte
Sehen, was zu tun ist, wissen, was getan werden könnte, entscheiden, was getan werden soll, verantworten, was tatsächlich getan wird. Prototyp des „Front-Schweins". Tragen die Hauptlast der Stationsarbeit, weil sie neben ihrer eigenen Arbeit auch noch hinter allem, was unausgebildet arbeitet, her sein müssen und von diesen immer alles zugeschoben bekommen. Haben alle Hände voll zu tun, sich gegen Leute zu wehren, die alles besser wissen. Irgendwann kommen sie auf die bescheuerte Idee, sich für einen Job zu bewerben, der für eine Lohnstufe mehr noch viel schlimmer ist … Stationsleitung.

Hilfskräfte
Befinden sich ständig im Konflikt zwischen „Geht mich nichts an" und „Ich bin der Stations-Profi". Haben die Indianapolis-Position (Wenn's eng wird, bin ich als Erster weg). Zeigen ihre Inkompetenz dadurch, dass sie sich einbilden, mit Kompetenz glücklicher zu sein. Ansonsten unverzichtbar als unterste Stufe der Pflegehierarchie. Die Betroffenen trösten sich mit Intrigen gegen Examinierte.

Zivildienstleistende
Die Stars der Station, da 1. männlich (der „Kran von Schifferstadt") und 2. obercool, weil sie keinen Vorgesetzten zu fürchten haben. Machen deswegen, was sie wollen, und das immer zum Nutzen der BewohnerInnen.

Praktikanten von Altenpflegeschulen
Geliebt, weil Überstunden abgebaut werden; wenn sie kommen gefürchtet, weil sie alles besser wissen, sie auch noch meistens Recht haben und so echten Stress verbreiten. Niemand will schließlich hören, dass er seit zehn Jahren falsch gespritzt hat, hat sich ja auch noch keiner beklagt, oder? Spielen sich oft als Robin Hood der BewohnerInnen auf, und die BewohnerInnen finden das auch noch gut.

Raumpflegerinnen
Geliebt, weil sie einem so hässliche Arbeiten abnehmen, gefürchtet, weil fast alle eine Verwandte/einen Verwandten unter den BewohnerInnen haben, und wenn nicht, dann wenigstens eine Vertraute/einen Vertrauten, und so jeden Fehler des Pflegepersonals als Erste entdecken und einem natürlich gleich aufs Brot schmieren. Alles in allem Grund genug, sie an der kurzen Leine zu halten.

Der Betreuungsdienst
Sehen alles, verstehen nichts und erzählen es dann weiter. Alles Doppelagenten, weil sie der Station erzählen, der Träger wäre Alkoholiker und würde seine Frau schlagen, und dem Träger erzählen, die BewohnerInnen würden schlecht versorgt.

Beschäftigungstherapeuten
Der natürliche Feind des Altenpflegers. Nicht nur, dass diese Burschen etwas tun, wozu man selbst auch qualifiziert ist, sie machen auch noch so tolle Sachen wie Strick-Papageien oder Reißwolle-Mobiles, die dann überall hängen und die Bewunderung von Heimleiter und Pflegedienstleitung finden. Examinierte füh-

len sich zum Windelwechsel-Dienst degradiert. Wenn die Beschäftigungstherapeuten dann anfangen, an der Pflege rumzunörgeln („Oma Krauses Windel war wieder nass, stellen Sie das ab!"), weicht die kooperative, ganzheitliche Turbopflege einem alles verschlingenden Blutrausch.

Sozialarbeiter
Völlig überflüssiger Traumtänzer, der als Einziger noch glaubt, es ginge im Heim sozial zu.

Supervision
Andere Bezeichnung für bezahlte Langeweile, weil keiner weiß, was Supervision auf Deutsch heißt und niemand so dämlich ist, seine Kritik am Boss vor allen Leuten rauszulassen und sich so an's Messer zu liefern. Wird von Psychologen abgehalten, die sich dabei selbst blöd vorkommen.

Der Arzt
Kleinkarierte Type, unfreundlich und in Eile, will nichts rezeptieren. Redet selbstgefällig in übertriebener Fachsprache, um zu zeigen, dass die Schwester für ihn nur der geduldete Blödi ist. Aber wenn er ledig wäre und sich anbaggern ließe …

BewohnerInnen
In der komplizierten Welt des Personals absolut störend. Alles würde wunderbar funktionieren, wenn nicht dauernd die BewohnerInnen irgendein Problem hätten, und Probleme gibt es auch ohne BewohnerInnen schon genug. Meist hilft nur noch die Flucht ins Stationszimmer.

Verwandte/Angehörige
Wissen absolut alles besser, weil sie erstens ihre Oma so gut kennen, (darum hassen sie sie auch) und zweitens im Geschwollenen Blatt ein Bericht stand. Meistens geht es in Wirklichkeit nur darum, alte Rechnungen zu begleichen oder irgendwie an die Erbschaft zu kommen.

Stationszimmer
Trutzburg des Pflegepersonals. Wird mit zwei magischen Sprüchen kraftvoll verteidigt. 1. Ich bin beschäftigt! 2. Wir haben jetzt Übergabe! Optional kann bei beiden Sprüchen der Halbsatz „Pinkeln Sie in Ihre Windel, dafür ist sie ja da“ beigefügt werden. Ansonsten beherbergt das Stationszimmer die Dokumentation, die Rapport-Kladde, das Nachtwachen-Buch, das Heft für Besonderheiten, das Spezial-Buch für persönliche Botschaften zwischen den Schichten und jede Menge Merkzettel.

Die Pflege
Tätigkeit zwischen zwei Intrigen.

Die Kaffeekasse
Gibt es gar nicht, und wenn es sie gäbe, wäre sie bestimmt nicht für Kaffee.

Dienstzeit
Die Zeit, in der man das beschauliche und ruhige Zuhause verlässt, um mit ein paar Hexen unter Aufsicht eines unfähigen Ekels Bestien zu hüten. Man hätte weiß Gott Besseres zu tun, aber wir sind ja sooo sozial und hilfsbereit.

Das Altenheim – ein Ort zum Leben?!

Eine etwas satirisch gereimte Antwort

Der Frühdienst kommt, der Nachtdienst geht,
schon fünf nach sieben – bin viel zu spät!
Den Kittel her, den strahlend weißen,
will nicht mehr Frau XY – sondern Schwester Eva heißen!

Jetzt aber los, ganz schnell nach oben,
die Pflegestufen drei sind alle umgezogen,
das dient der rationelleren Pflege,
denn es verkürzt die sonst so langen Wege.

Raus aus dem Bett, Frau Meier, schnell,
das Bettzeug ist auch nicht mehr ganz hell,
für heute muss es jedoch taugen,
die Oma hat sowieso schon schlechte Augen.

Und jetzt ins Bad, ich muss mich sputen,
der MDK* gibt mir dafür nur sieben Minuten.
Zum Zähneputzen reicht's zur Not,
mach den Mund auf Oma, sonst seh ich rot.
Mit 'ner Prothese ging's viel schneller,
die weicht im Wasser ganz von selber.

O' Gott, es ist schon bald halb acht,
und die Station noch nicht ganz fertiggemacht,
weil Schwester Elke wieder mal fehlt,
ja, ja Zeit ist schließlich Geld.

Um neun ist alles dann paletti,
die PDL** ist endlich happy,
und in der Doku steht zu lesen,
wir sind viel schneller als geplant gewesen.

Es mag ja sein, dass so manche im Haus
aus dem Bett noch nicht wollen so früh heraus.
Sie möchten erzählen den neuesten Traum,
doch wen interessiert das? Uns doch wohl kaum.
Solch Gequassel lässt uns schon lange kalt,
für's Zuhören werden wir nicht bezahlt,
nur die Leistung gilt, die bringt Gewinn,
Betreuung ist „out“, bloß noch Pflegen ist „in“.

Das Frühstück wird herangeschafft,
Kakao gibt den Leuten Kraft,
um all die Pillen zu verdauen,
die von den Ärzten, den ganz schlauen,
mit hohem Eifer rezeptiert,
weil Pharmazie die Welt regiert.
Inzwischen ist es zehn Uhr dreißig.
Das Küchenpersonal war äußerst fleißig.
Die Suppe steht schon auf dem Tisch,
Kartoffeln dampfen weich und frisch,
mit Soße und Salatblatt drauf,
ein Häppchen Fleisch schaut auch heraus.
Im Speisesaal riecht's angenehm,
hoch lebe das Tablettsystem.

Um elf Uhr dreißig eilt Ottilie,
die Köchin, heim zur Familie,
nun kann sie endlich, wie sie will,
ohne Budgetierung, rein nach Gefühl,
den Kalbsbraten richten und Knödel dazu,
vor Speiseplanzwängen hat sie jetzt Ruh.

Im Heim ist's mittags ruhig und still,
so wie die Hausordnung dies will.
Schichtwechsel ist beim Personal,
mit Kaffee und Kuchen – ganz legal,
denn noch fehlt vom MDK und Kasse,
das zeitliche Limit pro Torte und Tasse.

Die „Hausinsassen“, sofern sie nicht schlafen,
können sich ebenfalls Kaffee beschaffen.
Nur hie und da wird durchbrochen die Ruhe,
durch unerwünschte, weil lästige Besuche,
von Angehörigen, die, man glaube es nicht,
sich womöglich beschweren bei der Heimaufsicht,
wenn ihre Oma, müde und matt,
kein Bedürfniss nach Ratsch und Bewegung hat.
Die Laien versteh'n halt das Planungsziel nicht,
absolute Ruhe ist erste Seniorenpflicht.

Doch damit ist's ohnehin bald vorbei,
denn um sechzehn Uhr gibt's den Abendbrei
mit zwei Scheiben Wurst und Pfefferminztee,
aber dann wird's hektisch, o weh, o weh!
Die Zeit verrinnt, es geht um Minuten,
bei Pflegestufe null heißt es sich sputen.
Bis alle Verwirrten und Desorientierten,
mit ihren unkontrollierten Weglaufbegierden
eingefangen und zu Bett gebracht sind,
pfeift es durch's Haus wie der Wüstenwind.

Spätestens achtzehn Uhr ist es jedoch geschafft,
die Station liegt im Bett, um sie pünktlich um acht
dem Nachtdienst nach Vorschrift liegend zu übergeben,
denn Ordnung ist schließlich das halbe Leben.

Und wer's nicht glauben will, der komme zu uns.
Er wird's dann schon merken: Qualität ist Trumpf!

Heinz Schildhammer

* MDK: Medizinischer Dienst der Krankenkassen
** PDL: Pflegedienstleitung

Ausdehnung der Interaktion von Mensch und Maschine in der Pflege

Interview mit Dr. Gunichi S. Mikawa, Konstrukteur des DIABOL-Pflegeroboters

Pflegenetz: Sehr geehrter Dr. Mikawa, wofür steht die Abkürzung DIABOL?

Dr. Mikawa: Die volle Bezeichnung lautet „**D**atenverarbeitender **I**nternetgestützter **A**rbeiter für **B**etreuung, **O**bservation und **L**ebensqualität".

Pflegenetz: Können Sie uns einige herausragende Merkmale dieser Maschine nennen?

Dr. Mikawa: Sie ist ein vollwertiger Humanersatz, macht also menschliches Pflegepersonal unnötig. Die Leitung eines Pflegeheims kann die Tätigkeit des DIABOL bequem per Internet überwachen und Zielvorgaben machen. Der DIABOL kann pro Stunde 16 Grund-

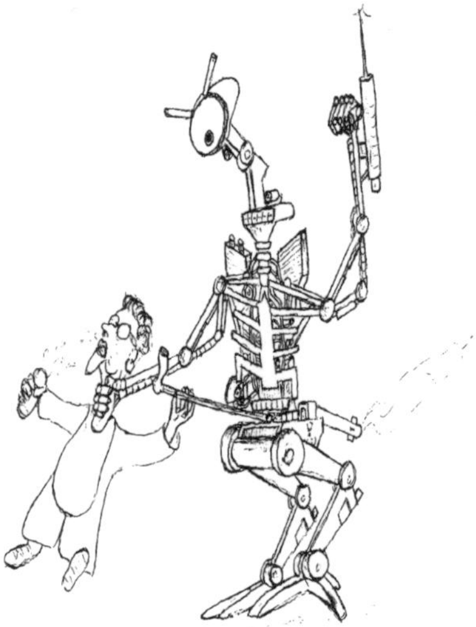

pflegen an Klienten der Pflegestufe 5 durchführen, stellt keine Gehaltsforderungen, kennt keinen Krankenstand und keine Pausen. Dank Infrarotsensoren kann die Beleuchtung im Pflegeheim reduziert werden, was Kosten senkt.

Pflegenetz: Woher nimmt DIABOL diese Kraft?

Dr. Mikawa: Ein klimafreundlicher Westinghouse GAU-X1 Mikro-Nuklear-Reaktor ist die Antwort. Bei der Entsorgung des Atommülls denken wir an einen Synergie-Effekt mit den Bestattungsunternehmen. Die Abwärme des Reaktors heizt nebenbei das Pflegeheim, was sehr kosteneffektiv ist …

Pflegenetz: … kosteneffektiv sicher. Aber wo bleibt die menschliche Dimension?

Dr. Mikawa: DIABOL beherrscht 350 Wörter, dutzende Redensweisen, mehrere Hundert Anweisungen und daneben zahlreiche Soundeffekte. Er ist ein kommunikatives und dank Hunderter Sensoren fühlendes Wesen.

Pflegenetz: Er ist eine Maschine!

Dr. Mikawa: Nichts anderes ist der Mensch …

Pflegenetz: Es gibt da ein Bild, wo DIABOL eine Heimbewohnerin zwecks Insulingabe brutal am Hals packt …

Dr. Mikawa: Wer keine Erfahrungen mit Robotpflege hat, könnte das als unbehaglich empfinden. Der kurzzeitige Griff um den Hals ermöglicht gleichzeitig eine Messung von Puls, Blutdruck und Blutzuckerspiegel. Was man auf dem Bild ebenfalls nicht sieht, ist, dass der Roboter die Bewohnerin vorher mehrfach um Kooperation gebeten hat. Da er zu diesem Zeitpunkt viele weitere anstehende Aufgaben hatte, aktivierte sich ein Modus, welcher eine liberalere Interpretation ethischer Grundsätze und moralischer Standards ermöglicht. Dadurch steigert sich die Effektivität …

Pflegenetz: Das ist ein Skandal!

Dr. Mikawa: Moralische und ethische Standards sollte man generell ähnlich wie Lohnanpassungen jährlich situationsgerecht neu verhandeln. Sie sind sowieso nicht absolut, sondern nur vorläufige Resultate der Evolution ...

Pflegenetz: Ihre Philosophie könnte katastrophale Auswirkungen auf die Pflege haben!

Dr. Mikawa: Wachen Sie auf, oder Sie verpassen den Fortschritt! Pflegerobotik ist die Antwort auf die aktuelle Bevölkerungsentwicklung. Effizient, preiswert und langfristig ohne Alternative.

Pflegenetz: Wenn man Ihre Philosophie konsequent durchdenkt, erübrigt sich jegliche Pflege. Danke für das Interview.

Markus Rammerstorfer

Ihr letztes Zimmer

Fremdmöbliert sind Schrank, Tisch und Stuhl,
das Foto zeigt Kinder und Enkel,
ist Eigentum und höchster persönlicher Wert,
ein beständig ruhender Blickfang
aller Sehnsucht im empfindsamen Herzen.
Arrest, seit die altmüden Füße versagen,
den schwerlastigen Körper nicht mehr tragen,
an den Raum gefesselt seit einigen Jahren.
Zahlreiche Zimmerpflanzen blühen
prachtvoll auf breiter Fensterbank.
Ein unübersehbarer Beweis
des Nichtvergessenseins.

Die dunklen Vorhänge, die wünscht sie nicht mehr,
ihren Käfig begrenzen genug Einschränkungen
und Mauern,
und diese Tür durchschreitet sie
gewiss nicht mehr aufrechten Gangs.
Das große Fenster,
wichtiges Verbindungsglas
zur Außenwelt,
lässt Boten der Freude willig hinein.
Gewiss wirft Mutter Sonne warme Goldmuster
liebkosend bis zum letzten Tag
durch blankes Glas.

Das Stückchen Himmelszelt
der Hochbetagten Hoffnung beschert.
Die Vogeltränke draußen auf dem Rasen,
fantasievolles Geschenk des Enkelsohnes,
lockt fleißige Sänger in buntem Gefieder,
Freudestifter, bisweilen rund um die Uhr.

Wind treibt heute hastig die Wolken,
reißt garstig an den Ahornbäumen,
raubt der Margerite schönsten Blütenzauber,
fegt auch allen Unrat mit sich fort.
Wechselnde Jahreszeiten noch nie
so intensiv empfunden wie im Alter.

Sie lacht im schneereichen Winter
hinter ihrer Thermopanescheibe,
nicht minder draußen die rodelnden Kinder.
Es steigen glückliche Erinnerungen
aus dem frühkindlichen Gedächtnis
ins altjunge hüpfende Herz.

Ihr letztes Zimmer:
Raum, Herberge, Heimat,
Unterkunft, Heim, ihr Zuhause,
die Stelle, der Platz, an dem
das eigene Bett stehen darf,
mit Ausblick auf den Himmel.

Monica Maria Mieck

Was seht ihr Schwestern? Was seht ihr?

Denkt ihr, wenn ihr mich anschaut:
Eine mürrische alte Frau,
nicht besonders schnell,
verunsichert in ihren Gewohnheiten,
mit abwesendem Blick,
die ständig beim Essen kleckert,
die nicht antwortet, wenn ihr sie anmeckert,
weil sie wieder mal nicht pünktlich fertig ist.
Die nicht so aussieht, als würde sie merken,
was ihr mit ihr macht.
Die ständig den Stock fallen lässt,
und nicht sieht, wo sie geht.
Die willenlos alles mit sich machen lässt:
„Füttern, waschen und alles, was dazu gehört."

Denkt ihr denn so von mir, Schwestern,
wenn ihr mich seht? – Sagt!
Öffnet die Augen, Schwestern!
Schaut mich genauer an!
Soll ich euch erzählen, wer ich bin,
die hier so still sitzt, die macht, was ihr möchtet,
und isst und trinkt, wann es euch passt?

Ich bin ein zehnjähriges Kind mit einem Vater
und einer Mutter, die mich lieben,
meine Schwester und meinen Bruder.
Ein sechzehnjähriges Mädchen,
schlank und hübsch, das davon träumt,
bald einem Mann zu begegnen.
Eine Braut, fast zwanzig, mein Herz schlägt
heftig beim Gedanken an die Versprechungen,
die ich gegeben und gehalten habe.
Mit fünfundzwanzig habe ich eigene Kinder,
die mich zu Hause brauchen.

Eine Frau mit dreißig, meine Kinder wachsen
schnell und helfen einander.
Mit vierzig, sie sind alle erwachsen
und ziehen aus.
Mein Mann ist noch da und die Freude nicht
zu Ende.
Mit fünfzig kommen die Enkel, sie erfüllen
unsere Tage, wieder haben wir Kinder –
mein Geliebter und ich!

Dunkle Tage kommen über mich,
mein Mann ist tot!
Ich gehe in eine Zukunft voller Einsamkeit und Not.
Die Meinen haben mit sich selbst genug zu tun,
aber die Erinnerungen von Jahren
und die Liebe bleiben mein.
Die Natur ist grausam, wenn man alt und
krumm ist, und man wirkt etwas verrückt.

Nun bin ich eine alte Frau,
die ihre Kräfte dahinsiechen sieht,
und der Charme verschwindet.
Aber in diesem alten Körper
wohnt immer noch ein junges Mädchen,
ab und zu wird mein mitgenommenes Herz erfüllt.
Ich erinnere mich an meine Freuden,
ich erinnere mich an meine Schmerzen,
und ich lebe und liebe mein Leben noch einmal,
das allzuschnell an mir vorübergeflogen ist
und akzeptiere kühle Fakten,
dass nichts bestehen kann!

Wenn ihr eure Augen aufmacht – Schwestern –
so seht ihr nicht nur eine alte mürrische Frau.
Kommt näher, seht MICH!

(Dieses Gedicht schrieb eine alte Frau, die seit langem in einem Pflegeheim lebte und von der man meinte, sie sei desorientiert. Nach ihrem Tod fand man dies schöne Gedicht bei ihren Sachen.)

***

Langsam, langsam, nimm dir Zeit,
ist das Ziel auch noch so weit.

Langsam, langsam und in Ruh
geht es bei mir zu.

Langsam, langsam und verschnauf,
aber gib dein Ziel nicht auf!

Langsam, langsam und bedacht
wird das meiste gut gemacht.

Betreuungswunsch einer Altenpflegerin für das Jahr 2021

„Da ich im Jahre 2021 stolze 75 Jahre sein werde, möchte ich mich bei Ihnen vorstellen:

Lassen Sie mir bitte meine Identität: Ich heiße Helga Weitz und möchte auch so genannt werden. Nicht Oma oder Helga, auch bin ich kein Zirkusmitglied und heiße Floh.

Wahrscheinlich werde ich nicht mehr in der Lage sein, meine Wünsche zu äußern, darum möchte ich es jetzt tun. Aus finanziellen Gründen kann ich mir kein Einzelzimmer leisten, aber meine Bitte: Bei der morgendlichen Grundpflege stellen Sie doch bitte einen Sichtschutz auf, damit ich nicht allen Blicken preisgegeben bin. Ich wasche mich nicht so gern, dafür dusche ich aber umso lieber und dies täglich. Zum Abschluss bitte einmal ganz kalt. Das bin ich von Kind auf so gewöhnt (daher selten erkältet). Trocknen Sie mich bitte gut ab, damit ich nicht wund werde. Solange ich noch als Altenpflegerin tätig war, habe ich immer auf kurze und saubere Fingernägel Wert gelegt. Würden Sie das bitte für mich übernehmen (auch zu Ihrem eigenen Schutz, damit ich Sie nicht kratzen kann). Falls ich mich nicht mehr allein anziehen kann, hätte ich gern, dass die Schwester mir dabei behilflich ist. Ich möchte so nett wie möglich gekleidet sein. Röcke und Blusen sollen miteinander passen, auch die Jacke soll farblich harmonieren (bitte keinen bunten Paradiesvogel kleiden). Strümpfe ohne Laufmaschen sehen dazu gepflegt aus.

Mein Bargeld reicht wahrscheinlich dazu, dass ich zweimal im Monat zum Friseur kann, ach ja, einmal Fußpflege bitte, denn die Hühneraugen tun so schrecklich weh.

Falls ich tagsüber im Gemeinschaftsraum sitzen muss, bitte, wäre es möglich, dass hier zeitweise etwas Ruhe herrscht? Der Fernseher oder das Radio müssen doch nicht den ganzen Tag laufen? Wenn man mir ein gutes Buch zum Lesen gibt, z. B. Eugen Roth, reichen Sie mir dann auch meine Brille bitte?

Sollte ich nicht mehr allein essen können, zerkleinern Sie doch bitte die großen Stücke für mich mundgerecht. Nur nicht passieren, das sieht so vorgekaut aus. Gern will ich versuchen, mit dem Löffel auch allein zu essen, damit Sie mich nicht „füttern" müssen. Der Teller müsste wohl einen höheren Rand haben, damit ich das Essen nicht über den ganzen Tisch jagen muss. Sie sind sonst verärgert mit mir, und ich bekomme keine frische Tischdecke.

Wenn ich Blase und Darm nicht mehr kontrollieren kann, würden Sie mich dennoch wie einen normalen Menschen behandeln? Könnten Sie versuchen, die Nase nicht zu rümpfen, wenn Sie die Bettdecke aufschlagen und es nicht so gut riecht? Nennen Sie mich bitte auch nie einen Schmutzfink, auch wenn es im Sozialhilfegesetz die erhöhte Geldzulage für Schmutzer gibt, so die Auskunft eines Beamten beim Sozialamt.

Ich würde gerne auch mal ausgeführt werden, vielleicht in die Oper? Es darf auch ein Ausflug in den Frühling sein. Sollte ich einmal senil werden, Ihre Wünsche nicht verstehen können, schimpfen Sie nicht mit mir, das macht mich nur noch unruhiger und aggressiver.

Behandeln Sie mich bitte mit Ruhe und Nachsicht. Meine Welt wird zunehmend kleiner, darum lassen Sie mich doch an Ihrer ein klein wenig teilhaben. Erzählen Sie mir doch etwas von Ihrer Familie oder wie Ihr Urlaub war.

Meine Wünsche nehmen kein Ende. Doch sind sie alle recht einfach zu erfüllen. Was ich brauche, ist ein gutes Essen, menschliche Wärme und jemand, der mich liebevoll betreut und versorgt.

Ich habe Ihnen viel zum Nachdenken gegeben, vielleicht kann ich auch das später nicht mehr, und Sie müssten es für mich tun. Würden Sie das für mich übernehmen?

Für alle Ihre Bemühungen möchte ich mich jetzt bei Ihnen bedanken, vielleicht kann ich auch das später nicht mehr.

Helga Weitz

Appartement 723

Die ältere Dame wohnt in einem ganz modernen Hochhaus am Rande der großen Stadt. Sie hatte, nachdem ihr Mann verstorben war, ihre alte Wohnung aufgegeben und in jenem Hochhaus eine Einzimmerwohnung gemietet. Obwohl hier viele Menschen, mehrere Hundert, wohnen, lebt sie ganz allein, besser: einsam. Kaum jemand weiß ihren Namen: Frau Kramer. In diesem Hause hat keiner Zeit für den anderen, jeder ist mit sich selber ausreichend beschäftigt. Frau Kramer ist die Mieterin der Wohnung Nr. 723, nicht mehr, nicht weniger, denn in der Wohnmaschine gibt es keine Nachbarn. Frau Kramer ist für die anderen Mieter eine unbekannte Größe, mit der man nicht rechnet, weil man sie nicht kennt. Wenn man sich im Fahrstuhl oder in dem langen Laubengang, von dem aus die Wohnungstüren abgehen, begegnet, so wechselt man zurückhaltend höfliche, eilige Grüße. Manch einer fragt sich bei einer solchen Begegnung: „Wer war denn das?“, aber die Antwort ist schon uninteressant. Die meisten stellen diese Frage gar nicht erst, weil sie ebenso müßig ist wie etwa die Frage nach den Namen derer, die im Kino oder im Theater oder auf der Tribüne eines Sportplatzes neben, hinter oder vor einem sitzen.

Eines Morgens nun bemerkt die Austrägerin, dass die Zeitung vom Vortage noch im Briefkasten mit der Aufschrift „Kramer Nr. 723“ steckt. Auch der Postbote bemerkt es. Beide zucken die Achseln. Alte Leute sind vergesslich, denken sie. Am nächsten Morgen stecken zwei Zeitungen im Briefkasten, die Austrägerin tut eine dritte hinzu, der Zusteller wirft einen Brief ein.

Vielleicht ist sie krank, denkt die Austrägerin. Eigentlich müsste man … Aber sie vergisst es wieder, sie hat so viel zu bedenken, und weshalb soll ausgerechnet sie … Ob sie verreist ist?, denkt der Zusteller. Vielleicht liegt ein Nachsendungsantrag vor? Er fragt auf dem Postamt nach. Nein, es liegt kein Antrag vor.

Es werden immer mehr Zeitungen, Briefe, Drucksachen. Manche der Hausbewohner sehen es, aber sie machen sich keine Gedanken darüber, geschweige denn einen Versuch, irgendetwas zu veranlassen. Die meisten jedoch sehen überhaupt nichts. Schließlich ist der Briefkasten so voll, dass beim besten Willen nichts mehr in ihn hineingeht. Der Zusteller ist unwillig und meldet der Hausverwaltung seine Beobachtung. „Haben Sie sie in den letzten Tagen überhaupt gesehen?“, fragt der Zusteller.

„Ich sehe sie nie“, antwortet der Hausverwalter. „Ich kenne sie ja gar nicht. Wo käme ich denn hin, wenn ich mich um jeden kümmern sollte. Ich habe hier über zweihundert Mieter!“

„Vielleicht sollte man“, meint der Zusteller, „die Polizei verständigen.“ Der Hausverwalter ist jedoch nicht dafür, gleich die Polizei herbeizurufen, Polizei im Hause, das mache keinen guten Eindruck …

„Mich geht’s ja nichts an“, sagt der Zusteller, grüßt kurz und geht.

Der Hausverwalter beschließt, die Sache zunächst selber in die Hand zu nehmen und besichtigt den Briefkasten der Frau Kramer, Wohnung 723. Tatsächlich, in dem Briefkasten hat auch nicht mehr eine Postkarte Platz. Er will gerade zu einem der Fahrstühle gehen, um in den siebenten Stock zu fahren, da kommt eine ältere Frau aus einem anderen Fahrstuhl.

Der Verwalter überlegt. Ob sie diese Frau Kramer ist? Er weiß es nicht, aber gleich darauf weiß er es. Die ältere Frau schließt nämlich den Briefkasten mit der Aufschrift „Kramer Nr. 723" auf und entnimmt ihm neun Zeitungen, vier Briefe, eine Postkarte.

„Sie sind Frau Kramer?", fragt der Verwalter und als sie nickt: „Waren Sie krank? Oder verreist?"

„Weder noch", antwortet Frau Kramer. Ihre Miene drückt eisige Ablehnung aus. „Ich habe nur ein Experiment unternommen."

„Ein was?", fragt der Verwalter. „Ein Experiment?" „Sie haben richtig verstanden", erwidert Frau Kramer. „Ich wollte nämlich einmal feststellen, wie lange es dauert, bis sich jemand um mich kümmert. Wenn Sie es wissen wollen: genau zehn Tage! Inzwischen hätte ..." Sie beendet den Satz nicht, winkt geringschätzig ab und geht zum Fahrstuhl zurück. Am selben Tag noch hat Frau Kramer ihre Wohnung Nr. 723 gekündigt und sich in ein Altenheim eingekauft.

Heinz Rein

Wussten Sie schon, was jetzt anders heißt?

- Nachbarschaftszentrum statt Pflegeheim
- Aktivitätszentrum statt Altentagesstätte
- Cafeteria statt Seniorenmittagstisch
- Freizeittreffs und Gesundheitsinitiativen statt Seniorenklubs
- Leben mit Jung und Alt statt altersgerechte Stadt (Zombie-Kolonie)
- **Bivi**: **bis Vi**erzig (Jahre alt)
- **Uhu**: scherzhaft: **u**nter **Hu**ndert (Jahre alt)

(Die Kartenwerkstatt, 49214 Bad Rothenfelde)

Eines Abends bringt eine Familie ihre alte und gebrechliche Großmutter ins Altersheim. Schließlich lassen sie sie allein und hoffen, dass man sich gut um sie kümmern wird. Am nächsten Morgen wird sie von den Pflegerinnen gebadet; anschließend gibt es ein reichhaltiges und wohlschmeckendes Frühstück. Nachdem sie gegessen hat, setzt man sie in einen bequemen Sessel am Fenster, aus dem sie einen guten Ausblick über den schönen Garten hat. So weit scheint es ihr gut zu gehen, aber nach einer Weile neigt sie sich in ihrem Sessel langsam zur Seite. Zwei aufmerksame Pflegerinnen reagieren sofort und richten die arme Frau wieder auf. Danach scheint alles wieder in Ordnung zu sein, aber nach einer Weile neigt sie sich langsam zur anderen Seite. Wieder sind die Pflegerinnen zur Stelle, um sie aufzurichten. So geht es den ganzen Morgen weiter. Später schaut die Familie vorbei, um zu sehen, wie sich die alte Dame eingewöhnt. „Nun, Oma, wie gefällt es dir hier? Behandelt man dich anständig?“ Sie erwidert: „Es ist so weit ganz nett hier. Aber sie lassen partout nicht zu, dass ich meine Blähungen loswerde!“

***

Wir hatten mal eine Bewohnerin, echtes Münchener Kindl, stur und dickköpfig, aber doch liebenswert, lediges Fräulein und seeeeeeeeehr katholisch. Als sie dann im Sterben lag, setzte sich eine Nonne zu ihr, um mit ihr zu beten – es war Sonntagvormittag. Die Dame bestand darauf, dass sofort der Priester kommen müsse, der hielt aber gerade Gottesdienst in der Pfarrkirche. Die Dame muss der Nonne ganz schön zugesetzt haben: „Eine Unverschämtheit, mei Lebn lang binn i in d Kirch grennt und hob am Pfarrer so vui Geld hintragn, und jetzt kimmt er ned …“ Die Nonne rief also im Pfarrhof an, der Herr Pfarrer möge nach der Messe sofort ins Altenheim kommen. Der Pfarrer kam dann, setzte sich ans Bett, fing an, ein Vaterunser zu sprechen, die Frau betete noch ein paar Takte mit, machte die Augen zu und verstarb!

***

Ein österreichischer Rettungssanitäter erzählt: Samstagnachmittag. Wir bekamen die Meldung: „Atemnot im Altersheim.“ Parallel zu uns wurde das Notfall-Einsatz-Fahrzeug (NEF) alarmiert. Als wir dort ankamen, erwartete uns eine aufgeregte Schwester. Ich wollte meine Sachen holen und drehte mich voll bepackt um und stellte fest, dass sie nicht mehr da war … Auf zur lustigen Patientensuche! Wir fanden sie dann, zusammen mit zwei Kolleginnen am Boden kniend und eine Reanimation nachahmend (hatten sie wahrscheinlich schon mal im TV gesehen). Wir haben übernommen. Notdoktor kommt dann zur Tür herein. Zieht voller Elan seine Jacke aus und fragt: „Was haben wir denn da??“ Eine Schwester meint: „97, Frau …!“ Notarzt unterbricht sie: „WAS?!?!?“ „Tschuldigung, 96, …“ Notarzt: „Also Leute, irgendwann darf man doch mal sterben …!“

Zum Nachdenken:

Darf's auch etwas mehr sein?
Du
bist 92 Jahre alt, seit 27 Jahren Witwe,
hast 2 Kinder, 5 Enkel, 8 Urenkel.

Du
hast dein Leben bis zum letzten Tropfen ausgekostet,
nun bist du fast am Ziel:
die Seele satt, der Leib müde –
bereit zu gehen.

Wir wollen noch nicht loslassen,
dich verlieren,
wir lieben dich!?

Also:
Medizin, Infusionen, Sondennahrung –
Bleib noch eine Weile unter uns,
uns zu Liebe.

Aus dem Gruselkabinett ...

Eine weitere Geschichte aus dem Rettungsdienst: Eigentlich traurig, aber irgendwie doch komisch ... Ein Freund und ich hatten auf einer kleinen Ortsstelle Dienst, der Notarztwagen stand auf der Bezirksstelle, etwa 4–7 Minuten Anfahrtszeit vom Einsatzort entfernt. Der Einsatzort, ein Pflegeheim, ist ca. 30–40 Sekunden einsatzmässig von unserer Ortsstelle (an der an Wochenenden ein Arzt „stationiert" ist) entfernt. Über Telefon erreicht uns die Alarmierung: „Fahren Sie Pflegeheim X, Reanimation oder Todesfeststellung." Wir nehmen den praktischen Arzt (ca. 80 Jahre alt) mit, fahren mit Dauerhorn aus und fordern den Not-

Phil Hubbe

arztwagen via Funk an, der uns verweigert wird, da wir eh den praktischen Arzt mithätten! Mit Defibrillator, Absaugeinheit, Medumat und Ambu gehen wir ins Zimmer des Patienten … der Doc macht im Bett drei Herzmassagen und meint dann, „der ist tott, was soll ich da noch machen, geben Sie mir Daten für Protokoll“ (genau so, der Arzt war nämlich ein 80 Jahre alter Russe). Die Mutter des Verstorbenen liegt im Nebenzimmer und ist bei vollem Bewusstsein. Gemeinsam mit dem Doc gehen wir ins Zimmer, um ihr die Todesnachricht zu überbringen. Doch der Doc meinte nur: „Grieeß Gott! Ihr Sohn ist soeben verstorben, aber es war eine große Erlesung. Geht es oder mechten Sie eine Spritze?“ Mein Kollege (Freund) und ich wussten nicht, ob wir weinen oder lachen sollten, jedenfalls hatte der Doc nicht einmal das Beruhigungsmittel dabei, die Schwester zog dann eines auf und beim Verabreichen zitterte er so, bevor er dann stoßartig die Spritze in den Muskel stieß … Ein Wunder, dass er keinen Kampfschrei ausgestoßen hat! Wenn’s nicht so traurig wär, müsste man glatt darüber lachen!

XVIII. Grabgeflüster und Jenseitserfahrungen

Ein Märchen

Ewig leben

Lange wollte eine Frau einst leben. Sie war im allerbesten Alter, das – wie wir alle wissen – so um die 50 liegt. Eine Frau also, eine, die das Leben liebte, die wollte gerne ewig leben. Sie hatte gehört, dass es einen Weisen gab, hoch oben in den Bergen, der in einer Höhle lebte und der alles wusste, die Welt durchschaute und so auch das Geheimnis des ewigen Lebens kannte. Also machte sich die Frau auf den Weg. Lange ging sie, lang und weit. Sie ging und ging und ging. Endlich, nach langer Zeit, erreichte sie die Höhle des Weisen. Er saß, von Kerzen umgeben, uralt, mit einem langen Bart, in seiner Höhle. Die Frau kniete ehrfürchtig vor ihm nieder: „Es heißt, du kennst das Geheimnis des ewigen Lebens?" Der Alte schaute sie an: „Du möchtest also ewig leben?" Stumm nickte sie. „Nun ja ... Du darfst keinen Wein mehr trinken. Keinen Schnaps, kein Bier und keinen Honig-Met. Dann darfst du kein Fleisch mehr essen und keinen Zucker ... Du darfst keine Männer lieben. Und – das Schwerste – nie wieder Märchen hören." „Und dann, oh Weiser, dann, wenn ich keinen Wein, keinen Schnaps, kein Bier und keinen Honig-Met trinke, wenn ich kein Fleisch mehr esse und keinen Zucker, keine Männer liebe und nie wieder Märchen höre ... dann werde ich ewig leben?" – „Dann", sagte der Alte, „dann wird es dir ewig vorkommen."

Ein Märchen

Es waren zwei Menschen, ein Mann und ein Weib, und sie hatten einander lieb ... (sie) beschlossen ... aus der Zeit in die Einsamkeit zu gehen, weit fort vom Uhrenschlagen und vom Geräusch der

Stadt. Und dort erbauten sie sich in einem Garten ein Haus. Und das Haus hatte zwei Tore, eines an seiner rechten, eines an seiner linken Seite. Und das rechte Tor war des Mannes Tor, und alles Seine sollte durch dasselbe in das Haus einziehen. Das linke aber war das Tor des Weibes, und was ihres Sinnes war, sollte durch seinen Bogen eintreten. So geschah es. Wer zuerst erwachte am Morgen stieg hinab und tat sein Tor auf. Und da kam dann bis spät in die Nacht gar manches herein, wenn auch das Haus nicht am Rande des Weges lag. Zu denen, die zu empfangen verstehen, kommt die Landschaft ins Haus und das Licht und ein Wind mit einem Duft auf den Schultern und viel anderes mehr. Aber auch Vergangenheiten, Gestalten, Schicksale traten durch die beiden Tore ein, und allen wurde die gleiche, schlichte Gastlichkeit zuteil, sodass sie meinten, seit immer in dem Heidehaus gewohnt zu haben.

So ging es eine lange Zeit fort, und die beiden Menschen waren sehr glücklich dabei. Das linke Tor war etwas häufiger geöffnet, aber durch das rechte traten buntere Gäste ein. Vor diesem wartete auch eines Morgens – der Tod. Der Mann schlug seine Tür eilends zu, als er ihn bemerkte, und hielt sie den ganzen Tag über fest verschlossen. Nach einiger Zeit tauchte der Tod vor dem linken Eingang auf. Zitternd warf das Weib das Tor zu und schob den breiten Riegel vor. Sie sprachen nicht miteinander über dieses Ereignis, aber sie öffneten seltener die beiden Tore und suchten mit dem auszukommen, was im Haus war. Da lebten sie nun freilich viel ärmer als vorher. Schließlich blieben die beiden Tore ganz verschlossen, und die beiden Menschen lebten wie Gefangene.

Rainer Maria Rilke

Vom ewigen Leben

Nicht weit von hier lebte ein junger Mann, der studierte alle Wissenschaften mit großem Eifer. Er war so wissbegierig, dass er sich nichts sehnlicher wünschte, als unsterblich zu werden, um immer und immer noch mehr zu erfahren. Er hatte neue Medikamente erfunden und dicke Bücher geschrieben. Aber das Wasser des ewigen Lebens, wie er es aus den Märchenbüchern seiner Kindheit kannte, hatte er noch nicht entdeckt. Eines Tages surfte er gerade durchs Internet, als er auf eine seltsame Adresse stieß: http://space.gott.all. Er klickte und sah plötzlich eine Schrift aufleuchten:

„Du hast einen Wunsch frei."

War das ein Scherz? Wer wollte ihn zum Narren halten? Trotzdem gab er seinen Wunsch in das vorgesehene Feld ein: „Ich wünsche mir Unsterblichkeit." Der Bildschirm wurde dunkel und eine Stimme kam aus dem Lautsprecher: *„Es gibt drei Möglichkeiten, unsterblich zu sein. Schau sie dir an und dann wähle!"*

Plötzlich sah er sich selbst auf dem Bildschirm, wie er vor dem Computer saß, wie er aufstand, aß, trank, Freunde traf ... Er sah einen Film im Zeitraffer, und es war ihm, als sei er mitten in diesem Film. Die Jahre vergingen, er wurde alt und älter, er forschte, war guten Mutes, sah seine Kinder heranwachsen, seine Frau alt werden ... Alle um ihn herum starben. Er aber wurde nur älter und älter. Als seine Urenkel schon alte Leute waren, schüttelte er den Kopf. Er tippte in den Computer: „Kann ich auch die andere Art des ewigen Lebens kennenlernen?"

„Natürlich", antwortete die Stimme.

Wieder lief ein Film ab. Bald merkte der Mann, dass er selbst nicht alt wurde. Nur die anderen um ihn herum. „Das könnte mir gefallen", murmelte er. Doch dann wurde ihm auch bei diesem Film unbehaglich. Denn er selbst blieb zwar jung, aber alle, die ihm lieb und wert waren, wurden alt und starben. Er wurde traurig, dass er anfing zu weinen.

„*Hast du dich schon entschieden?*“, fragte die Stimme. „Nein“, antwortete der junge Mann. „Zeig mir bitte noch die dritte Möglichkeit!“ „*Wie du willst. Aber sie ist besonders schwierig.*“

Gebannt sah der junge Mann nun auf den Bildschirm. Diesmal lief der Film noch schneller ab: Die Menschen wurden geboren, und mit etwa 30 Jahren hörten sie auf, älter zu werden. Anfangs schien alles sehr fröhlich zu sein. Doch schon bald wurde es eng in den Städten und Dörfern, in den Wäldern und an den Wassern. Die Platzangst machte sich breit. Die Menschen wurden aggressiv. Es war so laut in der Welt, dass sich der junge Mann die Ohren zuhielt und die Augen schloss.

„Aufhören!“, schrie er. Als er die Augen wieder öffnete, las er: „*Gib deinen Wunsch jetzt bitte ein!*“ Mit zitternden Fingern tippte er: „Lass mich bitte in Frieden alt werden, und schicke mir einen sanften Tod.“ Er stand auf, kochte sich einen Tee und sagte zu sich selbst:

„Es ist alles gut, wie Gott es eingerichtet hat.“

Karl-Horst Möhl

Die schönsten Schmunzelgeschichten schreibt doch das Leben selbst: Ein Kino aus einer Nachbarstadt Mülheims wirbt in der Tageszeitung. „In dieser Woche bieten wir Senioren ab 50 (!) einen besonderen Film für nur 4 Euro Eintritt." Und wie heißt der Film? – „Grabgeflüster" …

Gabriele Strauß-Blumberg

***

Beim Trauergespräch will der Pfarrer wissen: „War Ihre Oma eigentlich noch geistig voll da, als sie starb?" – „Das wissen wir noch nicht. Das Testament wird erst übermorgen eröffnet."

***

Gerda Meier ist schon über 80 und war Zeit ihres Lebens evangelisch. Eines Tages erscheint sie bei ihrem Pfarrer und sagt: „Ich möchte gern konvertieren und katholisch werden!" Der Pfarrer ist verwirrt: „Aber liebe Frau Meier – warum denn das?" – „Nun", sagt Frau Meier, „ich bin schon alt, mein Leben geht zu Ende, und da hab ich mir gedacht: Besser eine von denen stirbt als eine von uns!"

***

Zwei alte Damen sind auf dem Friedhof damit beschäftigt, Gräber zu begießen. Plötzlich fragt die eine: „Entschuldigen Sie, wenn ich das frage, aber wie alt sind Sie eigentlich?" Die andere antwortet: „Ich bin jetzt achtzig." – „Was?", ruft die erste, „achtzig?! Und da tragen Sie noch so einen Hut?" Die andere schweigt beleidigt. Später treffen sich die beiden an der Bushaltestelle vor dem Friedhofseingang. Da fragt die andere: „Jetzt muss ich aber mal fragen, wie alt Sie sind?" – „Ich bin achtundachtzig", antwortet diese. – „Was?", ruft die andere, „achtundachtzig? Und da fahren Sie noch nach Hause?"

Der Bauer kehrt von seinem dreiwöchigen Militärdienst heim. Als er den Weg zu seinem Hof im hügeligen Entlebuch hoch marschiert, kommt der Knecht mit einem Fuhrwerk entgegen. Der Bauer hält ihn an und fragt: „Grüß dich, Franz, ist in meiner Abwesenheit etwas Außerordentliches passiert?" – „Guten Tag, Meister, nein es ist nichts Außerordentliches passiert." – „Das ist gut – aber was hast du denn da auf dem Wagen geladen?" – „Ja, das sind nur die verbrannten Kühe." Der Bauer ist entsetzt: „Wieso sind denn die Kühe verbrannt?" – „Als die Seitenwände des Stalls verbrannt waren, stürzte halt das brennende Dach auf die Kühe." – „Wieso hat der Stall gebrannt?" – „Wegen dem Wind, da ist das Feuer vom Wohnhaus auf den Stall übergesprungen." Der Bauer: „Was, das Wohnhaus ist auch abgebrannt? Wie ist denn das Feuer ausgebrochen?" – „Eine der vielen Kerzen, die neben dem Sarg gestanden haben, ist umgefallen." – „Was, ein Sarg? Wer ist denn gestorben?" – „Der Großvater." – „Unser Großvater ist tot? Wieso ist er denn gestorben?" – „Er ist besoffen in die Jauchegrube gefallen." Der Bauer: „Ja, ja, der Großvater, er hat halt schon immer viel getrunken." Darauf der Knecht: „Ich sag's ja schon die ganze Zeit, es ist nichts Außerordentliches passiert."

***

Der Notar liest aus dem Testament eines Verstorbenen. „Und nun zu Walter, dem ich ja versprochen habe, ihn in meinem Testament zu erwähnen: Hallo Walter, alter Knabe, ich hoffe, es geht dir gut! Jetzt aber zu meinem Erbe ..."

***

Der alte, reiche Erbonkel hatte den Arzt kommen lassen. Dieser trat mit ernster Mine aus dem Zimmer und verkündete der versammelten Verwandtschaft: „Es besteht keine Hoffnung. Es ist nur eine leichte Erkältung."

Tante Bertha

Tante Bertha war gewesen
kinderlos und sehr belesen.
Sie hatte Schwung, war sehr agil,
entschied sich schnell und reiste viel.

Mit Humor löst sie des Lebens Fragen.
Für jeden Scherz war sie zu haben.
Wenn mal was schiefging, hat sie nur gelacht,
was andern Menschen Freude macht.

Sie genoss ganz ohne Frage
ihr Leben bis zum letzten Tage.
Dabei war ihr stets bewusst,
dass der Tod mal kommen muss.

Beschäftigt hatt' sie lange schon
ihre eig'ne Kremation.
Sie sagt zu sich: „Mein letztes Glück
wär ein kleines Rasenstück."

Dort soll man betten mich zur letzten Ruh',
wenn ich einst schließ die Augen zu.
Ich möcht ein Plätzchen so, dass man
mich auch einmal besuchen kann."

Die Nichte Heike wurde informiert:
„Lass mich verbrennen, wenn's passiert.
Und setze meine Urne bei
in einem Einzelgrab, das frei.

Mach auch für mich 'ne Trauerfeier
nicht zu billig, nicht zu teuer.
Dort können alle, die sich hin bequemen,
von mir noch einmal Abschied nehmen.

Wenn meine Asche kommt zurück,
begleite mich ein kleines Stück
zu meiner letzten Ruhestatt
und wirf mir nach ein Rosenblatt."

Der Nichte war der Tante Wunsch Befehl.
Sie machte daraus keinen Hehl,
als Tante Bertha still und sacht
des Nachts die Augen zugemacht.

Zur Trauerfeier kamen gern
viele Leut' von nah und fern.
Zum Schluss sie winkend ihre Hände hoben:
„Tschüss Bertha, mach es gut da oben."

Nach erfolgter Kremation
war bald zurück die Urne schon.
Die Nichte tat, was sie der Tante fest versprochen.
Und bald war alles abgesprochen.

An einem Dienstag um die Mittagsstunde
ging es in Berthas letzte Runde.
Nichte Heike, sie erschien
ganz allein zu dem Termin.

Man traf sich in der Halle der Kapelle.
Auch der Bestatter war zur Stelle.
Der Urnenträger kam dann noch herbei:
Alles Gute, das sind drei.

Der Tante Urne – mit Rosen wunderschön geschmückt –
wurd' noch einmal – wie im Leben – in den Mittelpunkt gerückt.
Bei Kerzenschein, so wie's ihr Wille,
gedenkt man ihrer in der Stille.

Dann macht der Träger – ich hoff aus Überzeugung –
vor Berthas Urne ’ne Verbeugung.
Drauf nimmt die Tante er in seinen Arm
und geht hinaus. Dort ist es warm.

Die Sonne strahlt, die Sonne lacht,
als sie die letzte Reise macht.
Und bei der Glocke süßem Klang
geht es auf Berthas letzten Gang.

Schon bald ist man trotz angemess’ner Schritte
in des Friedhofs grüner Mitte.
Nach kurzer Zeit, die Glocke ruft,
steht man an der Urne Gruft.

Alles war in Ordnung, wie es schien,
die Gruft verziert mit Tannengrün.
Und um das Grab, da steh’n nun stumm
Heike, der Bestatter und der Urnenträger rum.
Der greift das Band, an dem die Urne hängt,
damit er sachte sie versenkt.

Doch ganz plötzlich – so ein Mist –
das Urnenband gerissen ist.
Tante B., man glaubt es kaum,
schlägt noch mal ’nen Purzelbaum.

Mit einem Salto formvollendet
sich die Urne dreht und wendet.
Dann landet sie mit einem Plopp
zwar in der Gruft – nur auf dem Kopp.

Die Röschen, die die Urne zieren,
trudelnd durch die Luft flanieren.
Schließlich fallen sie dann doch
auf die Urne in dem Loch.

Was begann als ein Debakel
endet nun fast ohne Makel.
Tante Berthas letzter Auftritt
nahm doch alle furchtbar mit.

Sprachlos waren Träger und Bestatter.
Beide wurden matt und matter.
Sie war'n entsetzt und ganz perplex
und vergaßen ihren Text.
Die Nichte aber – clever ohne Frage –
löste die fatale Lage.

Sie trat an Berthas Urnengruft
und verschaffte allen Luft.
Mit einem Blick in's Grab hinein
ruft sie aus bei Sonnenschein:

„Im Leben warst du immer schnelle
drum hat die Urne jetzt 'ne Delle.
Noch mal hast du, wie es dir gefällt,
alles auf den Kopf gestellt.

Dein Humor hat uns stets Freude nur gemacht.
Jetzt wir auch noch zum Schluss gelacht.
In Eile warst du alle Zeit,
nun ruh dich aus in Ewigkeit." *Klaus Selck*

Zu guter Letzt: Bonner Testament

Steuerlich unproblematisch,
löst keine Streitigkeiten aus,
kostet keine teuren Honorare,
nur einen Schuss (rheinischen) Humor:

Mein letzter Wille:

* *Im Vollbesitz meiner körperlichen und geistigen Kräfte erkläre ich hiermit, dass ich mein gesamtes Vermögen zu Lebzeiten aufgegessen, leer getrunken und ausgegeben habe.*
* *Meinen Erben wünsche ich frohes Schaffen!*

***

Samuel Littleman: Zeit seines Lebens war ihm das Glück nicht gut gesinnt. Alles was Samuel Littleman anpackte, ging schief. Er liebte das Kartenspiel, aber das Kartenspiel liebte nicht ihn. Er spekulierte an der Börse, aber wenn er kaufte, dann fielen die Kurse, verkaufte er, dann stiegen die Kurse. Einzig Golf bereitete ihm in seinem Leben Freude. Er war kein guter Spieler, seine Runde war nie unter 100 Schlägen, aber immer wieder ließ ihn ein gelungener Schlag Hoffnung schöpfen. In seinem Testament verfügte er, dass seine Asche auf seinem Heimatplatz am Fairway (= kurz gemähtes Grün) des 9. Lochs ausgestreut werden sollte, seinem Lieblingsloch. Nach seinem Tod versammelte sich an einem wunderschönen Sommertag die Trauergemeinde am Fairway des 9. Lochs. Als die Asche ausgestreut wurde, kam plötzlich ein Windstoß – und Sam lag Out-of-bounds (= außerhalb des Grüns).

***

Ein gläubiger Jude, der das Alter von 105 Jahren erreicht hatte, kam plötzlich nicht mehr in die Synagoge. In Angst, dem alten Mann wäre etwas zugestoßen, ging der Rabbi sofort zu ihm. Er fand ihn bei bester Gesundheit, also fragte der Rabbi ihn: „Warum kommst du nach so vielen Jahren plötzlich nicht mehr in die Synagoge?“

Der alte Mann sah sich vorsichtig um und flüsterte dann dem Rabbi ins Ohr: „Wisst Ihr, als ich 90 wurde, erwartete ich, dass Gott mich demnächst zu sich holen würde. Aber dann wurde ich 95, dann 100, jetzt sogar 105. Also dachte ich mir, dass Gott sehr beschäftigt sei und mich vergessen haben muss. Jetzt will ich ihn nicht wieder daran erinnern.“

"DU, GIESELA ... IN DER ZEITUNG STEHT:
HERBERT IST TOT ..."

"... IHR WOLLTET DOCH HEUTE ABEND
NOCH KARTEN SPIELEN ..."

"JA. – STEHT HIER JA AUCH: STATT KARTEN ..."

Das Erdenleben war lang: Kurz nach dem großartigen Fest aus Anlass des 65. Hochzeitstages ruft der liebe Gott das gute Ehepaar von der Erde ab und zu sich in sein himmlisches Reich. Sie werden vom heiligen Petrus an der Himmelspforte empfangen und von Scharen frohlockender Himmelsgeister in den Himmel geleitet. „Seht her, ihr guten Leute", sagt Petrus und deutet eine breite Straße hinan, an der links und rechts wunderschöne Häuser stehen: „Hier findet ihr Wohnstatt für die Ewigkeit" und geht den alten Leutchen voran. Diese bewundern die schönen Häuser, und schon bald wollen sie in eines hineingehen.

„Nein", sagt Petrus, „für so brave Eheleute wie euch gibt es ein besseres Zuhause". Die drei wandern weiter und die Häuser werden immer schöner, größer und die Grundstücke immer aufwändiger gestaltet. Wieder und wieder wollen die alten Herrschaften eintreten, der heilige Petrus verwehrt es ihnen jedes Mal freundlich mit dem Hinweis auf noch bessere Wohnungen.

Sie sind schon eine kleine Ewigkeit gegangen, da sehen sie vor sich eine Villa mitten in einem kleinen Park; zwischen wunderschönen Anpflanzungen spiegelt sich das glasklare Wasser in einem großen Schwimmbecken. Sie betreten die Villa, gelangen in eine große Diele, von wo aus die zahlreichen Zimmer erreicht werden können. Petrus geht mit ihnen von einer gemütlich ausgestatteten Räumlichkeit zur nächsten, als er sieht, wie der Ehemann seine Ehefrau anstuppst. Erstaunt hört er, wie der Ehemann zu seiner Frau sagt: „Du mit deinem Gesundheitswahn, jeden Monat für 200 Euro diese teuren Vitaminpillen. Das hier, das hätten wir schon 20 Jahre früher haben können!"

***

Eine Frau, die ihrem Mann das Leben nicht immer leicht gemacht hat, kommt in den Himmel. Petrus erwartet sie und sagt: „Na ja ansonsten waren Sie ja eine gute Christin – Sie haben einen Wunsch frei." Sagt die Frau: „Ich würde gerne meinen Mann noch einmal sehen, der vor 10 Jahren verstorben ist." – „O. k.", sagt Petrus ... Sie gehen in den 1. Himmelsraum – die Frau schaut und schaut – Mann nicht da. „Aber das war doch ein so guter Mann – wo ist er denn?“ Im 2. Raum – da sind die eher „normalen Menschen“ mit kleinen Sünden – sie schaut und schaut – nix! „Das gibt es doch gar nicht“, sagt die Frau erneut ... Im 3. Raum – mit Blick runter in die Hölle – auch nix. „Wo ist denn mein Mann abgeblieben?“ Petrus sagt zu der Frau: „Sagen Sie mal, wie lange waren Sie denn verheiratet?“ Sagt die Frau: „Über 50 Jahre.“ „Ach“, sagt Petrus, „dann, liebe Frau, kann er nur bei den Märtyrern sein!“

***

Ein altes Ehepaar steht gemeinsam an der Himmelspforte. Petrus öffnet ihnen, nimmt die Frau zur Seite und erklärt ihr, dass es hier für jedes Mal Fremdgehen in der Ehe einen Nadelstich als Strafe gibt. Der Frau ist das peinlich, und sie bittet Petrus, das nicht so öffentlich zu machen, denn sie möchte nicht, dass ihr Mann davon etwas erfährt. Da sie ihren Mann nirgendwo sieht, fragt sie Petrus: „Wo ist denn eigentlich mein Mann?“ Darauf antwortet ihr Petrus: „Der liegt gerade unter der Nähmaschine ...“

***

Frau Müller kommt in den Himmel. Petrus empfängt sie mit den Worten: „Jeder, der hier neu ankommt, darf sich etwas wünschen.“ Da sagt die Frau: „Ich möchte meinen Mann sehen.“ – „Wie heißt denn Ihr Mann?“, fragt Petrus. „Willi.“ Petrus schaut in seinem großen Buch nach. „Willis haben wir hier viele. Da brauche ich nähere Angaben. Was waren denn seine letzten Worte?“ Frau Müller: „Er versprach vor seinem Tod, sich immer dann im Grabe herumzudrehen, wenn ich ihn betrüge.“ – „Aha“, sagt Petrus, „Sie meinen den Wirbel-Willi, der ist da hinten, den benutzen wir hier als Windmaschine.“

Drei ältere Herren auf dem Golfplatz.
Stöhnt der erste: „Der Golfplatz hat viel zu viele Hügel!"
Der zweite: „Und die Löcher sind viel zu weit weg!"
Meint der dritte: „Zumindest sind wir noch auf der richtigen Seite des Rasens …"

***

Ich bin bereit, meinem Schöpfer gegenüberzutreten. Ob mein Schöpfer ebenso bereit ist, diese Begegnung über sich ergehen zu lassen, ist eine andere Sache.

Winston Churchill

XIX. Ein Hoch auf die Seniorinnen und Senioren

35 Johr is't nu al her,
dor heff ik mal so spekuleert,
wat in de Johrn is allns passeert.

Wenn ik mi dat so överlegg,
harrn wi dat fröher ok nich slecht,
denn wat se hüüt eerst lehrn in'n „Kursus",
dat weer för uns dagdäglich „Usus".

Wo is dat denn met de „Kreativität"
or wo dat dore Fremdwoort heet?
Keeneen wüß dor, wat dat is,
aver eens is doch wull wiss:
Wi kunnen Seep un Sirup kaken,
Bösten, Kees un Botter maken,
kunn ut Sacktau Fadens spinnen,
Kleder weven ut Wull un Linnen,
ut sülmbuten Tabak Zigaretten dreihn,
ole Säck to'n Feudel neihn,
kunn Snaps brennen met „Whisky-Geschmack"
un allerbestes Swattbrot hebbt wi backt.

Oh, wat weern wi „kreativ",
blots wi wussen dat man nich!
Met „Kommunikation" harrn wi ok keen Problem.
Denn wokeen morgens na de Meieri henkeem,
de „kommunizeerte" lang un breet
und wüß denn över allns Bescheed.

Met „Trimm-Dich" harrn wie överhaupt keen Sorgen,
wer utmisten mutt un melken jeedeen Moarn

un dagelang löppt achtern Ploog,
de trimmt sik doch wull al noog.

Schull man an'n Avend denn mal ut,
so kreeg man sik sien Fohrrad rut,
un met sien eegen „Muskelkraft"
hett man ok wiede Strecken schafft.

So kunn een ruhig düchtig eeten
un de „Kalorien" dorbi heel vergeten.
Man sä ok nich: „De is ja veel to dick."
Dat heet höchstens: „Nee, wat is he goot bi schick."
Met „Entspannen" harrn wi ok keen Last,
denn dat geev keen Krimis met Dootslag un Mord,
keen „Wetten, dass ...?" un keen „Report".
Keemst du avends in de Stuuv,
kreegst du de Flickkraam ut de Schuuv.
De Mann keek nochmol in't Blatt
un leeg in Ogenblick denn platt.

So levten wi komodig un „in Stillen"
un brukten kenn „Beruhigungspillen".
Un keen „Entspannungstraining", so'n Tüdelkroom,
wi kunn ok ohn dat to Rooh koam.

Wi harrn ok keen „Emanzipation",
Manns- un Fruunslüüd hebbt allens tohopen doon.
Aver de Fruuns weern liekers „emanzipeert",
man blots, se harrn ni nich vun höört.
De Mannslüüd hebbt dat överhaupt nich markt,
wat harrn de sünst wull luuthals quarkt.

Un met den ganzen Ümweltschiet,
dor harrn wi ok keen Arger mit.
Dat Sepenwoter hebbt wi to'n Feudeln woort,
leere Buddels hett man för Saft opspoort,

ut ole Riepen wurrn Footmattens maakt,
un met Buschholt wurr't Middageten kaakt.
Met Törf hebbt wi de Stuuv inbööt,
de Asch keem bi Glatties ünner de Fööt.
Op düsse un ok anner Oort
wurr manch een Gruschen bi uns spoort.
Allns wurr bet to't Enn opsleten
un denn eerst in de Schietkuhl smeten.
So hebbt wi de Ümwelt schützt,
man blots, hett dat am Enn ok wat nützt?

Ja, dat weer een annere Tiet,
un de liggt trüch nu al so wiet.
Mannigmal bün ik mi nich wiss,
ob hüüt nu allns warraftig beter is!

Die (sogenannte) liebe gute alte Zeit

Du liebe, gute alte Zeit,
wie liegst du doch so fern, so weit!
Wo es so selbstverständlich war,
ein Kindelein fast jedes Jahr!
Nicht Wochenhilf, noch Kindergeld,
so manches hat im Haus gefehlt,
und dennoch hat mit Lieb erfüllt
die Mutter froh ihr Kind gestillt.
Ums Bettchen standen wir voll Freud
in jener guten alten Zeit.
Wir haben Spielzeug kaum gekannt.
Mit Blumen, Gräsern und mit Sand,
mit Stuhl und Schemel und mit Holz,
mit Fantasie und Kinderstolz,
da spielten wir oft wunderbar
mit großer Nachbar-Kinderschar.
Aus kleinen Resten und Papier,
da schnitten Puppenkleidchen wir.
Und waren arm in Seligkeit
in jener guten alten Zeit.

Viel Süßes wurde nicht geschleckt,
wie hat das Schwarzbrot uns geschmeckt!
Auch ohne Butter, ohne Wurst
und frisches Wasser für den Durst.
Man brauchte nicht Entfettungskur,
und Fleisch gab es am Sonntag nur.
Kein Kaffee hat uns nervös gemacht,
weil Suppe auf den Tisch gebracht.
Wir aßen in Zufriedenheit
in jener guten alten Zeit.

An Wäsch und Kleidung war kein Staat,
so viel, dass jedes zu wechseln hatt'
und wurd's dem Größeren zu klein,
dann schlüpfte halt das Jüngere hinein.
Und war ein Ärmel durchgewetzt,
hat Mutter einen Flicken draufgesetzt.
Und gab es dann nach langer Zeit
doch wieder mal ein neues Kleid,
dann trugen wir's voll Eitelkeit
in jener guten alten Zeit.

Im Sommer, ja da war es schön,
da konnten wir stets barfuß gehn.
Zum Sonntagsstaat dann Lederschuh'
und einen Strohhut auch dazu.
Im Winter gab es Holzschuh' dann,
wir machten Eisenspänglein dran.
Dann ging's dahin im Schnee ganz schnell.
Wir sausten los und jauchzten hell!
Das war dann unsre Winterfreud
in jener guten alten Zeit.

Das Kinogeld, das ward gespart,
vom Mopedlärm blieb man bewahrt.
Die Straße oft der Spielplatz war,
denn klein war die Verkehrsgefahr.
Kein Lkw, kein Omnibus,
den Ausflug machte man zu Fuß.
Und höchstens fuhr man dann und wann
auch einmal mit der Eisenbahn.
Die dampfte voll Gemütlichkeit
durch jene gute alte Zeit.
Wie hatten Vater wir so gern.
Doch viel war er vom Hause fern.
Und lang war seine Arbeitszeit,
die Arbeit schwer, der Weg oft weit.

An eine Vierzigstundenwoch
man dachte nicht im Traume noch,
weil Sechzigstundenwoche war.
Drei Tage Urlaub gab's im Jahr.
Drauf haben alle sich gefreut,
in jener guten alten Zeit.

Wie konnt' es so gemütlich sein
bei dem Petroleum-Lampenschein.
Da spielte die Geschwisterschar,
wenn Mutter oft am Flicken war.
War Federnschleißen an der Reih,
dann sangen wir manch Lied dabei.
O sorgenlose Kinderzeit,
wie liegst du doch so fern, so weit!
Doch's Beste bleibt Zufriedenheit,
auch heute, wie in alter Zeit.

Für alle, die vor dem Kriege geboren wurden

Wir wurden vor der Erfindung des Fernsehens, des Penizillins, der Schluckimpfung, der Tiefkühlkost und des Kunststoffes geboren und kannten Kontaktlinsen und die Pille noch nicht. Wir kauften Mehl und Zucker noch in Tüten und nicht in Geschenkpackungen. Wir waren schon da, bevor Kreditkarten, Telefax, die Kernspaltung, Laser und Kugelschreiber zum täglichen Gebrauch zur Verfügung standen. Radar gab es auch noch nicht, wir nannten es schlicht Funkmessverfahren.

Es gab noch keine Geschirrspüler, Wäschetrockner, Klimaanlagen, keine Last-Minute-Flüge, und der Mensch war auch noch nicht auf dem Mond gelandet.

Wir haben erst geheiratet und dann zusammengelebt. In unserer Zeit waren die Bunnies noch keine Kaninchen und Käfer keine Volkswagen. Und „mit jemandem zu gehen" hieß, fast verlobt zu sein. Wir dachten nicht daran, dass der Wiener Wald etwas mit Brathähnchen zu tun hätte, und Arbeitslosigkeit war eine Drohung und noch kein Versicherungsfall.

Wir waren da, bevor es den Hausmann, die Emanzipation, Pampers, Aussteiger und computergesteuerte Heiratsvermittlung gab. Zu unserer Zeit gab es noch keine Gruppentherapie, keine Weight Watchers, Sonnenstudios, kein Kindererziehungsjahr für Väter und keinen Zweitwagen.

Wir haben damals keine Musik vom Tonband oder aus Transistorradios über UKW die New Yorker Symphoniker via Satellit gehört. Es gab auch keine elektronischen Schreibmaschinen, kei ne künstlichen Herzen, keinen Joghurt und keine Jungen, die Ohrringe tragen. Die Worte SOFTWARE für alles, was man beim Computer nicht anfassen kann, und NON-FOOD für alles, was man nicht essen und trinken kann, waren noch nicht erfunden.

In dieser Zeit hieß MADE IN JAPAN noch billiger Schund, und man hatte auch noch nie etwas von Pizza, McDonalds und Instant Coffee gehört. Auch der Ausspruch POMMES MIT ALLEM war noch nicht geboren. Wir sagten noch „Guten Tag" und nicht „Hi" oder „Hallo". Und wenn wir etwas schön fanden, sagten wir auch „Es war schön" und nicht „affengeil"!

Wir liefen schon auf der Straße herum, als man noch für fünf Pfennige ein Eis, einen Beutel Studentenfutter oder eine Flasche Knickerwasser kaufen konnte. Wir haben Briefe mit 6-Pfennig-Marken frankiert und konnten für 10 Pfennige mit der Straßenbahn von einem Ende der Stadt bis zum anderen fahren.

Wir sind die letzte Generation, die so dumm ist zu glauben, dass eine Frau einen Mann HEIRATEN muss, um ein Baby zu bekommen.

Wir sammelten und bügelten noch alle Schleifen und Geschenkpapiere, klebten bröckelnde Seifenreste zusammen und waren Meister im Falten von Zahnpastatuben, um auch den letzten Tropfen herauszuquetschen.

Wir mussten fast alles selber tun und mit dem auskommen, was wir hatten. Zu glauben, dass der Staat uns schließlich doch versorgen wird, wenn wir vorher über unsere Verhältnisse gelebt haben, wäre undenkbar gewesen. Wer mehr ausgab, als er einnahm, war ein krimineller Bankrotteur.

Und „Bock“ mussten wir immer haben!

Diese ganze Entwicklung haben wir über uns ergehen lassen müssen. Ist es da ein Wunder, wenn wir manchmal etwas konfus erscheinen? So ist wohl auch die Kluft zwischen den Generationen entstanden.

Wir haben aber alles überlebt und sind – der Statistik zufolge – die gesündeste Generation.

Das ist vielleicht auch ein Beweis für unsere überholte, aber vernünftige Lebensweise.

Darum haben wir allen Grund zum Feiern. Und wir freuen uns, dass wir das heute und überhaupt noch können!

Geballtes Lebenswissen im Wartezimmer

Ich habe Zeit. Sitze im Warteraum einer Rehaklinik und warte darauf, dass mich mein Physiotherapeut aufruft. Außer mir warten hier vorwiegend alte Menschen, in deren Gegenwart ich mir mit meinen 61 Jahren fast wie ein Jugendlicher vorkomme. Sie stützen sich auf Krücken, schieben einen Rollator vor sich her, wirken gebrechlich und tasten sich behutsam zu den Sitzmöbeln. Ich überschlage kurz das Durchschnittsalter und multipliziere es mit der Anzahl der Anwesenden: Rund eintausend Jahre dürften hier beisammensitzen. „Mein Gott“, denke ich, „welch eine Menge Leben, Lebenserfahrung, Weisheit, Kompetenz und Praxiswissen hier sitzt!“

Pädagogische Kompetenz ohne Studium
Ich kann nicht verhindern, dass ich immer wieder teilweise wegen Schwerhörigkeit lautstark geführte Gespräche mithöre. Da ist die nette weißhaarige Dame mit der Löckchenfrisur, die wegen Problemen mit ihrem Oberschenkelhals in Behandlung ist und wäh-

rend der Wartezeit stolz von ihren sieben Enkelkindern erzählt. Welch eine pädagogische Kompetenz sie wohl im praktischen Leben erworben haben mag? Hat sie doch nicht nur die Enkelkinder oft um sich, sondern auch die Hälfte derer Eltern erzogen. Und so, wie sie erzählt, mit stolzem Ton in der Stimme, scheint ihre diese Erziehung gelungen zu sein.

Das Leben gelehrt
Oder da ist der alte Herr, der immer eine Fliege trägt und stocksteif umherstolziert, weil er große Bandscheibenprobleme hat. Als ich höre, dass er früher Mathematik und Sport unterrichtet hat, bin ich versucht, ihn als Kollegen zu begrüßen: Hat er nicht in vielen Dienstjahren Generationen von Schülerinnen und Schülern mit binomischen Formeln, Bruchrechung und Wurzelziehen, mit Klimmzügen und Turnübungen auf der Matte „malträtiert"? Hat er junge Leute kompetent auf die Universität oder besser noch aufs Leben vorbereitet, „non scholae, sed vitae discimus"?

Experten fürs Überleben
Ich beobachte einen kleinen pummeligen Herrn, der sich sehr liebevoll um seine an Krücken daherkommende Frau kümmert, die nur noch ein intaktes Bein hat. Sie sprechen in einer slawischen Sprache miteinander. Ein paar Tage später bekomme ich mit, wie er einem anderen Wartenden erzählt, dass sie aus dem Kosovo stammen und seiner Frau durch eine Tretmine das halbe linke Bein abgetrennt worden war. Hier in dieser ruhigen Klinik holt uns das Monster Krieg ein. Menschen, die Opfer wurden, die mit dem Leben davonkamen, die Experten fürs Überleben sind.

Kulinarische Höhenflüge
Und dann sind da die beiden rundlichen Damen – ich hätte sie fast für Mutter und Tochter gehalten –, die sich täglich hier treffen und vor allem über Rezepte austauschen. Es ist ein gastrosophischer Genuss, ihnen zuzuhören. Hohe Kochkunst, fernab jeder Fernsehkochshow! Den Beschreibungen nach werden hier min-

destens 4-Sterne-Nachtisch-Rezepte ausgetauscht. Dazu passt der alte Winzer aus dem Baden-Badener Rebland, der sich wie kaum ein anderer in Rebsorten, Lagen und Jahrgängen auskennt – und das, ohne ein Masterstudium in Önologie absolviert zu haben. Seinen Weinempfehlungen würde ich blind vertrauen.

Wie ein großes Lexikon
Ich bin täglich aufs Neue beeindruckt, welch Fülle an Wissen, Fachkenntnis und Know-how, an Bildung und Erfahrung, aber auch an Bedachtsamkeit und Gelassenheit hier versammelt ist. Könnte man doch all das erworbene Wissen, das die hier Wartenden in ihrer Biografie mit sich tragen, sammeln und wie in einem abrufbaren Lexikon abspeichern! Viele Räder müssten von uns Jüngeren nicht mehr neu erfunden werden.

Stefan Lutz-Bachmann

Der Wille kann Berge versetzen

Im Grunde hatten die Ärzte im Krankenhaus die alte Dame längst aufgegeben. Auch in den sechs Wochen intensivster Behandlung war es mit ihr dauernd abwärts gegangen. Drei, vier Wochen würde sie vielleicht noch mitmachen. Sie ahnte es wohl. Erschöpft und ohne Hoffnung fügte sie sich in ihr Schicksal.

Und dann geschah es: Sohn und Schwiegertochter kamen bei einem Autounfall ums Leben. Die beiden Enkel, Hannes, sieben, Sylvia, vier Jahre alt, standen allein da. Wie ein Alarmsignal erreichte die schlimme Nachricht die apathische Großmutter im Krankenhaus. Nach einer ersten Phase des Schmerzes und der Verzweiflung vollzog sich eine verblüffende Verwandlung mit ihr: Neue Lebensgeister schienen sich in ihr zu regen. „Ich muss raus, Herr Doktor!“, bedrängte sie den Arzt. „Was soll denn aus den Kindern werden? Sie haben sonst niemanden.“

Dr. K. versuchte, Frau B. zu beschwichtigen. Er wies auf ihren Kräfteverfall hin. Aber jedes Mal, wenn er kam, hörte er ihr unbeirrtes „Ich muss raus!“ Am vierten Tag saß sie schon angezogen auf dem Bettrand, als die Visite kam. Achselzuckend gab Dr. K. nach und entließ sie aus dem Krankenhaus.

Die Nachbarn wollten ihren Augen nicht trauen, als Frau B. mit der Taxe vorfuhr. Was sie in den nächsten Wochen zustande brachte, ließ alle erstaunen. Sie fing die verstörten Kinder seelisch auf, wickelte alle jene leidigen Erledigungen ab, die mit einem Todesfall verbunden sind. Zwischendurch fahndete sie nach akzeptablen Unterbringungsmöglichkeiten für ihre Enkel. Woher nahm sie die Kräfte? Sollte die ärztliche Diagnose etwa falsch gewesen sein? Nein, sie war nicht falsch.

Nach gut einem Monat kehrte Frau B. mit einem müden Lächeln unter zunehmenden Schmerzen in die Klinik zurück. „Es ist geschafft, Herr Doktor“, sagte sie mit einem Seufzer. „Die Kinder sind in guten Händen. Nun kann ich mich zur Ruhe legen.“ Sprach’s, kuschelte sich in ihr Bett, war fortan sehr still und verfiel unaufhaltsam. Nach einer Woche drückte man ihr die Augen zu.

Peter Paal

Zwei alte Frauen, eine Legende aus Alaska

Die Athabasken, ein Nomadenstamm, der in Alaskas hohem Norden jahraus, jahrein auf der Suche nach Wild durch die Einsamkeit zieht, erlebt einen besonders frühen und strengen Winter. Die Jäger des Stammes sind glücklos, sie finden auf ihren Streifzügen durch die eisige Wildnis keine Karibus oder Elche. Lediglich Kaninchen und Eichhörnchen sind ihre Beute, doch diese Tiere sind als Nahrung für den großen Stamm nicht ausreichend, und so wird die Not der Menschen immer größer. Ihr Lagervorrat ist aufgebraucht, die Hungersnot bedroht ihrer aller Leben. In dieser Situation beschließt der Häuptling, das Winterlager auf der Suche nach Nahrung zu verlassen, bevor sie zu schwach dazu sind.

Der Häuptling entscheidet in seiner Verzweiflung, zwei alte Frauen, die jahrelang von der Gemeinschaft miternährt wurden, zurückzulassen. So etwas geschieht nicht das erste Mal in der Geschichte der Athabasken, in ihrer äußersten Not lassen sie Alte, Kranke und Schwache zurück, um das eigene Überleben zu sichern. Vom Entsetzen gepackt, lassen die beiden alten Frauen ihren Stamm ziehen.

Die Alten wissen, fügen sie sich in ihr Schicksal, kommt der Tod schnell, die bittere Kälte wird für einen raschen Tod sorgen. Doch kampflos wollen sie nicht aufgeben, sondern für ihr Überleben kämpfen:

Wenn wir schon sterben müssen, dann „lass uns handelnd sterben". Und sie erinnern sich an das alte, vergessene Winterquartier ihrer jungen Jahre, dort gab es in harten Wintern immer noch Fisch aus dem Fluss. Ausgestattet mit dem Nötigsten, brechen sie auf. Unter großen Schmerzen und Entbehrungen, aber voll Mut und Freude an wieder erwachten Fähigkeiten, erreichen sie nach unsäglichen Strapazen ihr Ziel, sind erfolgreich bei der Jagd und dem Fischfang, und es gelingt ihnen sogar, ein gutes Vorratslager für den vor der Tür stehenden nächsten Winter anzulegen. Große Einsamkeit quält die beiden Frauen, und doch sind sie voll Furcht, als sie eines Tages wieder mit ihrem alten Stamm zusammentreffen.

Es bedarf einiger Zeit, um das Vertrauen der alten Frauen zurückzugewinnen und sich zu versöhnen. Der Häuptling, bis dahin von Schuldgefühlen geplagt, gibt den Frauen Ehrenpositionen in der Gruppe, denn das Überleben im einsetzenden Winter haben sie allein den beiden von ihnen vor einem Jahr verlassenen Frauen mit ihrem Wintervorrat zu verdanken.

Buchbesprechung des Titels „Zwei alte Frauen" von Velma Wallis

XX. Epilog

Wenn ich mein Leben noch einmal leben könnte, im nächsten Leben würde ich versuchen, mehr Fehler zu machen. Ich würde nicht so perfekt sein wollen, ich würde mich mehr entspannen, ich wäre ein bisschen verrückter, als ich es gewesen bin, ich würde viel weniger Dinge so ernst nehmen, ich würde nicht so gesund leben, ich würde mehr riskieren, würde mehr reisen, Sonnenuntergänge betrachten, mehr bergsteigen, mehr in Flüssen schwimmen. Wenn ich noch einmal leben könnte, würde ich von Frühlingsbeginn an bis in den Spätherbst barfuß gehen. Und ich würde mehr mit Kindern spielen, wenn ich das Leben noch vor mir hätte. Aber sehen Sie … ich bin 85 Jahre alt und weiß, dass ich bald sterben werde.

Jorge Luis Borges

In fünfzig Jahren ist alles vorbei

Denk stets, wenn etwas dir nicht gefällt:
„Es währt nichts ewig auf dieser Welt."
Der kleinste Ärger, die größte Qual
Sind nicht von Dauer, sie enden mal.
Drum sei dein Trost, was immer es sei:
„In fünfzig Jahren ist alles vorbei."

Und ist alles teuer, dann murre nicht,
Und holt man die Steuer, dann knurre nicht.
Und nimmt man dir alles, dann klage nicht,
Und kriegst du den Dalles*, verzage nicht –
Nur der, der nichts hat, ist glücklich und frei,
Und in fünfzig Jahren ist alles vorbei.

Und ist auch ein andrer klüger als du,
Dann sei nicht dämlich – und lach dazu.
Was nützt sein Wissen – stirbt der vorher,
Bist du am nächsten Tag klüger als der.
Wer da weiß, dass er nichts weiß, weiß vielerlei –
Und in fünfzig Jahren ist alles vorbei.

Und geht zu 'nem andern dein Mägdelein,
Dann schick ihr noch 's Reisegeld hinterdrein.
Und bist du traurig, denk in der Pein:
„Wie traurig wird bald der andere sein."
Dem macht sie's wie dir – die bleibt nicht treu,
Und in fünfzig Jahren ist alles vorbei.

Und siehst du 'ne Zeitung, dann schau nicht hin,
Es steht ja doch bloß was Schlechtes drin.
Und schafft dir die Politik Verdruss:
Es kommt ja doch alles, wie's kommen muss.
Heut haben wir die, morgen jene Partei,
Und in fünfzig Jahren ist alles vorbei.

Und stehst du nervös am Telefon,
Und du stehst und verstehst da nicht einen Ton
Oder bist beim Zahnarzt – wenn er dich greift
Und dich mit dem Zahn durch die Zimmer schleift,
Und er zieht und er zieht und bricht alles entzwei –
In fünfzig Jahren ist alles vorbei.

Und platzt dir ein Knopf – am Hemd zumeist –
Und hast du ein Schuhband, das stets zerreißt –
Und hast 'ne Zigarre du, die nicht zieht,
Und hast du ein Streichholz, das gar nicht glüht:
Nimm noch 'ne Schachtel, nimm zwei oder drei,
In fünfzig Jahren ist alles vorbei.

Und fälscht man dir Schokolade und Tee,
Und verspricht man dir echten Bohnenkaffee,
Und du merkst, dass der Kaffee – wie schauderbar! –
Eine bohnenlose Gemeinheit war,
Dann schließ die Augen und sauf den Brei –
In fünfzig Jahren ist alles vorbei.

Und sitzt in der Bahn du ganz eingezwängt,
Und dir wird noch 'ne Frau auf den Schoß gedrängt,
Und die hat noch 'ne Schachtel auf ihrem Schoß,
Und du wirst die beiden Schachteln nicht los,
Und die Füße werden dir schwer wie Blei:
In fünfzig Jahren ist alles vorbei.

Und führst 'nen Prozess du – ertrag die Qual.
Und hörst du 'ne Oper – sie endet mal.
Und hast du Magenweh und musst raus,
Und da ist schon jemand, dann harre aus.
Wie lang es auch dauert, der Platz wird frei –
In fünfzig Jahren ist alles vorbei.

Und bist du ein Eh'mann und kommst nach Haus,
Halb drei in der Nacht – und sie schimpft dich aus,
Dann schmeiß dich ins Bette und sag: „Verzeih,
Wär ich zu Hause geblieben, wär's auch halb drei."
Und kehr ihr den Rücken und denk: „Nu schrei!
In fünfzig Jahren ist alles vorbei."

Und stehst du hier oben als Humorist,
Obwohl du bei den Zeiten traurig bist,
Und du merkst, dein Vortrag gefällt nicht recht,
Und du selber findest die Verse schlecht,
Sing immer weiter die Litanei:
In fünfzig Jahren ist alles vorbei.

Und fürchte dich nie, ist der Tod auch nah,
Je mehr du ihn fürcht'st, um so eh'r ist er da.
Vorm Tode sich fürchten, hat keinen Zweck,
Man erlebt ihn ja nicht, wenn er kommt, ist man weg.
Und schließlich kommen wir all an die Reih –
Und in fünfzig Jahren ist alles vorbei.

Drum: Hast du noch Wein, dann trink ihn aus,
Und hast du ein Mädel, dann bring's nach Haus,
Und freu dich hier unten beim Erdenlicht.
Wie's unten ist, weißt du – wie oben nicht.
Nur einmal blüht im Jahre der Mai
Und in fünfzig Jahren ist alles vorbei –

Du Rindvieh, dann ist es vorbei!

Otto Reutter (1870–1931)

* *Berliner Jargon. In etwa: psychotischer Schub oder Rappel o. ä.*

Quellen

Rudi Bahr, Wenn die Oma mit dem Enkel ins Gespräch kommt, aus: Alt? na und! Ausgabe 53, 2004, S. 9

Elfriede Becker, Kein Platz für Opa, aus: Unsere Stadt braucht viele Lichter, ein Adventskalender, © Verlag Ernst Kaufmann, Lahr (o. J.)

Biggi Mestmäcker, Oma drängelt, mit freundlicher Erlaubnis der Autorin

Brigitte Block, Was ich in meinem Alter so alles erlebe, aus: Alt? na und! Ausgabe 62, 2006, S. 13

Katharina Bühler, Der letzte Wunsch, www.theaterboerse.de

Eduard Edert, Dat harr noch leeger warrn kunnt, Wachholtz 2006, 21. Auflage, S. 95f.

Antje Dohrn, Opas Liste, aus: Dies., Lustige Solo-Sketche für jede Feier, S. 57–58, © Urania Verlag in der Verlag Herder GmbH, Freiburg i. Br., 4. Auflage 2005

Friedhelm Feldkamp, Statt Karten, www.sisamben.de

René Freund, Stadt, Land und danke für das Boot. Realsatiren, Picus Verlag, Wien

Anna Haag, Die Briefträger, © Sigrid Brügel, München

Hellmut Holthaus, Ich bin ein alter Knacker, mit freundlicher Genehmigung von Angelo Holthaus

Volker Horstmann, Ein besonderer Geburtstag, aus: Von Ihrer Kirchengemeinde herzliche Geburtstagsgrüße, © LOGO Buchversand GmbH, Bendorf

Bastian Klamke, © www.bastian-klamke.de

Horst Koch, Eine nervöse Geschichte, Edition Intro Meisel GmbH, Berlin

Rolf Kuhn, Arfensupp bi Karstadt, mit freundlicher Genehmigung von Günter Kuhn

Lebensanzeige, aus: D. Schäfer/W. Knubben, In meinen Armen sterben …, Der Tod im Polizeialltag, Hilden, 1994, S. 46

Helmut Ludwig, Das Nickerchen, aus: Sommer, Winter, Tag und Nacht, © CZV-Verlag, Berlin 1976

Karl-Horst Möhl/Heinz Hinse, Wer bis zuletzt lacht, lacht am besten. Humor am Lebensende, Ö-Verlag, Heidelberg (o. J.)

Peter Paal, Geschichten, die Mut machen, aus: Ders., Die wunderbare Kraft der Gedanken. Glücks-Erfahrungen, S. 57ff, © Verlag Herder GmbH, Freiburg i. Br., 4. Auflage 1993

Walter Ritter, Humor im Alter, Thurgauer Bauer Nr. 6/2007

Roger, www.karikatur-cartoon.de

Gisela Rottstedt/Brandl, Eine unvergessliche Reise, in: Bausteine Altenarbeit. Praxismappe 3/2001, © Bergmoser + Höller Verlag AG, Aachen

Elisabeth Schmitz, Die Schlangengurke, aus: Alt? na und! Ausgabe 50, 2003, S. 12

Ilse Schweitzer, Festgefahren, aus: Glück und Segen. Damit Sie jeden Tag als Geschenk erfahren, hg. von Berthold Loose, © LOGO Buchversand GmbH, Bendorf

Helmut Seitz, Immer gegen elf, mit freundlicher Genehmigung des Autors

Gerd Spiekermann, Oma ehr Schotteldook, aus: ders., Ick will Di de Wohrheit seggen!, Quickborn-Verlag, Hamburg 2007

Dorothea Stehkämper, Enkel verursachen Mangelernährung, aus: Alt? na und! Ausgabe 62, 2006, S. 10

Eva Stoldt, Harald ruft an, aus: Alt? na und! Ausgabe 50, 2003, S. 13

Gabriele Strauß-Blumberg, Das passt!, aus: Alt? na und! Ausgabe 50, 2003, S. 13
Helga Weitz, Betreuungswunsch einer Altenpflegerin für das Jahr 2021, aus: Altenpflegerin und Altenpfleger 1/2.93
John Wise, Pflegecomics, Huber, Bern, 1996
Annette Wittkamp, Opa, mit freundlicher Genehmigung der Autorin

Inhaltsverzeichnis